经世济民

诚信服务

德法兼修

高等职业教育商贸类专业群
物流类专业智慧物流系列教材

智慧物流
与供应链基础

● 主编 钱廷仙

中国教育出版传媒集团
高等教育出版社·北京

内容简介

本书是高等职业教育商贸类专业群物流类专业智慧物流系列教材。在《职业教育专业教学标准》(2025 年) 中,"智慧物流与供应链基础"是物流类专业的专业基础课之一。本书聚力高水平专业建设和高质量发展需要,落实立德树人根本任务,深化产教融合,从职业教育物流类专业人才培养目标出发,注重智慧物流与供应链核心知识与核心技能的实际运用,设计了理实一体化编写体例;同时根据学生未来的职业能力发展和《职业教育专业教学标准》(2025年) 的要求精选内容,寓价值观引导于知识传授和能力培养中。全书共八章,包括智慧物流与智慧供应链概述、智慧物流功能管理、智慧物流技术应用管理、智慧供应链采购与供应商管理、智慧供应链生产物流与物料管理、智慧供应链销售与逆向物流管理、智慧物流与供应链成本管理、智慧物流与供应链大数据管理。每章均设计有"学习目标""思维导图""实数融合新视界""数智赋能 提质增效""智链强基 数创未来""调查研究与善作善成""综合实训""同步测试"等栏目和模块,体例新颖,图文并茂,通俗易懂。

本书配套建设了教学课件、习题答案等数字化教学资源,请登录"高等教育出版社产品信息检索系统"(xuanshu.hep.com.cn)免费下载,并精选其中具有典型性、实用性的资源以二维码方式标注在教材边白处,供读者即扫即学,以满足数字化教学改革的需要。

本书既可以作为高等职业教育专科、本科院校和应用型本科院校物流类专业的教学用书,也可以作为相关从业人员的自学参考用书。

图书在版编目(CIP)数据

智慧物流与供应链基础 / 钱廷仙主编 . -- 北京:
高等教育出版社,2025.7. -- ISBN 978-7-04-064986-4

Ⅰ. F252.1-39

中国国家版本馆 CIP 数据核字第 202504D4A6 号

智慧物流与供应链基础
ZHIHUI WULIU YU GONGYINGLIAN JICHU

策划编辑	康 蓉	责任编辑	康 蓉	封面设计	赵 阳	版式设计	明 艳
责任绘图	裴一丹	责任校对	刁丽丽	责任印制	刁 毅		

出版发行	高等教育出版社	网　　址	http://www.hep.edu.cn
社　　址	北京市西城区德外大街 4 号		http://www.hep.com.cn
邮政编码	100120	网上订购	http://www.hepmall.com.cn
印　　刷	北京市鑫霸印务有限公司		http://www.hepmall.com
开　　本	787 mm×1092 mm　1/16		http://www.hepmall.cn
印　　张	19.25		
字　　数	430 千字	版　　次	2025 年 7 月第 1 版
购书热线	010-58581118	印　　次	2025 年 7 月第 1 次印刷
咨询电话	400-810-0598	定　　价	49.80 元

本书如有缺页、倒页、脱页等质量问题,请到所购图书销售部门联系调换
版权所有　侵权必究
物　料　号　64986-00

物流与供应链一头连着生产，一头连着消费，在国民经济循环中起着重要的基础性作用。随着新一轮科技革命和产业变革的深入发展，每个国家都面临着在世界经济数字化转型趋势中重组全球要素资源、重塑全球经济结构、改变全球竞争格局的机遇与挑战。智慧物流与供应链则是迎接新机遇与新挑战、服务经济数字化转型、提升国家竞争力的关键力量。党的二十大和二十届三中全会强调创新驱动发展战略，为智慧物流与供应链服务新质生产力的发展指明了方向。为应对产业发展新趋势，《职业教育专业教学标准》（2025 年）将"智慧物流与供应链基础"作为物流类专业的专业基础课之一，以体现产教融合的职业教育类型特色。本书编写立足新发展阶段，贯彻新发展理念，服务新发展格局，旨在为职业院校物流类专业的学生提供一本高质量的专业基础课教材，帮助他们掌握智慧物流与供应链管理的核心知识与核心技能，服务于为新质生产力培养新型劳动者的人才培养目标。本书具有以下鲜明特色：

1. 体现党的二十届三中全会精神，落实立德树人根本任务，推进德技并修育人理念

党的二十届三中全会将"健全因地制宜发展新质生产力体制机制"和"健全促进实体经济和数字经济深度融合制度"作为"健全推动经济高质量发展体制机制"的前两项重要任务。本书以习近平新时代中国特色社会主义思想为指导，围绕我国智慧物流与供应链建设成果，每章的学习目标在提炼核心素养、知识、技能目标体系的基础上，进一步充实了新质生产力对新型劳动者的新要求。开篇设计了"实数融合新视界"特色栏目，聚焦物流行业发展前沿，并用"引思明理"加以点评。章中设计了"数智赋能　提质增效"和"智链强基　数创未来"特色栏目，体现我国智慧物流与供应链服务新质生产力发展的新成就。章后设计了"调查研究与善作善成"专题，培养学生"没有调查就没有发言权"的意识和求真务实的作风。同时在"综合实训"中融入工匠精神、服务意识、创新意识、安全意识等育人理念，强化教材的育人特色。

2. 专业教学标准与职业标准双覆盖，融入行业发展新技术

本书对接《职业教育专业教学标准》（2025 年）、人力资源和社会保障部的供应链管理师职业标准，紧密结合物联网、大数据、云计算、AI 等新技术在物流与供应链领域的推广应用，遵从职业院校学生的职业发展与认知规律，针对运输、仓储、配送、供应链管理等智慧化升级后的职业能力新需求，设计知识学习和技能训练的内容，突出对学生分析问题、解决问题能力的培养，全面提升数字经济时代物流专业人才的培养质量。

3. 深化产教融合，助力数字化教学改革

本书坚持政治性、科学性、先进性和职业性结合，深化产教融合，组建校企双元合作编写团队，把企业运营实践和教师教材建设的经验结合起来。全书以行业升级为主线，以企业场景为情景，通过对智慧物流与供应链生产项目的教学化改造，实现理实一体化。在

内容编排上守正创新，以理论学习辅以调查研究与善作善成、综合实训、同步测试等实践训练，学生可以随学随练；同步开发微课、动画、教学课件、习题答案等类型丰富的数字化教学资源，增强学习的便捷性和可视化，满足线上线下混合式教学需求。

本书由首届全国教材建设奖全国优秀教材一等奖获得者江苏经贸职业技术学院钱廷仙教授担任主编，由江苏经贸职业技术学院骨干教师丁娟、何菲菲，以及南京益畅供应链有限公司快递工程高级工程师周斌总经理参与编写。钱廷仙负责拟定编写大纲和体例，完成编写分工安排和全书统稿工作，以及第一章、第二章、第三章、第五章和第八章的编写；丁娟负责第六章的编写及数字化教学资源建设；何菲菲负责第七章的编写及数字化教学资源建设；周斌负责第四章的编写和企业案例素材的提供。

本书在编写过程中参考了大量的资料，引用了多位学者的研究成果和一些企业的案例资料，在此表示诚挚的谢意。

智慧物流与供应链的发展日新月异，新技术、新工艺、新模式、新业态不断涌现，创新应用速度快，加之编者水平及时间有限，书中难免存在不当之处，恳请广大读者批评指正，以使本书日臻完善。

编者
2025 年 6 月

目　录

01

Chapter

智慧物流与智慧供应链概述

学习目标

素养目标
- ◢ 培养强国建设物流新篇章的担当意识
- ◢ 培养智慧物流与实体产业融合发展的意识
- ◢ 培养智慧供应链协同发展的合作共赢意识

知识目标
- ◢ 了解物流与物流管理的内涵及发展
- ◢ 掌握智慧物流系统功能特征
- ◢ 了解供应链的产生与发展
- ◢ 掌握智慧供应链运行原理与策略

技能目标
- ◢ 能够初步对物流企业智慧化转型升级进行环境分析
- ◢ 能够初步分析智能技术在物流服务实践中的运用
- ◢ 能够初步对供应链数据进行可视化分析
- ◢ 能够初步设计基于产品的智慧供应链

思维导图

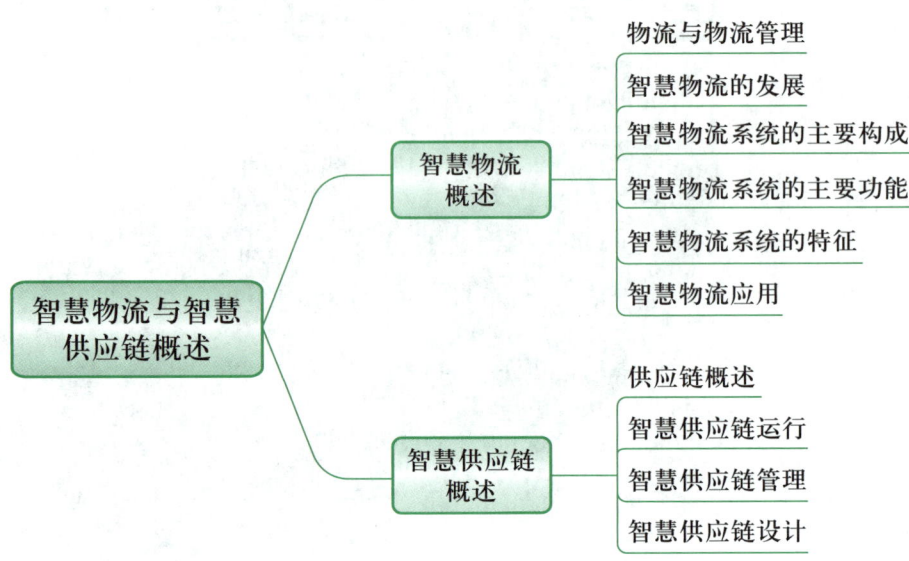

智慧物流与智慧供应链概述
- 智慧物流概述
  - 物流与物流管理
  - 智慧物流的发展
  - 智慧物流系统的主要构成
  - 智慧物流系统的主要功能
  - 智慧物流系统的特征
  - 智慧物流应用
- 智慧供应链概述
  - 供应链概述
  - 智慧供应链运行
  - 智慧供应链管理
  - 智慧供应链设计

学习计划

◢ **素养提升计划**

◢ **知识学习计划**

◢ **技能训练计划**

数字化赋能供应链物流可持续发展

数字经济正在改变传统产业和商业模式,京东物流将以充分解耦和全链条数字孪生作为两大抓手,继续深化数字化转型,推动供应链物流的绿色可持续发展。在长期的供应链物流数字化实践过程中,京东物流打造出了天狼穿梭车、地狼机器人、京燕无人机、智能配送车、室内配送机器人,以及仓库控制系统(WCS)、仓库执行系统(WES)等行业领先的数字化智能软硬件产品,覆盖供应链各个关键环节。京东物流还对仓储物流全作业流程进行数字孪生,即通过运筹优化、物联网、大数据等技术,实现了需求预测、库存优化、智能排产、智能调度等智能管控。

依托多年实践积累的研发、采购、生产、技术能力,京东物流将行业通用的软硬件产品进行充分解耦,并针对不同产业的特点推出适配性解决方案,更好地满足不同的行业场景和客户需求,提高供应链的协同性和稳定性,降低运营成本。全链条数字孪生是利用数字技术构建供应链的虚拟模型,实现对供应链的实时模拟和预测。通过数字孪生技术,京东物流将能够模拟和预测供应链的运行情况,实现决策智能化。

🟩 引思明理

党的二十届三中全会提出"健全促进实体经济和数字经济深度融合制度"的战略部署引领智慧物流与供应链的发展。供应链物流数字化是数字技术在物流领域的创新应用。京东物流数字化说明在数字技术高速发展的当下,实数融合是企业可持续发展的重要途径。数据是最具时代特色的生产要素,用数字技术赋能产业链、价值链、资金链和供应链全链升级,是增强经济活力、促进经济高质量发展的必然趋势。

第一节　智慧物流概述

一、物流与物流管理

(一)物流认知

根据中华人民共和国国家标准《物流术语》(GB/T18354-2021),物流(logistics)是指根据实际需要,将运输、储存、装卸、搬运、包装、流通加工、配送、信息处理等基本功能实施有机结合,使物品从供应地向接收地进行实体流动的过程。物流的核心宗

微课:
什么是物流
与物流管理

旨是保障商品与服务在供应链中以最高效而经济的方式运转，在经济发展中具有不可替代的作用。

1. 物流的产生与发展

（1）物流的产生。物流的产生可以追溯到人类文明的早期阶段。早期的物流主要是以农产品的运输、储存为主。

（2）物流的发展。物流的发展受经济基础、交通网络、贸易往来、军事后勤等多个因素的影响。随着工业化、城市化、国内商业和国际贸易的发展，物流方式不断演变和创新。现代物流一头连着生产，一头连着消费，高度集成并融合运输、仓储、分拨、配送、信息等服务功能，是延伸产业链、提升价值链、打造供应链的重要支撑，在建设现代化经济体系中发挥着先导性、基础性、战略性作用。

2. 我国物流发展的特点

我国物流发展呈现出以下鲜明特点：

（1）快速发展。物流业务量逐年攀升，物流企业的数量不断增加，物流设施建设不断完善，为我国经济发展提供了有力支撑。

（2）新技术应用广泛。物联网、大数据、云计算等新技术在物流领域的应用日益广泛，有效提高了物流运作效率和服务质量。

（3）基础设施网络日趋完备。得益于社会各界对物流行业的高度重视和持续投入，使交通网络、物流园区、分拣中心、仓库、互联网络等物流基础设施网络更加完备，为物流行业的快速发展提供了有力保障。

（4）服务功能多样化。在满足传统运输、仓储等基本功能的基础上，实现供应链整合，拓展服务领域，提供一体化、个性化的物流解决方案。

（5）国际化程度提高。随着改革开放的深入，我国物流业积极参与国际竞争与合作，拓展国际市场，为我国经济的全球化进程提供了有力支持。

（6）政策营商环境优化。政府高度重视现代物流业的发展，出台了优化物流市场准入等一系列政策措施，为物流业创造了良好的发展环境。

（二）物流管理认知

物流管理是指为达到既定目标，从物流全过程出发，对相关物流活动进行的计划、组织、协调与控制。物流管理是连接供应链各个环节的关键纽带，通过精心规划和高效执行，可以确保产品和服务能够顺畅地流向最终用户。

1. 物流管理的核心目标

物流管理的核心目标是降低成本，提升效率与服务水平，整合资源，实现可持续发展。有效的物流管理有助于企业降低成本，提升服务质量，增强市场竞争力，实现利润最大化。随着物联网、人工智能等信息技术的应用，物流管理正变得更加智能化和自动化，有利于管理目标的达成。

2. 物流管理的常见分类

（1）按照功能分类，物流管理可分为运输管理、储存管理、配送管理、装卸搬运管理、包装管理、流通加工管理、信息处理。

（2）按照管理的环节分类，物流管理分为采购物流管理、生产物流管理、销售物流管理、回收物流管理与逆向物流管理，如图1-1所示。

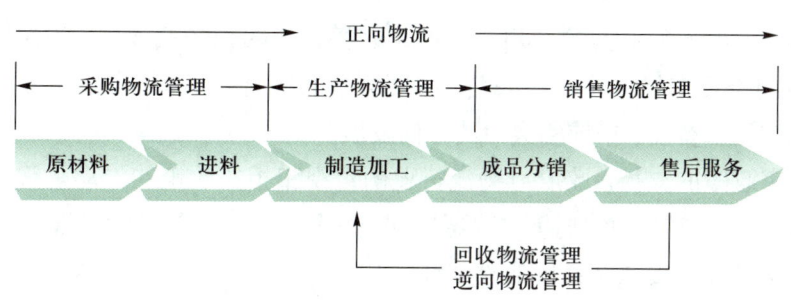

图 1-1　物流管理环节分类

（3）其他分类。根据管理层次分类，物流管理分为物流战略管理、物流战术管理、物流作业管理。按照管理的层级分类，物流管理分为微观物流管理和宏观物流管理。按照管理的范围分类，物流管理分为国内物流管理和国际物流管理。根据经营属性分类，物流管理分为自营物流管理和外包物流管理。

3. 物流管理标准

物流管理标准是指为了提高物流效率，降低成本，保证服务质量而制定的一系列规范和要求，包括操作规程标准、设施设备技术标准、内部控制标准三部分，涵盖从货物接收、存储、搬运、包装、运输到配送等各个环节。

（1）操作规程标准，包括运输作业规程、仓储作业规程、配送作业规程、装卸搬运作业规程、包装作业规程、加工作业规程、信息作业规程、快递作业规程、清关作业规程等标准。

（2）设施设备技术标准，包括运输设施设备、仓储设施设备、配送设施设备、快递设施设备、信息设施设备、装卸搬运设备、包装设备、加工设备等技术标准。

（3）内部控制标准，包括组织控制制度、财务控制制度、审计控制制度、人员控制制度等标准。

二、智慧物流的发展

（一）智慧物流认知

根据《物流术语》（GB/T18354-2021），智慧物流（smart logistics）是指以物联网技术为基础，综合运用大数据、云计算、区块链及相关信息技术，通过全面感知、识

微课：
智慧物流
认知

别、跟踪物流作业状态，实现实时应对、智能优化决策的物流服务系统。随着我国人口红利逐渐消失，依赖人力的物流行业正努力从劳动密集型向技术密集型转变，从传统物流向智慧物流升级。

1. 智慧物流的发展背景

智慧物流是在以下背景下发展的：

（1）数字技术的快速发展。随着移动互联网、大数据、云计算、人工智能等数字技术的飞速发展，物流行业开始利用这些技术来提升效率和降低成本。传感器的广泛使用使得大量物流设施能够接入互联网，实现信息的实时共享和物流过程的自动化，促进物流行业向更加智能、集成和灵活的方向发展。

（2）国家政策的支持。政府对物流行业的重视和相关政策的推动是智慧物流兴起的重要原因。政策的引导和扶持、学术界的理论探索和企业家的实践推动，为物流业的技术创新和模式变革提供了良好的外部环境。

（3）行业自身的需求。物流业作为国民经济的重要组成部分，其自身发展的需求推动着智慧物流的兴起。为了应对日益增长的物流需求和市场竞争，物流企业需要通过智慧物流来提升服务质量、运营效率和竞争力。

（4）供给侧结构性改革。智慧物流被视为物流业供给侧结构性改革的重要抓手。通过互联互通和协同共享，可以优化资源配置，提高产业整体的质量和效益，开辟提质增效的新路径。

2. 智慧物流与传统物流的区别

通过物联网、传感器和智能设备监测货物状态，通过网络平台有效聚集物流要素，利用大数据分析进行科学决策和精准执行，实现物流信息的实时监控和管理，提高了物流效率。智慧物流与传统物流在信息管理能力、效率和安全性，以及成本控制方面存在着显著区别，如表 1-1 所示。

表 1-1　智慧物流与传统物流的主要区别

差异	智慧物流	传统物流
信息管理能力	信息管理能力强	信息管理能力较弱
效率和安全性	效率和安全性高	出错率高，安全性较差
成本控制	资源高效匹配，物流成本易控制	成本控制通常较难

（二）智慧物流的发展前景

智慧物流不仅改变了物流行业的运作方式，而且对整个社会经济的发展也产生了深远影响，是物流业转型升级的必由之路，在现代经济中具有越来越重要的现实意义。

1. 智慧物流发展过程

智慧物流发展是一个不断演进的过程，一般要经历自动化物流、智能化物流、智慧化物流三个发展阶段，如图 1-2 所示。

图 1-2　智慧物流发展的三个阶段

（1）自动化物流阶段。自动化物流是指物流作业过程的设备和设施自动化，即充分利用各种机械和运输设备、计算机系统和综合作业协调等技术手段，通过状态感知、联网互动、判断决策、自动执行，使物流的相关作业合理化、省力化、效率化，快速、精准地完成物流的作业。图 1-3 为某部件制造自动收货流程示例。

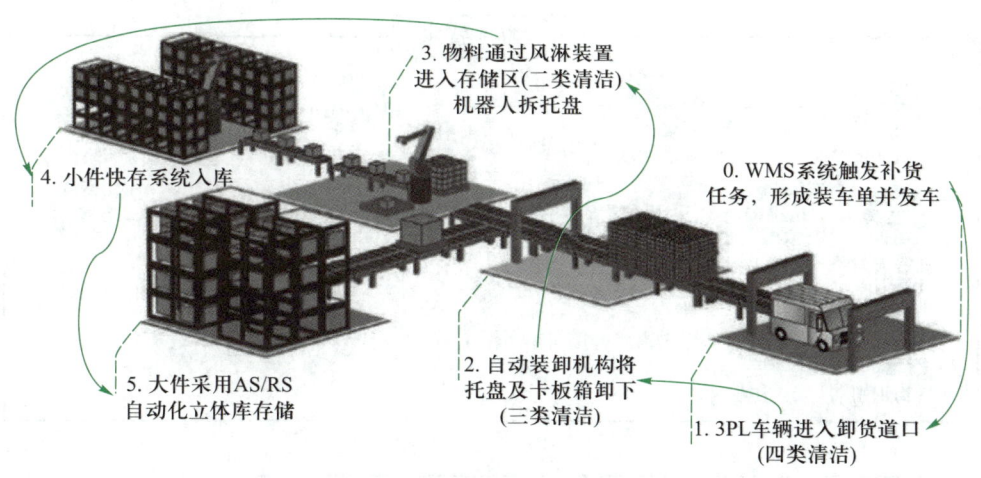

图 1-3　某部件制造自动收货流程示例

（2）智能化物流阶段。智能化物流就是通过信息处理和网络通信技术平台，把条形码、射频识别技术、传感器、导航定位系统等技术广泛应用于运输、仓储、配送、包装、装卸等物流基本活动环节，实现物流过程的实时分析、科学决策、精准执行。图 1-4 为某制造企业物料智能化配载调度示例。

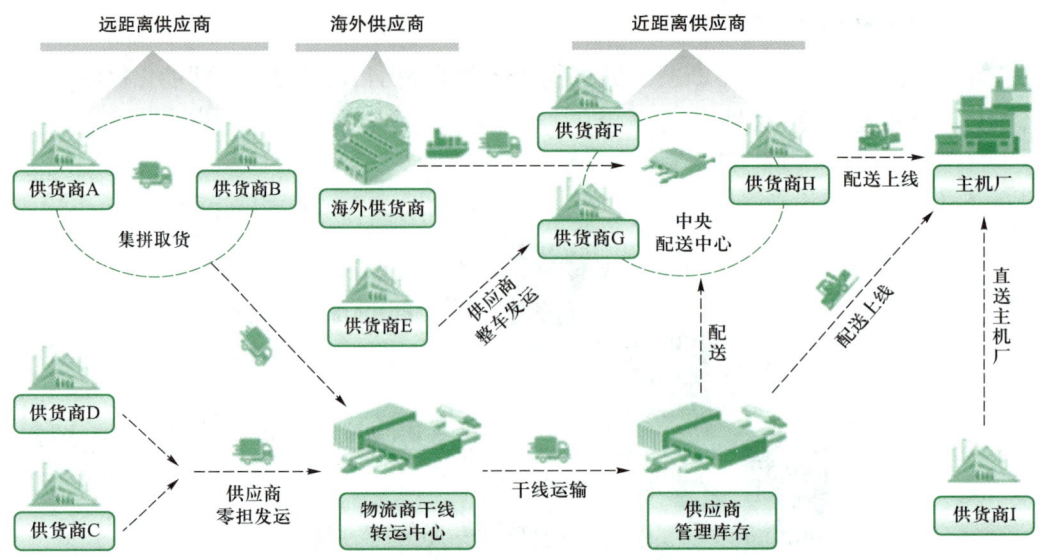

图 1-4　某制造企业物料智能化配载调度示例

（3）智慧化物流阶段。在大数据时代，智慧化物流利用大数据、机器学习等技术预测需求、自主决策、学习提升，帮助物流公司及其客户进行智能运输配送、分仓备货，并结合物流成本、响应时间、碳排放等特定需求，生成合理有效的物流解决方案。图1-5为智慧物流技术应用示例。

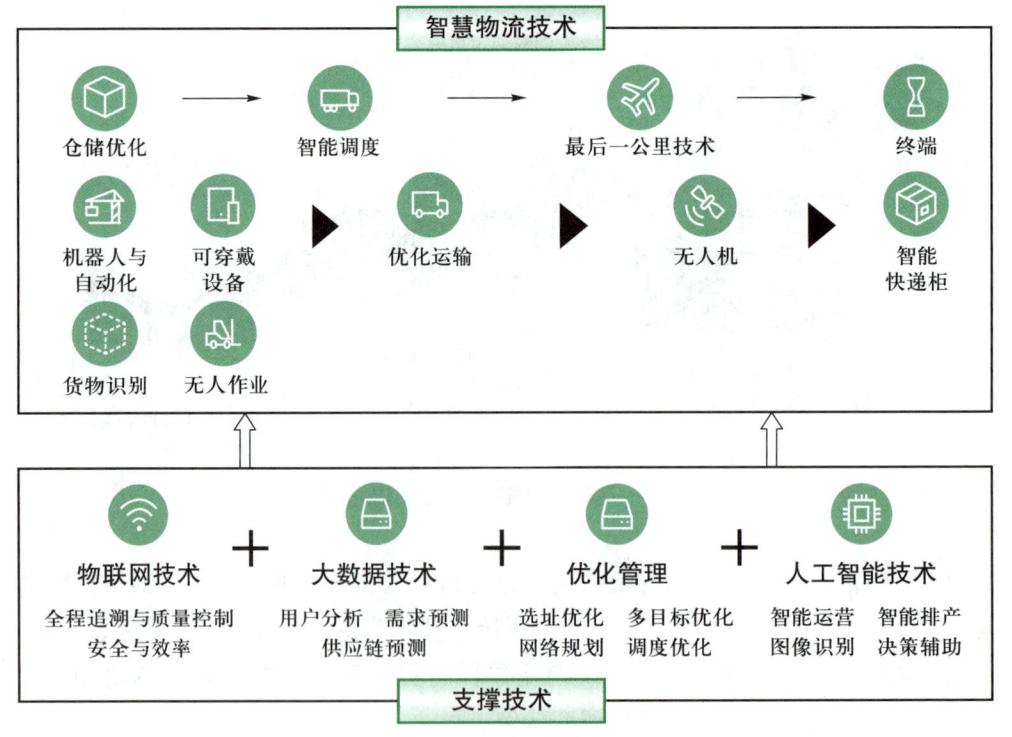

图 1-5　智慧物流技术应用示例

2. 智慧物流产业系统

智慧物流产业系统是以物联网、人工智能、大数据、区块链等为底层技术，由基础设施、物流平台、物流企业、物流科技构成一个相对完整的产业链。其中，物流科技与物流企业处于核心地位，如图1-6所示。智慧物流产业系统主要包括基础运作、物流平台、产业群。

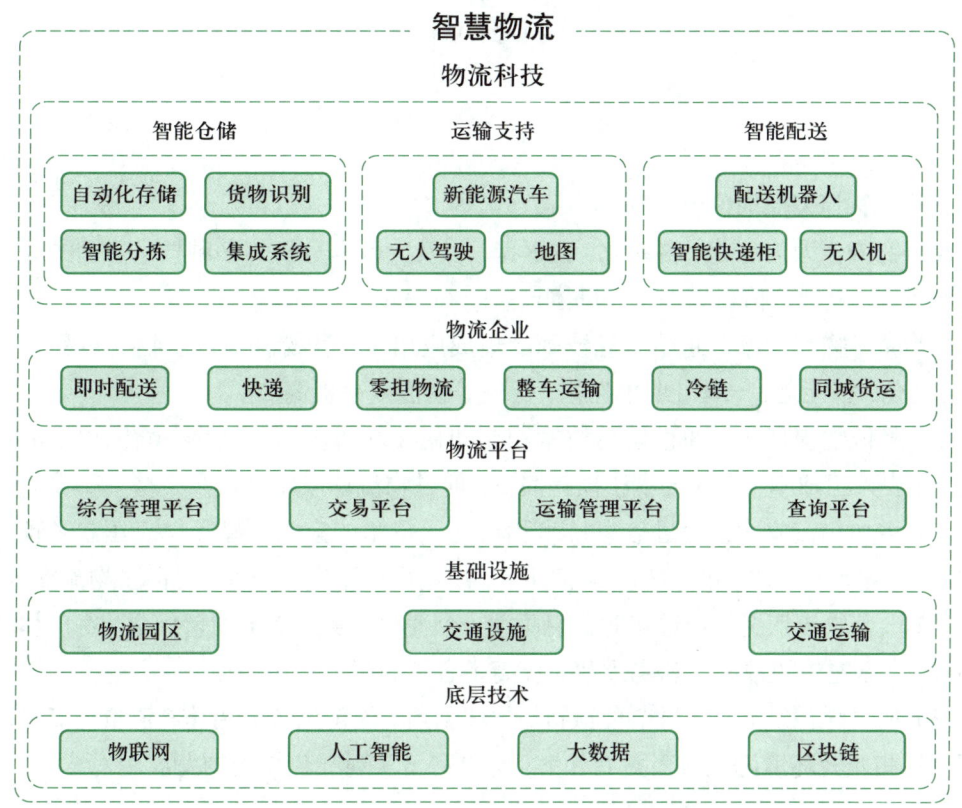

图1-6　智慧物流产业系统

（1）基础运作。智慧物流运用感知识别和定位追踪技术获取物品信息数据，对货物档案、客户需求、库存等数据进行大数据挖掘和处理，提升物流智能化运作能力。

（2）物流平台。智慧物流云平台整合运输、仓储、配送、货运代理、金融等业务模块的优势资源，利用互联网技术，优化物流资源配置，为制造业、物流业、金融业、商贸业及政府机构等提供一体化的物流服务与供应链解决方案。

（3）产业群。智慧物流通过数据产品开发，将大数据运用到生产制造、物流、金融、商贸等多个产业群里，如图1-7所示。在政策扶持下，智慧物流通过物流资源整合，满足生产制造群的市场需求，保障金融机构群的投资融资，促进商贸流通群的交易快速达成，最终构建起多产业群协同发展的可持续发展生态圈。

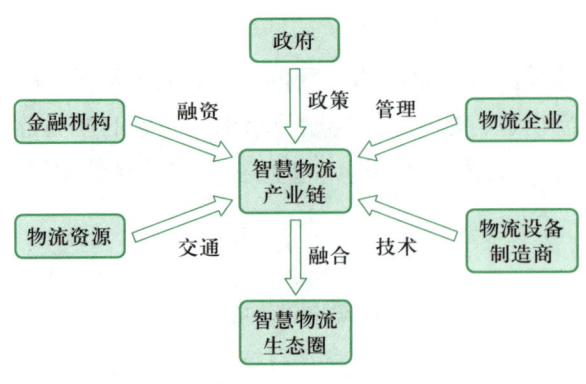

图 1-7　智慧物流产业群

3. 智慧物流发展的价值

智慧物流作为信息化、自动化、物联网,以及大数据分析等多种技术融合的现代物流管理系统,发展价值日益凸显,具体包括:

(1)提高物流效率。通过信息技术的集成应用,智慧物流实现了物流过程的信息化、自动化、智能化、一体化、柔性化,促进了物流效率提高。

(2)降低物流成本。通过信息技术和自动化技术的应用,智慧物流优化物流资源配置,减少人工成本、库存成本和损耗浪费,促进物流总成本降低。

(3)增加物流安全。通过信息技术和自动化技术的应用,智慧物流建立了预警机制,实现了物流过程的实时监控、信息共享、规范操作和应急处理,提高了物流安全性。

(4)改善物流服务。通过实时信息提供、个性化服务、资源配置优化、客户体验提升等方式,智慧物流改善了服务水平,提高了客户满意度和忠诚度。

(5)加快绿色发展。通过节能减排、循环利用、绿色包装等措施,智慧物流在减少能源消耗和减轻环境污染方面更有优势,更有利于实现绿色物流的发展。

三、智慧物流系统的主要构成

智慧物流是利用集成智能化技术,使物流系统能模仿人的智能,具有思维、感知、学习、推理、判断和自行解决物流中某些问题的能力。智慧物流是运用现代技术手段,对物流活动进行智能化管理和优化。

智慧物流是一个综合性的系统,主要由以下几个关键部分构成:

(1)数据采集与传输系统。智慧物流系统通过各种传感器、扫描设备和数据采集终端,实时收集货物信息、运输状态、环境参数等物流过程中的各种数据,并通过无线网络、有线网络或其他通信方式传输到数据中心进行处理和分析。

(2)数据中心与云平台系统。数据中心是智慧物流系统的核心,负责存储、处理和分析从各个采集点传输过来的数据。云平台提供虚拟化的计算环境,使物流企业可以按需使用计算资源，实现数据的高效处理和共享。

（3）数据分析与决策支持系统。通过对采集到的数据进行深入分析，智慧物流系统为物流企业提供优化运输路线、调整库存策略等决策支持，帮助企业提高物流效率。

（4）智能调度与控制系统。智慧物流系统根据实时数据和分析结果，自动调整物流资源的分配和运输计划，实现智能调度。同时，通过与物流设备的连接，系统对设备进行远程监控和控制，确保物流过程的顺利进行。

（5）信息共享与协同系统。智慧物流系统通过物流信息的实时共享，使物流企业、供应商、客户等各方可以在同一个平台上查看和操作相关的数据，提高物流协同效率，降低信息不对称带来的风险。

（6）安全与监控系统。为了确保物流过程的安全性和合规性，智慧物流系统需要对物流设备进行远程监控、对异常情况进行预警和处理、对数据的安全性实施保护等。

（7）用户界面与交互系统。智慧物流系统需要为用户提供友好的操作界面和交互方式，使得用户可以方便查看物流信息、提交需求、反馈问题等，提高用户体验，增强用户黏性。

四、智慧物流系统的主要功能

智慧物流系统的主要功能如下：

（1）订单智能处理。智慧物流系统能够自动化地接收、处理和分配订单，提高订单处理的效率和准确性。

（2）库存实时管理。智慧系统能够实时监控库存情况，自动进行库存补充和调配，确保库存的准确性和及时性。

（3）运输配送智能调度。智慧物流系统能够优化运输路线，提高运输效率，降低运输成本。能够根据客户需求和配送资源，智能地进行配送调度，提高配送效率和客户满意度。

（4）货物精确追踪。智慧物流系统能够实时追踪货物的位置和状态，提供准确的货物信息，提高货物的安全性和可靠性。

（5）决策数据驱动。智慧物流系统能够收集和分析大量物流数据，为决策者提供数据驱动的决策支持。

（6）设备自动化控制。智慧物流系统能够与物流设备进行无缝连接，实现设备的自动化控制，提高设备的使用效率和稳定性。

（7）数据可视化分析。智慧物流系统能够将物流数据以可视化的方式呈现，帮助用户更好地理解和分析物流情况，发现潜在的问题和机会。

（8）信息共享和作业协同。智慧物流系统既能够实现不同物流环节之间的协同和资源共享，又能够通过信息共享和协同合作，提高供应链的效率和透明度。

五、智慧物流系统的特征

智慧物流的核心在于利用现代信息技术，实现物流活动的自动化、信息化和智能化，提高物流效率，降低成本并增强企业的市场竞争力。智慧物流主要包括以下特征：

1. 信息交互与共享

在智慧物流系统中，信息交互是基础，能够确保物流各方及时获取货物状态、位置、库存水平、运输计划等必要的数据。共享则是信息交互的延伸，它意味着在供应链中的各个实体之间建立起一种合作机制，使得关键信息能够被多方访问和利用。

2. 智能决策与执行

在智慧物流系统中，首先，智能决策子系统能够实时收集和处理货物流动信息、运输状态、仓储条件、市场需求等物流数据；然后，运用复杂的算法和模型对这些数据进行分析，做出最优的物流规划和调度决策。智能决策的内容包括货物的最佳运输路线及运输方式选择、库存水平的优化调整、配送计划的制订等多个方面。智能决策系统还能够根据交通状况、天气变化、突发事件等实时情况变化，动态调整物流计划，确保整个物流过程的灵活性和适应性。执行子系统负责将这些决策转化为实际操作，如自动化的仓库管理、运输车辆的无人驾驶、快递无人机配送、快件智能分拣等。

3. 深度协同与一体化

智慧物流强调各环节之间的深度协同，通过整合资源和优化流程，实现物流服务的一体化，提升整个物流系统的服务质量和响应速度。智慧物流深度协同与一体化的特征主要体现在互联互通、数据驱动、高效执行、自主决策与学习提升、信息实时采集与共享等方面。

六、智慧物流应用

（一）智慧物流应用领域

智慧物流应用是物流行业向数字化、智能化方向转型的重要方向，它不仅能够提升物流服务质量，还能够为企业带来更高的经济效益和市场竞争力。随着技术的不断进步和应用的不断深入，智慧物流已成为物流行业的发展方向。

1. 智慧物流主要应用场景

（1）智慧运输。利用物联网等技术对运输车辆进行实时监控，通过实时监控和大数据分析优化运输路线，减少运输成本和时间，提高货物运输的准时性和可靠性。

（2）智慧仓储。通过自动化仓库管理系统和智能机器人，实现仓库内货物的精细化、动态化管理，加快货物周转，提高仓储的效率和准确性。

（3）智慧配送。以互联网、物联网、云计算、大数据等先进信息技术为支撑，优化配送路线和调度计划，满足柔性制造、消费升级和精准营销的需要。

（4）智慧客服。使用人工智能客服系统，提供 24 小时在线咨询服务，快速响应客户需求，解决客户投诉问题，提升客户体验。

（5）智慧物流园区。利用新一代信息技术实现园区管理、服务和运营的全面数字化与智能化，如图 1-8 所示。

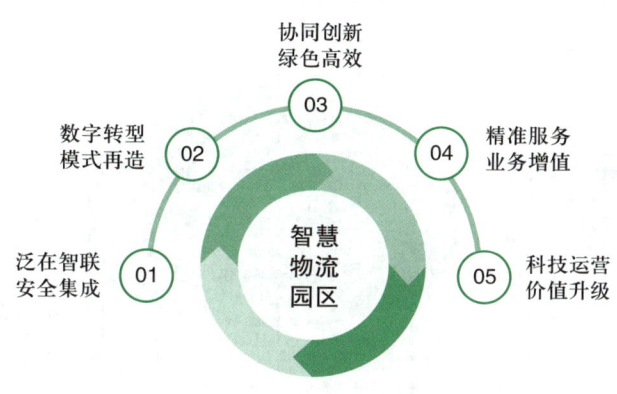

图 1-8　智慧物流园区

（6）智慧快递。将物联网、云计算、导航定位、路径算法等新一代技术应用于快递平台，为客户提供更方便、更快捷、更安全、更高品质的快递服务。

（7）智慧包装。利用物联网、大数据、人工智能等技术，实现包装的智能化、信息化和数字化，使产品溯源更容易、产品营销更精准。

2. 智慧物流应用的主要影响因素

智慧物流应用的主要影响因素包括：

（1）技术发展。智慧物流的实现依赖于先进的信息技术、物联网技术、大数据分析技术等的发展和应用。

（2）政策支持。政策扶持和资金投入可以促进智慧物流相关技术的研发和应用，推动智慧物流的发展。

（3）市场需求。随着电子商务、跨境贸易等行业的快速发展，对智慧物流的需求不断增加，促进了智慧物流技术的研发和应用。

（4）企业实力。大型企业通常具有更强的资金实力和技术实力，投资和研发能力较强，能够更好地推动智慧物流的研发和应用。

（5）标准和规范。统一的标准和规范有助于提高智慧物流系统之间的兼容性，提高物流行业的运行效率。

（6）安全水平。智慧物流中的数据传输和信息共享需要保障安全性，防止数据泄露和网络攻击。

（7）人才支撑。智慧物流的发展需要大量具备相关技术和管理经验的专业人才。

(二) 智慧物流与产业的融合发展

现代物流不再是简单的货物运输和仓储服务，而是通过智能化的手段，与采购、生产、分销、零售等产业链环节紧密相连，形成了一个高效、灵活、透明的供应链体系。制造业、快消品业和农业是物流服务的主要业务来源。智慧物流与制造业、快消品业、农业的融合发展（如图1-9所示）不仅能够为企业带来成本优势和市场竞争力，还有助于推动社会产业结构的优化升级，促进经济的可持续发展。

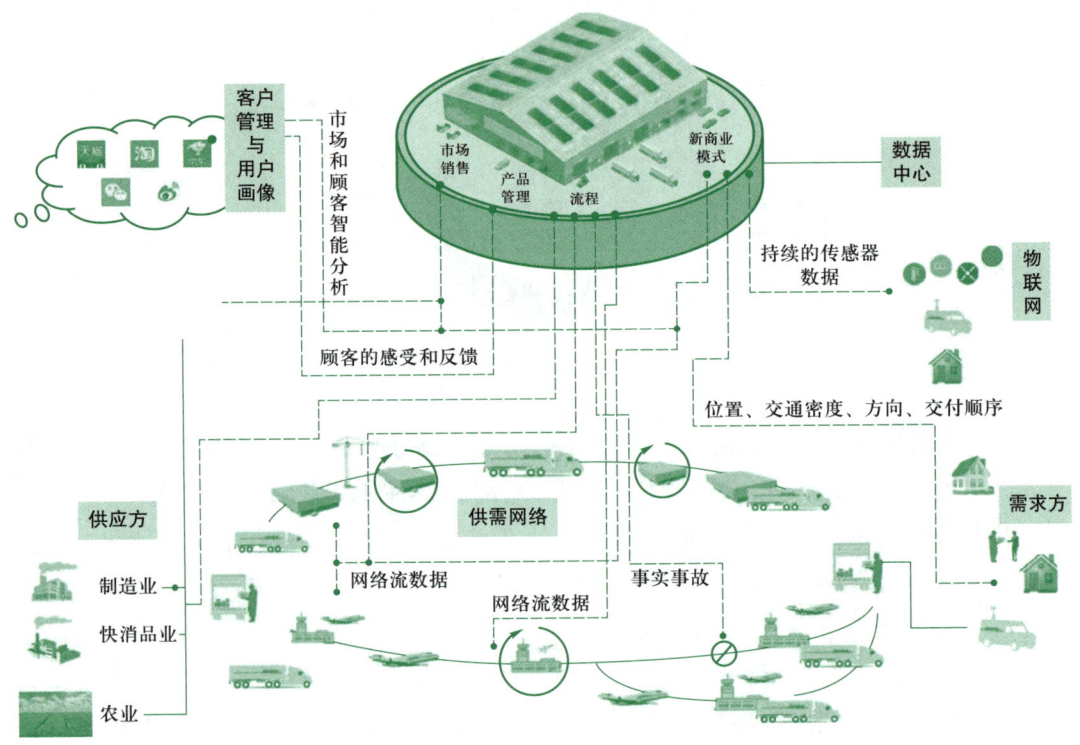

图1-9　智慧物流与制造业、快消品业、农业融合

1. 智慧物流与制造业的融合发展

（1）制造业的物流特点。制造业是利用物料、能源、设备、工具、资金、技术、信息和人力等资源，按照市场需求，通过制造过程，将资源转化为可供人们使用的大型工具、工业产品，以及生活消费产品。制造业物流具有复杂性、专业性和高成本性的特点。

（2）智慧物流与制造业的融合发展主要体现在以下几个方面：

① 智能制造生产物流。智慧物流通过实时监测和市场需求预测，助推生产过程的智能化和自动化，为企业提供精准的生产计划和物料供应计划，提高生产物流效率和产品质量。

② 智能仓储配送一体化。智慧物流通过向制造业提供包括原材料入库、成品出库，

以及产品配送等环节的一体化智能仓储配送服务，帮助制造企业降低库存成本、提高物流效率。

③ 智慧供应链协同。智慧物流通过人工智能、大数据分析等技术应用，优化采购计划、生产计划、销售计划，促进供应链管理数字化升级，提高供应链的效率和可靠性，确保各个环节的高效协同运作。

2. 智慧物流与快消品业的融合发展

（1）快消品业的物流特点。快消品业即快速消费品行业，是指销售周期短、消费频率高、产品更新换代速度快的商品领域，包括食品、饮料、日化用品、个人护理品等一系列与消费者日常生活密切相关的产品，具有品类多、需求波动大、作业领域广、时效要求高等物流特点。

（2）智慧物流与快消品业融合发展主要体现在以下几方面：

① 智能运输。快消品智能运输通过物联网、大数据、云计算等技术，预测运输需求，提前做好运输计划，实现对快消品运输过程中的信息实时采集、传输和处理，实现对车辆的实时监控和调度。

② 智能仓配。智慧物流发挥智能化的仓库管理和配送系统的效能，实现精准的库存管理和配送服务，缩短配送周期，消除库存积压和缺货现象，满足消费者多样化的购物需求。

③ 智能快递。智慧物流通过物联网、大数据分析、人工智能等技术手段，使快递公司能够根据客户的需求和偏好，进行个性化派送安排，提高需求的响应速度，提升客户的购物体验。

3. 智慧物流与农业的融合发展

（1）农业的物流特点。农业物流是以满足消费者需求为目标，通过高效的运输、仓储、配送等环节，将农产品从产地快速、安全地送达消费者手中的过程。农业物流具有品种数量多，分散性、季节性明显，自然损耗大，对运输仓储的技术要求高等特点。

（2）智慧物流与农业融合发展主要体现在以下几方面：

① 农产品溯源。通过物联网技术对农产品进行全程追溯，确保农产品的质量安全。客户通过扫描二维码等方式，了解农产品的产地、生产日期、检测报告、物流时间等信息，增强对农产品的信任度。

② 农产品智能仓储。通过温湿度传感器等设备实时监测仓库环境，确保农产品的新鲜度和质量。通过仓储的精细化管理，精准控制农产品库存，降低物流成本。

③ 农产品冷链运输。通过实时监测运输车辆的温度、湿度等参数，跟踪农产品的运输状态，及时调整运输条件，减少农产品损耗。

④ 农产品配送优化。智慧物流通过大数据分析客户的购买习惯和需求，优化农产品的配送路线和调度计划，提高配送效率和服务质量。

中外运数智化"组合拳"为物流发展开拓创新

中国外运股份有限公司（简称"中外运"）是招商局集团的物流业务统一运营平台和统一品牌，已形成以专业物流、代理及相关业务、电商业务为主的三大业务板块，为客户提供端到端的全程供应链方案和服务。为了使运输更高效、成本更节约，为客户创造更多价值，中外运的"科技大脑"不断为公司物流发展注入新活力。

1. 视觉识别与智慧单证

通过"AI+RPA+EDI"单证解决方案，支持海运订舱、空运订舱、报关、账单发票、物流标识及证件这5大类中的数千种单证自动化处理，打通全程供应链各环节，使一线业务操作从传统人工作业升级到自动化、智能化操作，更准确、更高效地响应客户需求。操作效率因此平均提升了300%，操作无差错率保持在100%附近，每年处理量超过1500万单。

2. 视觉识别与智慧仓储

通过自主研发的"自动盘点机器人"，以视觉识别技术为核心、以AGV为移动载体、以自动升降系统和柔性机械臂为支撑，兼容条码识别、二维码识别和文字识别等信息形式，解决传统仓库多业务场景下盘点人员工作量大、差错率高、时效性低、成本高等问题。系统上线后仓库盘点效率提升了200%，库存信息可识读率提升至99.9%。

3. 自动驾驶与智慧汽运

在干线物流场景精准导入自动驾驶技术，提供更安全、稳定、智能、高效、低碳的科技驱动的混合运力货运解决方案，已经开通围绕珠三角、长三角、山东半岛等区域的多条L4级（高度自动驾驶）自动驾驶线路。

4. 物流控制塔与全程数据可视化

通过物流控制塔产品，构建强大的数据运营分析平台，对内实现业务及应用指标的统一化、集约化管理；对外形成客户画像，根据客户的个性化需求定制数据看板，以科学数据支持客户的预测和决策，提升供应链上下游各环节的协作能力。

5. 运输调度与算法优化

通过打造高效运筹优化算法，建立智能运输调度系统，聚焦城市配送与干线运输两大场景，为客户提供多维度、多目标、多场景的任务分配及路线规划建议，在充分考虑约束条件的同时统筹全局资源，配置40多种有针对性的算法策略，满足不同需求，显著提高运营效率，降低人工岗位的工作强度和运输成本，大幅提升运输时效和车辆利用率。

6. 绿色物流与碳足迹计算器

通过梳理仓库及物流链路上的所有排放源、排放因子、活动数据、数据来源，打造并上线"碳足迹计算器"，应用在汽运、空运和仓储三个业务场景，量化供应链物流环节直接或间接产生的碳排放总量，为持续发展绿色物流夯实底层基础。

（资料来源：光明网，2023-05-02）

讨论与分享：智慧物流有哪些形式？可以在哪些方面提高物流运行效率？

第二节　智慧供应链概述

一、供应链概述

供应链的产生和发展是与工业化进程中的生产管理模式变革紧密相关的。从最初的流水线作业到数字化、智能化管理，供应链不断演进，以适应市场和技术的变化。

（一）供应链的概念

根据《物流术语》（GB/T18354—2021），供应链（supply chain）是指生产及流通过程中，围绕核心企业的核心产品或服务，由所涉及的原材料供应商、制造商、分销商、零售商直到最终用户等形成的网链结构。供应链结构如图1-10所示。供应链是由围绕核心企业、供应商、供应商的供应商、用户、用户的用户所组成的一个网链结构。一个企业是一个节点，节点企业和节点企业之间是一种需求与供应的关系。

微课：
什么是供
应链

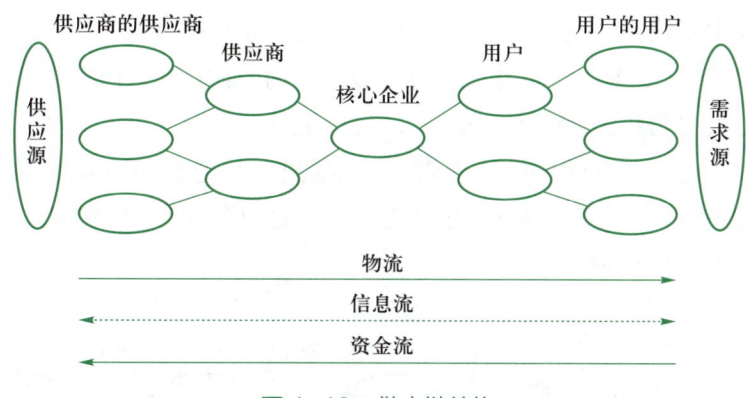

图1-10　供应链结构

供应链的产生与经济全球化、市场竞争、信息技术、消费者需求，以及环境与社会责任等因素有关。供应链管理作为一种新型的管理模式，已经成为现代企业不可或缺的一部分。

（二）供应链的特征

供应链具有以下鲜明特征：

1. 协调性和整合性

供应链是一个整体合作、协调一致的网链系统，每个供应链成员企业都是系统中的一个环节，相互之间通过信息的流动和非正式协议来实现协调和整合。

2. 复杂性和虚拟性

供应链结构模式涉及多个、多类型甚至跨国的企业，比单一企业的结构模式更复杂。同时，供应链作为一种灵活的企业间合作模式，可以根据特定的市场需求临时构建虚拟性组织。

3. 动态性和交叉性

供应链包含多个不同的供应商和分销商，形成复杂的交叉结构。供应链需要根据市场需求的变化动态更新成员和流程，加强协调管理。

4. 面向用户需求与增值性

供应链的形成与重构都是基于一定的市场需求。用户的个性化需求是供应链中信息流、物流和资金流流动的驱动力。供应链通过资源的转换和组合，以增加价值的方式将产品和服务送达下游用户，形成一条增值链。

5. 经济性与可持续性

供应链通常被设计为一个低成本体系，确保企业在有限的时间内制造和配送有价值的产品，并能有效建立具有可持续性的资源利用机制，减少排放。

（三）供应链运作模式

供应链运作模式是对企业纵向一体化运作模式的扬弃。随着市场竞争的加剧，企业产品生产的"纵向一体化"运作模式逐渐被"横向一体化"运作模式代替，形成上下游企业的战略联盟和商流、物流、信息流、资金流的一体化运作，如图1-11所示。横向一体化的核心思想是打破传统的企业边界，通过与其他企业建立战略联盟，实现供应链上的协同效应。在战略联盟中，企业之间可以通过共享资源、技术、信息和市场渠道等方式，实现优势互补和发展共赢。

图1-11　供应链运作模式

（四）供应链的发展

供应链的发展是一个不断演进的过程，受到技术进步、市场需求、政治经济环境和社会价值观等多种因素的影响。供应链的发展从传统的线性模式升级到现代的数字化、智能化和可持续发展模式。

1. 供应链的发展阶段

供应链在不同发展阶段有不同的特点，见表1-2。

表 1-2　供应链不同发展阶段的主要特点

发展阶段	大约时间	主要特点
传统供应链	20世纪早期至20世纪80年代	以制造业为中心，企业主要关注生产效率。供应链是线性的，信息流、物流和资金流相对简单。企业之间合作较少，主要是基于交易关系
精细供应链	20世纪90年代	企业关注成本控制和效率提升，引入精益生产，减少浪费，提高价值流程效率。供应链管理成为企业战略的一部分，强调合作伙伴关系和供应链整合
集成供应链	20世纪90年代末至21世纪初	强调跨企业的供应链整合，共享信息和资源。采用中央控制和计划的方法，实现整个供应链的优化。信息技术的应用开始普及
敏捷供应链	21世纪初	强调快速响应市场需求和经营灵活性。通过模块化设计、延迟策略和快速重组能力来适应需求波动。重视客户关系管理和个性化需求的满足
数字化供应链	21世纪初至今	电子商务的兴起改变了传统的物流配送模式。利用互联网、云计算、大数据、物联网等技术实现供应链的高度透明和实时监控。数据分析和人工智能技术用于预测市场趋势和优化决策
智慧供应链	近年来	利用机器学习、人工智能和先进的分析技术，实现自动化和智能化的决策支持。应用机器人、无人机和自无人仓等技术提高物流效率。虚拟现实和增强现实技术在供应链设计和培训中发挥着重要作用

2. 供应链的发展趋势

供应链的发展趋势如下：

（1）供应链智慧化。供应链智慧化就是利用移动互联、智能设备、物联网、大数据、人工智能等技术，对供应链管理过程中的各个环节进行智能化改造和优化，实现信息互通，构建一个高效、灵活、可持续的供应链体系，使企业能够在竞争激烈的市场环境中保持竞争优势，同时为客户提供更高质量的服务。

（2）供应链绿色化。供应链绿色化要求在供应链管理中采取一系列环保措施，以减少对环境的负面影响，包括绿色产品设计、绿色采购、绿色生产、绿色物流、绿色销售等。供应链绿色化是企业社会责任的重要组成部分，也是全球可持续发展战略的关键实践之一。随着环境保护意识的提高和环保相关法律法规的日益完善，供应链绿色化已成为企业发展的重要趋势。

二、智慧供应链运行

（一）智慧供应链运行原理

智慧供应链是结合现代信息技术和现代供应链管理的理论、方法，对供应链中的物流、信息流、资金流进行全面整合和优化，以实现供应链的智能化、协同化、可视化和可持续发展的集成系统。智慧供应链运行是在合作共赢的基础上，通过高度集成的信息技术，实现供应链各环节的智能化管理和协同工作，从而提高整个供应链的效率、灵活性和响应速度，最终达到降低成本、提高客户满意度和增强企业竞争力的目标。智慧供应链的运行原理如下：

1. 合作共赢原理

智慧供应链合作共赢原理的核心在于构建一个基于互信、互利、互助的合作机制，使供应链上的每个环节都能在合作中获得相应的利益，实现共同发展。智慧供应链合作共赢原理的实施，依赖于信息技术应用、合作伙伴选择、激励机制设计和风险管控等。

2. 智能化运营原理

智慧供应链利用物联网、大数据、人工智能等新兴技术，以数字化、集成化、个性化实现供应链的智能化决策、自动化操作和数字化管理，智能化贯穿智慧供应链全过程，如图 1-12 所示。通过智能管理系统，企业能够更加精准地预测市场需求，及时调整生产计划和库存水平，减少库存积压，降低缺货风险。

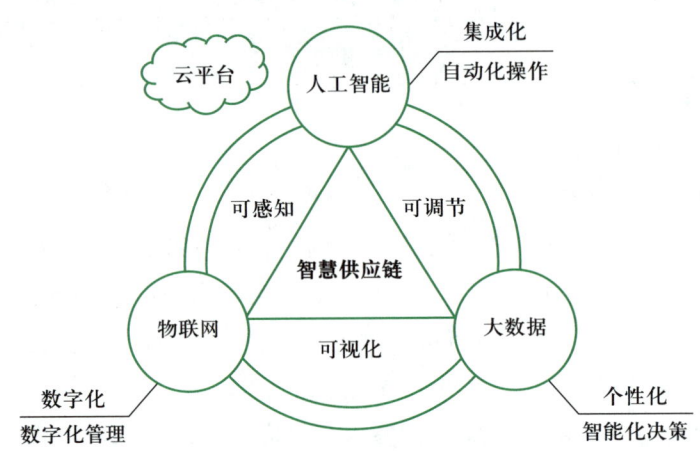

图 1-12　智能化贯穿智慧供应链全过程

3. 数据交互共享原理

在整个供应链体系中，各个环节的参与者通过高效的信息技术和通信手段，实现了数据的实时共享和传输，快速响应市场需求，精准决策。供应链数据交互共享如图 1-13 所示。

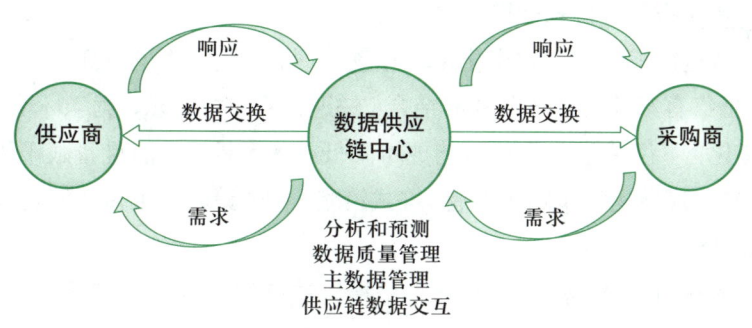

图 1-13   供应链数据交互共享

4. 集成化协同原理

智慧供应链通过集成协同平台，将供应链中的采购、生产、分销、仓储、运输等各个环节紧密连接起来，形成一个高度集成的协同工作网络，使各个环节能够实时交换数据和信息，从而实现整个供应链流程的透明化管理，如图 1-14 所示。

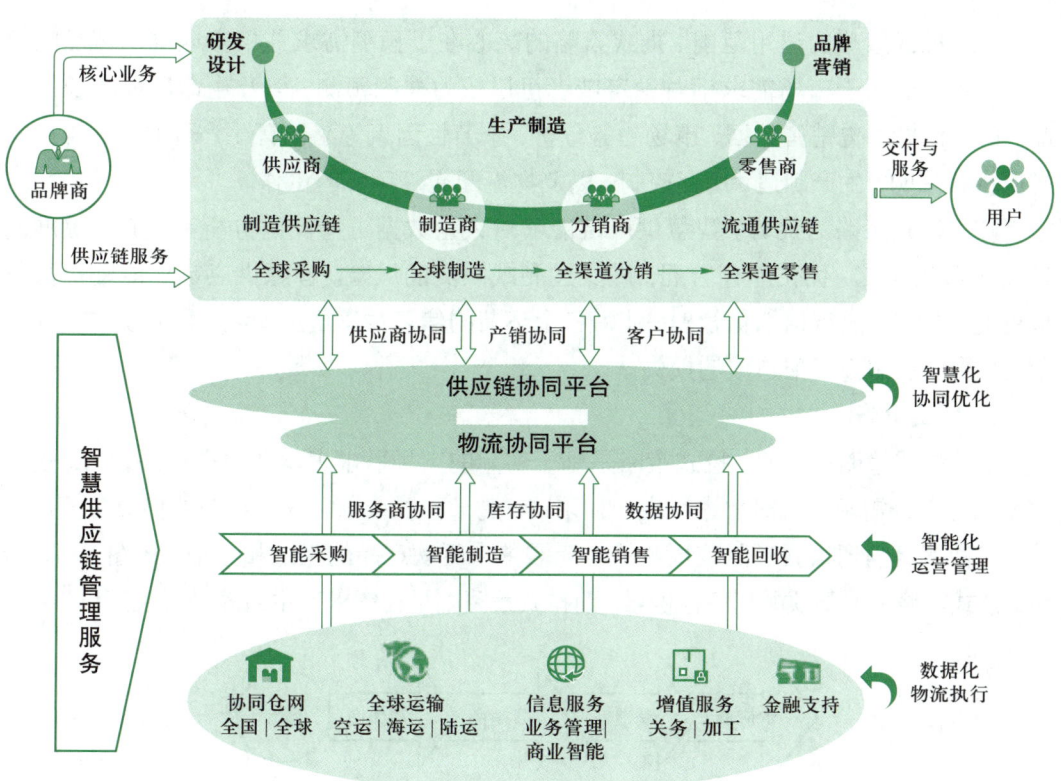

图 1-14   智慧供应链集成协同平台

(二) 智慧供应链运行策略

智慧供应链运行策略利用数字化技术和创新理念,注重将供应商、生产商、物流商、零售商,以及最终客户等各个环节紧密结合,快速适应市场需求、竞争环境、政策法规等因素的不断变化,不仅关注单个环节的成本降低或效率提升,而且着眼于供应链整体价值的创造。智慧供应链运行策略主要有:推式策略、拉式策略和推拉式混合策略。

1. 推式策略

(1) 推式策略的内涵。推式策略通常是指制造商根据预测的市场需求来生产产品,并将产品推向下游的分销商和零售商,直至最终顾客,如图1-15所示。在这种策略下,企业通过实时监控市场需求、库存水平、生产进度等信息,在合适的时间、合适的地点,以合适的成本将产品推向市场。

图1-15 推式策略

(2) 推式策略的适用范围。推式策略的核心在于预测需求并相应地推动产品的生产和分配,适用于市场需求相对稳定或者可以较为准确预测,以及生命周期较长的产品。企业依据历史销售数据、市场趋势分析、季节性因素等来制订生产计划,并据此安排原材料采购、生产制造、库存控制,以及物流配送等环节的工作。

(3) 推式策略的优势。智慧供应链能够对大量数据进行实时分析和处理,更准确地预测市场需求,优化库存管理,减少过剩或缺货的风险。智慧供应链还能够提高供应链的透明度,进行精细化管理,使得各个环节的信息共享更加顺畅,协同工作更加高效,减少因供需不匹配造成的损失。

2. 拉式策略

(1) 拉式策略的内涵。拉式策略是基于实际的市场需求来驱动生产和采购,即仅在有明确订单或需求信号时才进行生产和采购,是一种以市场需求为导向的供应链管理方法。这种策略强调根据实际或预测的客户需求来驱动产品的生产和分配,如图1-16所示。推式策略依赖于预测和库存积累,而拉式策略则是在需求产生时才进行生产。

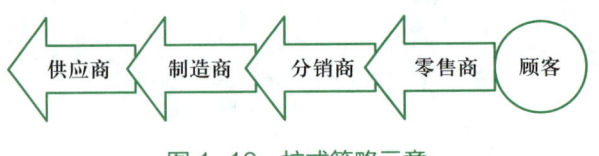

图1-16 拉式策略示意

(2) 拉式策略的适用范围。这种策略适合于需求变化快速,产品生命周期较短的产品。智慧供应链能够实时监控市场动态和消费者行为,更准确地预测需求,使得供应链能够更灵活地响应市场变化，以需求驱动生产，提高运营效率和客户满意度。

（3）拉式策略的优势。智慧供应链拉式策略的优势在于能够减少过剩库存的风险，提高资源利用率，缩短产品上市时间，最终提升客户满意度和企业的市场竞争力。

3. 推拉式混合策略

（1）推拉式混合策略的内涵。推拉式混合策略是指在供应链管理中同时运用推式和拉式策略，以达到更好的库存控制和服务水平，如图 1-17 所示。一般来说，对于基础产品或组件，可采用推式策略，以保证生产的稳定性和规模效应；对于定制化程度高或市场需求变化快的产品，宜采用拉式策略，以便更快速地响应市场变化。

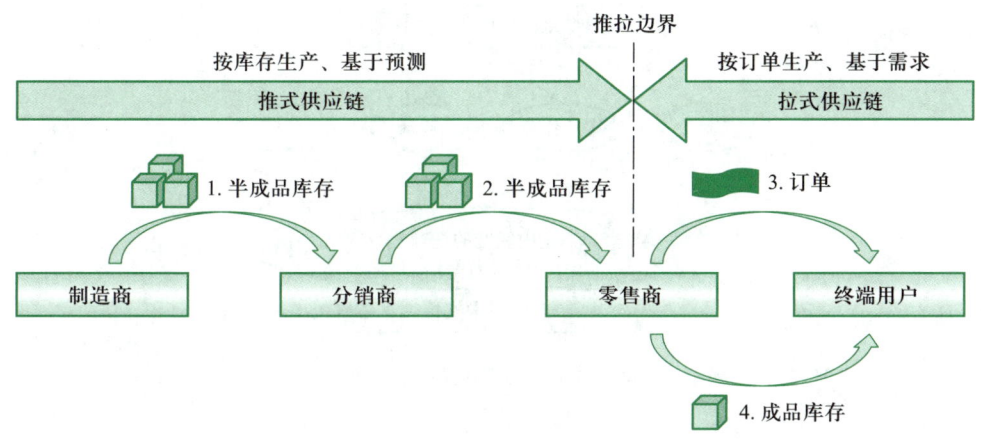

图 1-17　推拉式混合策略

（2）推拉式混合策略的适用范围。这种策略适合于多变、季节性或周期性的市场需求，高价值或定制化产品，以及产品技术创新迭代速度快的行业等场景。在市场变化迅速，需求难以准确预测的情况下，采用混合策略可以灵活应对。推式策略适合需求出现之前就生产的产品，拉式策略可以快速响应已经出现的需求。

（3）推拉式混合策略的优势。推拉式混合策略结合了推式策略和拉式策略的优点，以更加灵活高效的方式应对市场需求的变化，企业可以更好地平衡生产效率、库存水平和客户满意度，实现供应链的优化。

三、智慧供应链管理

（一）供应链管理认知

供应链管理是从供应链整体目标出发，对供应链中采购、生产、销售各环节的商流、物流、信息流及资金流进行统一计划、组织、协调、控制的活动和过程。

1. 供应链管理的领域

供应链管理主要涉及四个关键的管理领域：需求、供应、生产作业、物流，如图

微课：
智慧供应
链管理与
设计

1-18所示。需求管理领域关注如何正确预测和满足市场需求，以便在合适的时间和地点提供合适的产品，并确保产品的价格合理。供应管理领域的主要任务是选择能够提供生产制造产品所需的原材料、零部件和服务的供应商，设计订购、收货、管理存货等关键流程。生产作业领域负责制订和执行生产计划，以满足需求管理领域的销售预测需求。物流管理领域涵盖了物料在供应链上的实体流动管理，以及组织接收原材料、产品的检验入库、运输调度和交货安排等所需的活动。

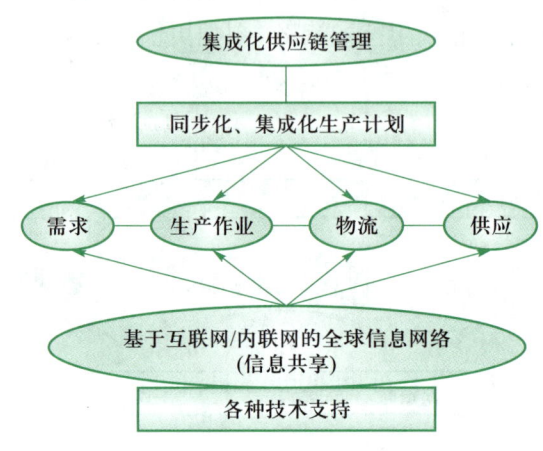

图 1-18　供应链管理的领域

2. 供应链管理的主要内容

供应链管理的主要内容包括：

（1）采购与供应商管理。主要涉及对原材料、零部件或成品的采购和供应商选择与管理，包括与供应商的谈判、合作协议签订、供应商绩效评估等活动。

（2）生产与制造管理。主要涉及将原材料或零部件转化为最终产品的制造过程，包括生产计划、生产调度、生产加工、装配等活动。

（3）分销与销售管理。主要涉及将产品推向市场并销售给最终用户，包括销售预测、渠道选择、市场推广、订单管理等活动。

（4）物流管理。主要涉及货物的运输、仓储和配送，包括物流运输方式选择、运输计划制订、仓储设施管理、库存控制、送货线路优化等活动。

（5）信息与资金管理。主要涉及供应链中的信息传递和资金流动管理，包括信息共享、数据分析、物流跟踪、财务结算、供应链金融等活动。

（二）智慧供应链管理认知

智慧供应链管理是以提高供应链整体效率、降低成本、增强市场竞争力为目标，以物联网、大数据、人工智能、云计算等新兴技术为支撑，对供应链中的物流、信息流、资金流进行全面整合和优化，实现供应链各环节的智能化感知、分析、决策和协同运作的活动过程。

1. 智慧供应链管理的特点

智慧供应链具有以下鲜明特点:

（1）数据驱动。智慧供应链管理依赖于大量的数据收集和分析，通过实时监控供应链中的各个环节，确保信息的准确性和即时性，如图 1-19 所示。这种数据驱动的方法使供应链管理更加精准，能够快速响应市场变化和需求波动。

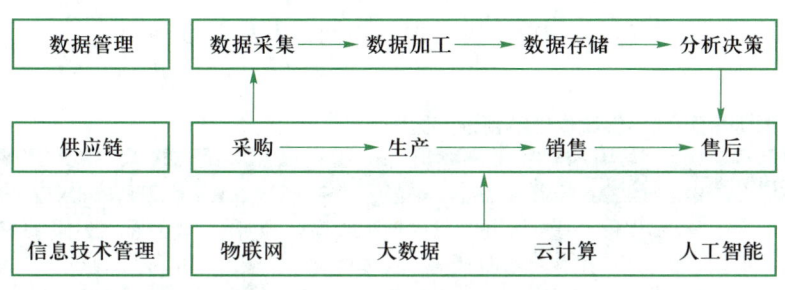

图 1-19　智慧供应链管理数据驱动

（2）智能化协同。智慧供应链管理强调供应链中各个参与方的协同合作，利用云计算、人工智能等技术，通过共享信息和资源，更好地协调各方行动，实现资源的优化配置，提高整个供应链的响应速度和灵活性。

（3）客户导向。智慧供应链管理以满足客户需求为核心，线上线下相结合，主动分析客户需求，提供更加个性化的产品和服务，增强客户黏性，促进产品和服务的迭代升级，提升客户满意度和忠诚度，如图 1-20 所示。

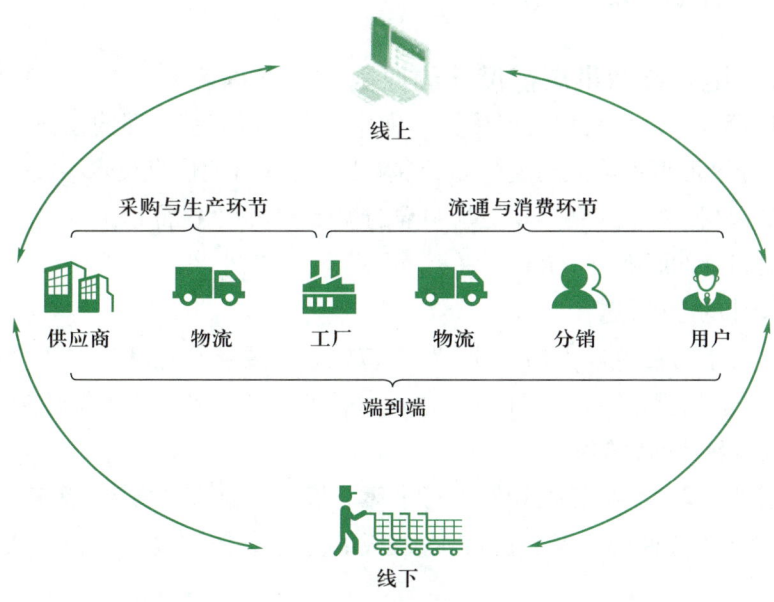

图 1-20　智慧供应链管理以客户为导向

（4）全局性优化。智慧供应链不仅关注局部优化，而且强调系统的整体性能和各个环节的优化，通过集成化协同，实现供应链的绩效提升和成本效益最大化。

（5）人性化设计。智慧供应链更加注重人机系统的协调性，倾向于使用可视化手段展示数据，并通过移动化手段访问数据，提高信息的可获取性和操作的便捷性，实现技术和管理的人性化整合。

2. 智慧供应链管理与传统供应链管理的区别

传统供应链管理与智慧供应链管理有明显的区别，主要表现在数字化程度、协同程度、运作模式、管理方向和侧重点等方面的不同，如表 1-3 所示。

表 1-3　智慧供应链管理与传统供应链管理的区别

区别	智慧供应链管理	传统供应链管理
数字化程度不同	数字化程度高，数据的开放性和共享性好，精准管理能力强，响应市场变化快	数字化程度低，数据的开放性和共享性差，精准管理能力弱，响应市场变化慢
协同程度不同	注重各环节之间的顺畅对接、密切协作和主动配合，协同程度高	各环节相对独立，跨层级、跨企业、跨部门、跨系统的资源整合难，协同程度低
运作模式不同	倾向于采用拉式策略，比较容易实施零库存管理	多采用推式策略，容易导致库存积压和滞销问题
管理方向和侧重点不同	对整个物流生态环境中的各个环节进行管理，保证动态环境的平衡	更关注单个企业内部的物流系统优化

四、智慧供应链设计

（一）供应链与智慧供应链设计的原则与主要内容

智慧供应链设计是指利用智能化技术优化和重构供应链管理的过程，以提高整个供应链的效率、透明度和响应速度。其核心在于通过先进的信息技术手段，来收集和分析供应链中的数据，对供应链实现更加精准的预测、计划、执行和决策。

1. 供应链设计的原则

供应链设计的原则包括：

（1）自上向下与自下向上结合原则。供应链设计要从企业战略的高度出发，同时考虑实际操作的可行性。通过上下结合的方式，确保供应链设计既符合企业的整体战略，又具备应对具体问题的能力。

（2）简洁性原则。供应链设计要求每个环节都尽可能简单直接，精简供应商名单，与少数高质量的供应商建立紧密的合作关系，减少不必要的复杂性和冗余，增强供应链的灵活性和快速响应能力。

（3）互补性原则。供应链设计要选择能够优势互补的企业作为合作伙伴，使每个企业都能集中精力在自己的核心业务上，整体提升供应链的竞争力。

（4）协调性原则。供应链运作不仅要内部协调，而且要与外部环境相适应。建立和谐的战略合作伙伴关系是实现供应链最佳效能的关键，需要各成员之间的良好沟通和协作，共同应对市场变化。

（5）动态性原则。在供应链设计中要预见市场需求波动等各种不确定因素，设计时需保持足够的灵活性和适应性。通过改善信息流和物流管理，减少中间环节，确保信息的准确传递和物流的快速反应。

（6）创新性原则。随着技术的发展和市场的变化，供应链要不断创新升级，以维持竞争优势。在供应链设计中要大胆尝试新的技术和管理模式，如利用 AI 进行数据分析等。

（7）战略性原则。供应链的设计和发展应符合企业的长期战略规划，具备前瞻性和可持续发展的能力，确保所有活动和决策都为实现企业战略目标服务。

2. 供应链设计的主要内容

供应链设计的主要内容包括：

（1）确定供应链的目标。在设计供应链时，首先需要明确供应链的核心竞争力、市场定位、产品策略等目标，指导整个供应链的设计和优化。

（2）选择供应商和合作伙伴。供应链设计需要考虑供应商和合作伙伴的选择，包括评估供应商的生产能力、质量、成本、交货时间等因素，以及与供应商建立长期合作关系的能力。

（3）确定生产和分销网络。合理的生产和分销网络可以降低运输成本、提高服务水平。供应链设计需要确定生产设施的位置、数量和规模，以及分销中心和仓库的布局。

（4）制定物流策略。供应链设计需要选择适当的运输方式和仓配方式，确定运输路线和时间表，以及管理库存和处理订单。

（5）优化供应链流程和信息流。供应链设计需要优化供应链流程和信息流，简化流程，引入自动化和信息技术，建立供应链管理信息系统等，提高供应链的透明度，减少错误和延误，提高整体绩效。

3. 智慧供应链设计的原则

智慧供应链设计的原则包括：

（1）数字化和智能化原则。智慧供应链的核心在于数据整合与共享，将商流、信息流、资金流、物流等全部数字化，并利用人工智能对集成的海量数据进行深度分析，为物流运营决策提供支持。

（2）快速响应市场变化与全面风险管理原则。智慧供应链设计须保持敏捷的反应能力，当客户需求或市场条件发生变化时，供应链能够实现快速调整和响应。运用智慧供应链系统的数据分析能力，建立有效的风险应对机制，对潜在的风险进行早期识别和评估，减少风险对供应链的影响。

（3）客户导向与需求驱动原则。关注用户服务体验，构建面向需求驱动的供应链网络体系，将客户需求作为驱动力，促进供应链各环节的改进和优化。

（4）绿色环保与可持续发展。在智慧供应链的设计中融入绿色环保理念，减少资源消耗和废弃物产生，实现可持续发展，如制订材料回收计划，鼓励采用可回收材料等。

4. 智慧供应链设计的主要内容

智慧供应链设计的主要内容包括：

（1）需求预测与计划管理。利用大数据、人工智能等技术，准确预测市场需求，及时调整生产计划和库存策略，提高供应链的响应速度和灵活性。

（2）采购与供应商管理。通过采用数字化采购、供应商绩效评估等手段，科学高效地选择和管理供应商，与供应商建立紧密的合作关系。

（3）生产与制造流程优化。采用自动化设备、智能制造技术等手段，实现生产过程的自动化和智能化，致力于提高生产效率和降低生产成本。

（4）物流与配送管理。采用先进的物流管理系统、智能仓储技术等手段，实现物流信息的实时跟踪和智能调度，优化物流配送环节，提高配送效率。

（5）库存管理与控制。采用先进的库存管理模型和实时库存监控系统等手段，对库存进行有效管理和控制，降低库存成本。

（6）客户服务与售后支持。建立完善的客户服务体系，提供优质的客户服务和售后支持，提升客户满意度和忠诚度。

（7）信息技术与系统集成。采用云计算、物联网、区块链等技术手段和系统集成，实现供应链信息的实时共享和协同处理，以及高效运作。

（8）数据分析与持续改进。采用数据挖掘、机器学习等技术手段，收集供应链数据并进行深入分析，为决策提供有力支持，持续改进供应链管理。

（二）产品智慧供应链设计

产品智慧供应链设计是通过明确设计目标、确定核心功能、构建技术框架、遵循设计原则，以及参考成功案例等措施，利用大数据、人工智能等技术手段，对产品的生产、销售和售后服务等环节进行智能化、自动化和优化的设计，为客户提供更好的产品和服务体验。

1. 供应链结构

一个好的供应链结构可以帮助企业降低成本、提高效率、增强市场响应速度和提升客户满意度。常见的供应链结构类型有：

（1）直线型供应链结构。直线型供应链是最简单的供应链形式，涉及供应商、制造商、分销商、零售商和最终客户，如图 1-21 所示。这种结构适用于标准化程度高、市场需求稳定的产品。由于涉及的环节较少，管理起来相对简单。

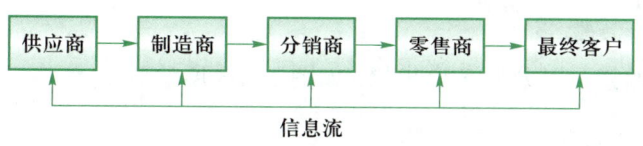

图 1-21　直线型供应链结构

（2）扩展型供应链结构。扩展型供应链涉及多个供应商和客户，增加了供应链的复杂性。这种结构因存在多元化的供应和销售节点，能够更灵活地应对市场的变化和不确定性，但要求核心企业具有较强的协调和管理能力，以保证整个供应链的顺畅运作。

（3）网状供应链结构。网状供应链是一个包含多个供应商、制造商、分销商和客户的复杂网络，如图 1-22 所示。每个节点都可能与多个上游和下游节点有联系。通过高度的网络化结构，企业可以在全球范围内优化资源配置，选择合适的合作伙伴，实现成本最小化和价值最大化。

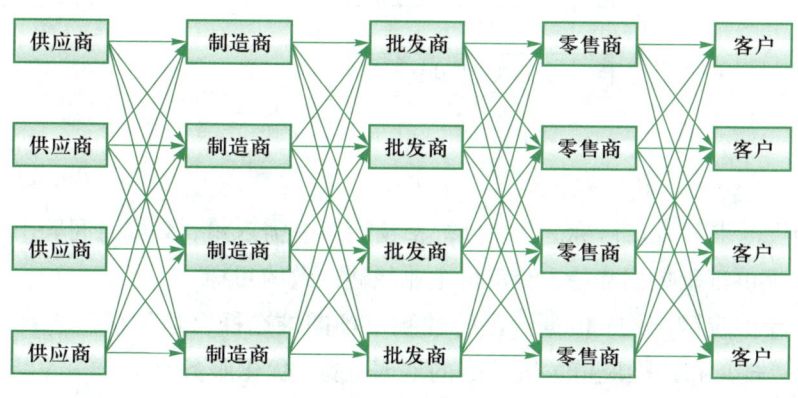

图 1-22　网状供应链结构

（4）集中型供应链结构。集中型供应链所有的物流活动都通过一个中央控制中心进行管理和调度，以降低冗余和浪费，提高整体效率，常见于具有强大中央执行力的大型零售商或制造商。

（5）分散型供应链结构。在分散型供应链中，各地区的运营相对独立，各自管理当地的供应链活动。这种结构适用于跨国企业，可以更快速地响应所在地市场的需求变化，提供更符合所在地消费者偏好的产品和服务。

（6）自适应型供应链结构。自适应型供应链又称动态型供应链，能够根据外部环境的变化自动调整结构和操作策略。这种结构特别适合高度不确定和快速变化的市场环境，能够快速适应市场的需求变动和供应链中断事件。

2. 供应链设计步骤

供应链设计通常可以分为 7 个步骤，如图 1-23 所示。

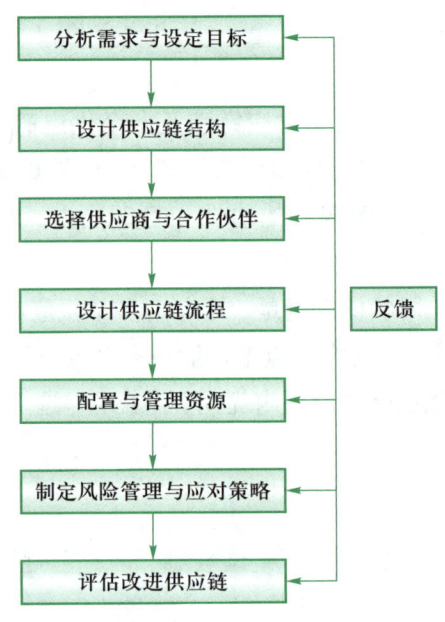

图 1-23　供应链设计步骤

（1）分析需求与设定目标。详细分析和预测产品需求量、交货时间等市场需求，为供应链设计提供基础数据支持，设定与企业战略一致的目标。

（2）设计供应链结构。根据产品特性和市场需求选择合适的供应链结构，如直线型、网状型等规划布局供应链关键节点的地理位置，优化服务水平。

（3）选择供应商与合作伙伴。基于质量、成本、交付能力和信誉等因素选择合适的供应商和其他合作伙伴，建立稳定的合作关系，共同开发产品。

（4）设计供应链流程。集成企业资源计划（ERP）、客户关系管理（CRM）、仓库管理（WM）等信息系统，提高供应链的透明度和协同效率，为采购、生产、销售、物流等环节制定明确的操作流程。

（5）配置与管理资源。根据供应链需要配备足够的人力资源，并提供必要的培训和管理。合理规划资金使用，优化库存水平，降低库存风险。

（6）制定风险管理与应对策略。识别包括供应中断、市场波动、政策变化等的潜在风险，并针对识别的风险制定预防措施和应急计划。

（7）评估改进供应链。根据供应链目标设定的成本、交货准时率、客户满意度等关键绩效指标，定期评估供应链运作的实际表现，持续改进供应链。

3. 基于产品的供应链设计策略

（1）产品类型分类。根据产品的不同特性和市场需求，将产品分为功能性产品和创新性产品两大类。

①功能性产品。功能性产品是指主要满足客户基本需求、具有实用价值的产品。这类产品具有较高的市场稳定性、较低的风险、可预测的需求和较长的生命周期，在生产计划规划、库存管理和物流安排等方面比较容易，但边际利润较低。

②创新性产品。创新性产品是指具有新颖性、独特性和高度创新性的产品。这类产品边际利润高，但需求一般不可预测，生命周期较短，给供应链管理带来了更高的挑战，需要灵活应对市场变化，保证产品的快速上市和快速分销。

（2）产品供应链设计策略。产品供应链设计与产品类型策略矩阵的四个区域代表了四种可能的产品和供应链组合，如图1-24所示。据此可以判断企业的供应链设计是否与产品类型一致。其中，有效性供应链适用于功能性产品，反应性供应链适用于创新性产品。

	功能性产品	创新性产品
有效性供应链	匹配	不匹配
反应性供应链	不匹配	匹配

图 1-24 产品供应链设计与产品类型策略矩阵

4. 智慧供应链集成

基于产品的智慧供应链设计，可以把计划管理、采购管理、生产管理、物流管理、金融管理、数据管理等供应链各个环节，通过智慧供应链管理平台紧密相连，如图1-25所示。基于产品的智慧供应链设计集成，是一种以产品为核心，通过大数据、云计算、物联网等技术，对供应链各环节进行深度整合和优化的设计过程。

（1）需要对产品进行全面深入的分析，以便更好地理解产品的价值和潜力。

（2）根据产品的特性和需求，设计和优化供应链的采购、生产、库存管理、物流配送等各个环节，以提高供应链的效率和响应速度。

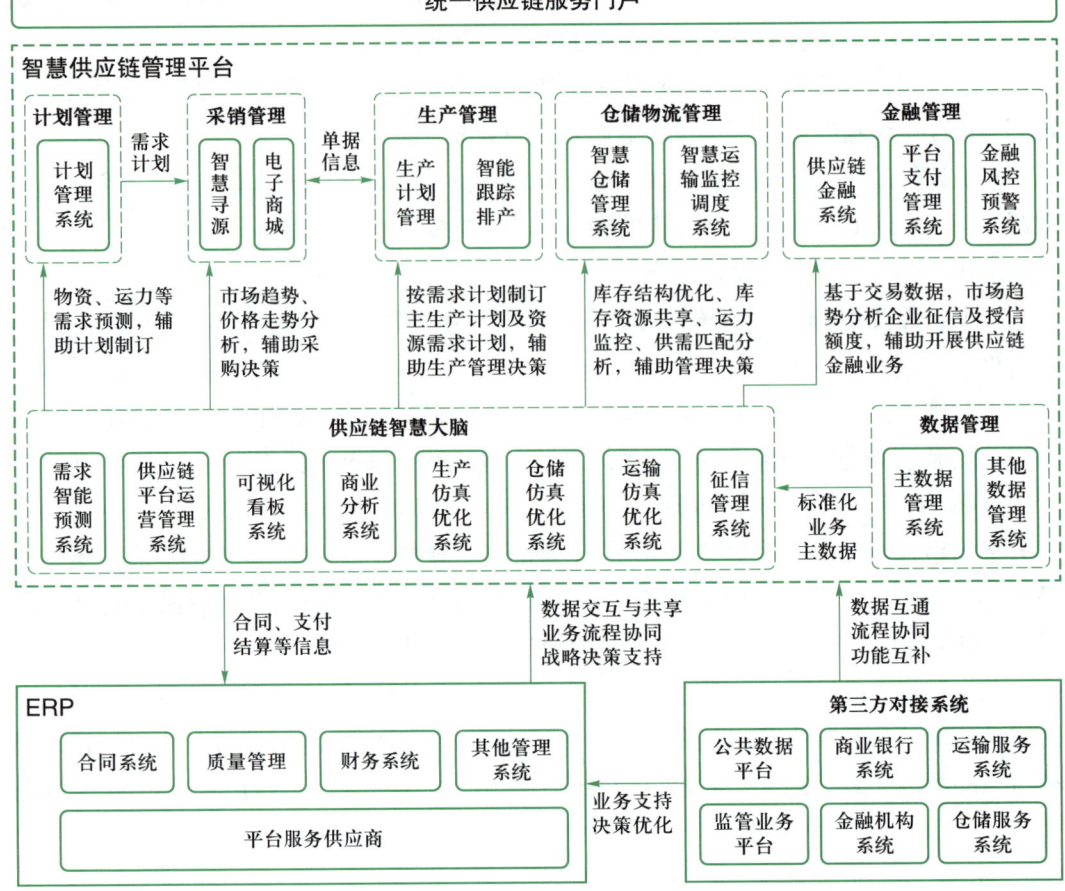

图 1-25　智慧供应链管理平台

智链强基　数创未来

徐州工程机械创新发展，"掘进未来"

徐州以做大做强主机产品为重点方向，提升工业车辆与智能物流设备、市政环卫机械、矿业机械主机的市场占有率，全力打造具有国际竞争力的"工程机械之都"。

1. 徐州建长工程机械产业链

随着链主企业——徐工集团的迅猛发展，一系列专注于整机或核心零部件的知名企业纷纷在徐州布局，徐州逐步在工程机械产业链供应链上中下游各个环节实现覆盖，形成一条"零部件—整机制造—后市场服务"的完备全链条协作流程。工程机械上游为原材料和零部件的生产，聚集了1 200余家为工程机械制造提供零部件配套的企业。中游是以徐工为龙头的挖掘机、起重机、压路机等不同类型的工程机械制造企业，全面覆盖工程机械20大门类、400多种机型。下游服务拥有徐工汉云等4家省级工业互联网平台和徐工租赁、徐工电商等专业市场服务平台。

2. 徐州建设有韧性的工程机械供应链

2015年前，起重机的核心零部件大多依赖进口，购买周期长，价格昂贵，存在"断链"的风险，严重制约了我国工程机械产业的发展。对于徐州的工程机械产业集群来说，自主替代是绕不开的技术话题。徐州阿马凯液压技术有限公司致力于工程机械高端液压阀、泵马达产品研发制造，完成大吨位水平定向钻机液压阀全系列国产化替代。徐工精密工业科技有限公司自主研发的液压多路阀、发动机缸体缸盖等高端核心铸铁件，突破了高端核心零部件的技术壁垒，达到国际一流水平。徐工研究总院、徐工液压件、徐工传动等7家企业投资成立国家高端工程机械核心零部件制造业创新中心，链上企业抱团开发，主攻新型高效传动系统及核心零部件、高压节能液压系统及核心零部件、智能控制系统及核心零部件三大方向，提升工程机械行业核心零部件的产业化自主配套率。

3. 徐州建强工程机械产业集群

工程机械产业作为徐州本土成长起来的支柱产业，经过几十年的培育发展壮大，已经成长为徐州最具影响力和竞争力的产业，产业规模超过2 100亿元，占全国市场超1/5，拥有研发、零部件、主机、服务等企业5 000余家，形成了庞大的产业集群和完备的产业配套体系，使徐州成为全国工程机械产品类别和品种最齐全的地区之一。徐州市除了徐工这个千亿级"航母"，还拥有百亿级企业1家、10亿至100亿级企业8家、亿元以上企业33家、规模以上企业299家，形成"一超、一大、多强"的企业梯队。同时，带动全市设计、制造、维保、租赁等关联企业，从业人员16万余人。

（资料来源：徐工集团新闻，2023-07-20）

讨论与分享：结合材料分析，怎样保持我国产业链供应链的安全性和韧性？

调查研究与善作善成

关于当地智慧物流与供应链发展情况的调查

步骤1：确定调研目标。

围绕贯彻落实党的二十届三中全会"健全促进实体经济和数字经济深度融合制度"的战略部署，结合本章学习内容，组织学生实地走访调研，了解当地智慧物流与供应链的发展情况，在调查研究的实践训练中巩固知识，检验学习效果。

步骤2：设计调研方案。

依托当前数字中国建设背景，聚焦智慧物流与供应链发展，根据调研目标，设计可执行的调研方案。调研方案除包括调研目的、调研问题、调研假设、调研方法、调研地点与范围、数据收集方法、数据分析方法、调研预期结果、调研所需资源外，还包括组建调查研究小组、明确调研过程中的安全及社交礼仪等要求。

步骤3：收集调研数据。

坚持知行合一、理实结合的原则，按照调研方案，选择合适的调研方法和路径，从思路、措施、问题、经验、成效等方面收集当地智慧物流与智慧供应链发展的相关数据，以及发展中的难点与痛点问题。

步骤 4：整理分析调研数据。

对收集到的数据进行整理和清洗，剔除无效或错误的数据，保证数据质量。运用适当的统计方法和分析技巧对整理好的数据进行分析、比较、归纳，揭示存在的问题，总结有效的做法，提炼出可复制推广的经验成果。

步骤 5：撰写调研报告。

在调研中要把党的二十届三中全会"打造具有国际竞争力的数字产业集群"的精神学深悟透，将调研过程和结论整理成书面报告，提出智慧物流与智慧供应链进一步发展的可行性建议。同时，注意报告的规范性和逻辑性，增强报告的可读性。

步骤 6：呈现分享调研报告。

将调查结果在班级呈现并分享，有条件的话可以通过研讨交流或公开发表的方式呈现给相关经营者、决策者和社会公众。

 综合实训

实训 1：物流企业数字化转型升级 SWOT 分析

步骤 1：确定实训目的。

通过分析训练，使学生根据本章所学知识，分析某物流企业数字化升级所面临的环境，提出合理的决策建议，培养学生物流企业经营环境分析的能力。

步骤 2：做好实训准备。

（1）组建实训小组。

（2）编写某物流企业数字化转型升级的模拟场景。

场景举例：随着全球经济形势与供应链格局的加速重构，以及数字技术的突破性革命，物流作为连通生产与销售的经脉正面临着前所未有的机遇与挑战。在此背景下，甲物流公司意识到破局突围必须紧跟数字化变革步伐，提高企业核心竞争力。

（3）收集该物流企业数字化转型升级的内外部环境资料。

步骤 3：讲解实训内容。

（1）讲解物流企业内外部经营环境资料的收集方法。

（2）讲解 SWOT 分析模型的原理与应用。

步骤 4：完成实训任务。

根据假设的模拟场景，实训小组合作完成：

（1）甲物流公司数字化转型升级的相关资料收集工作。

（2）甲物流公司数字化转型升级的优势与劣势分析。

（3）甲物流公司数字化转型升级的机遇与威胁分析。

（4）甲物流公司数字化转型升级的对策建议。

（5）实训成果全班展示分享。

步骤5：实施实训评价。

教师对每个实训小组的表现进行综合评价，填写表1-4。

表1-4　物流企业数字化转型升级SWOT分析实训评分表

组别		组员	
考评内容	甲物流公司数字化转型升级SWOT分析		
考评标准	考评维度	分值/分	实际得分
	参与实训的学习态度	15	
	优势分析（S）	15	
	劣势分析（W）	15	
	机遇分析（O）	15	
	威胁分析（T）	15	
	对策建议	15	
	实训成果分享展示	10	
合计		100	

实训2：学校食堂大宗食材供应链数据可视化分析

步骤1：确定实训目的。

通过分析训练，使学生根据本章所学知识，做好所在学校食堂大宗食材供应链的数据分析，并对其进行可视化呈现，培养大数据分析能力。

步骤2：做好实训准备。

（1）组建实训小组。

（2）编写学校食堂大宗食材供应链数据分析的模拟场景。

场景举例：高校食堂大宗食材一般包括米面油、生鲜蔬菜、冷冻品、干货调味品、鸡蛋和低值易耗品等。为了进一步做好大宗食材的供应安全和价格稳定，保障学生的消费权益，现需要对学校食堂的大宗食材供应链进行数据分析。

（3）浏览大数据相关网站，找寻供应链大数据可视化分析的方法与工具。

步骤 3：讲解实训内容。

（1）讲解采集学校食堂大宗食材供应链数据的方法。

（2）讲解对采集的学校食堂大宗食材的供应链数据进行预处理的方法。

（3）讲解对采集的学校食堂大宗食材的供应链数据进行分析的方法。

（4）讲解利用Excel表完成学校食堂大宗食材供应链数据可视化的方法。

步骤 4：完成实训任务。

根据假设的模拟场景，实训小组合作完成：

（1）××学校食堂大宗食材供应链的数据采集与分析。

（2）××学校食堂大宗食材供应链的数据可视化。

（3）实训成果在全班展示分享。

步骤 5：实施实训评价。

教师对每个实训小组的表现进行综合评价，填写表1-5。

表1-5　供应链数据分析可视化实训评分表

组别		组员	
考评内容	××学校食堂大宗食材供应链数据可视化分析		
考评标准	考评维度	分值	实际得分
	参与实训的敬业精神	15	
	供应链数据采集	15	
	供应链数据预处理	15	
	供应链数据分析	15	
	供应链数据可视化	25	
	实训成果分享展示	15	
合计		100	

一、判断题

1. 物流在经济发展中具有不可替代的作用。(　　　)

2. 智慧物流是以物联网技术为基础。(　　　)

3. 智慧物流已成为物流行业的发展方向。(　　　)

4. 推式策略的核心在于预测需求并相应地推动产品的生产和分配。(　　　)

5. 有效性供应链适用创新性产品。(　　　)

6. 分析需求与设定目标是供应链设计的第二个步骤。(　　　)

二、单选题

1. (　　　)是连接供应链各个环节的关键纽带。

    A. 生产管理　　　　　　　　　　B. 采购管理

    C. 销售管理　　　　　　　　　　D. 物流管理

2. 智慧物流产业系统不包括(　　　)。

    A. 基础运作　　　　　　　　　　B. 市场准入

    C. 物流平台　　　　　　　　　　D. 产业群

3. 智慧物流的发展背景不包括(　　　)。

    A. 数字技术的快速发展　　　　　B. 人口红利增加

    C. 国家政策的支持　　　　　　　D. 行业自身的需求

4. 供应链包含(　　　)个不同的供应商和分销商,形成复杂的交叉结构。

    A. 一　　　　　　　　　　　　　B. 两

    C. 三　　　　　　　　　　　　　D. 多

5. "以制造业为中心,企业主要关注生产效率"是(　　　)的主要特点。

    A. 传统供应链　　　　　　　　　B. 精细供应链

    C. 集成供应链　　　　　　　　　D. 数字化供应链

6. (　　　)是智慧供应链管理的特点之一。

    A. 以企业为中心　　　　　　　　B. 以采购为中心

    C. 数据驱动　　　　　　　　　　D. 以制造为中心

三、多选题

1. 物流是指根据实际需要,将(　　　　　)、流通加工、信息处理等基本功能实施有机结合,使物品从供应地向接收地进行实体流动的过程。

    A. 运输　　　　　　　　　　　　B. 储存

    C. 装卸、搬运　　　　　　　　　D. 包装

    E. 配送

2. 智慧物流与传统物流的主要区别，主要在（　　　　　）等方面的表现程度不一样。

A. 信息管理能力　　　　　　　　　　B. 效率和安全性

C. 成本控制　　　　　　　　　　　　D. 物流功能

E. 对客户的态度

3. 供应链是指生产及流通过程中，围绕核心企业的核心产品或服务，由所涉及的原材料（　　　　　）等形成的网链结构。

A. 供应商　　　　　　　　　　　　　B. 制造商

C. 分销商　　　　　　　　　　　　　D. 零售商

E. 最终用户

4. 供应链管理主要涉及（　　　　　）四个关键领域。

A. 需求　　　　　　　　　　　　　　B. 供应

C. 客户　　　　　　　　　　　　　　D. 生产作业

E. 物流

5. 智慧供应链的运行原理包括（　　　　　）。

A. 合作共赢原理　　　　　　　　　　B. 智能化运营原理

C. 数据交互共享原理　　　　　　　　D. 集成化协同原理

E. 纵向一体化原理

6. 智慧供应链设计的主要内容包括（　　　　　）等。

A. 需求预测与计划管理　　　　　　　B. 采购与供应商管理

C. 生产与制造流程优化　　　　　　　D. 物流与配送管理

E. 库存管理与控制

智慧物流功能管理

学习目标

素养目标

▲ 培养智慧物流服务新质生产力的发展意识
▲ 培养智慧物流标准化建设的创新意识
▲ 培养智慧物流引领产业升级的提质增效意识
▲ 从智慧物流各功能实践中培养数字素养、跨界跨域合作意识、终身学习习惯等新型劳动者的必备素养

知识目标

▲ 了解智慧物流货物运输服务的内容
▲ 掌握智慧物流货物运输监测管理的内容
▲ 熟悉智慧物流仓库布局规划的内容
▲ 掌握智慧物流仓配监测管理的内容
▲ 了解智慧物流流通加工的类型
▲ 掌握智慧物流信息管理系统应用

技能目标

▲ 能够初步提出智慧物流货物运输作业流程优化方案
▲ 能够初步运用智能化手段评价货物运输服务质量
▲ 能够初步提出智慧物流仓配作业流程优化方案
▲ 能够初步运用智能化手段评价仓配服务质量
▲ 能够初步运用智能化手段优化装卸搬运和物流包装的作业流程

思维导图

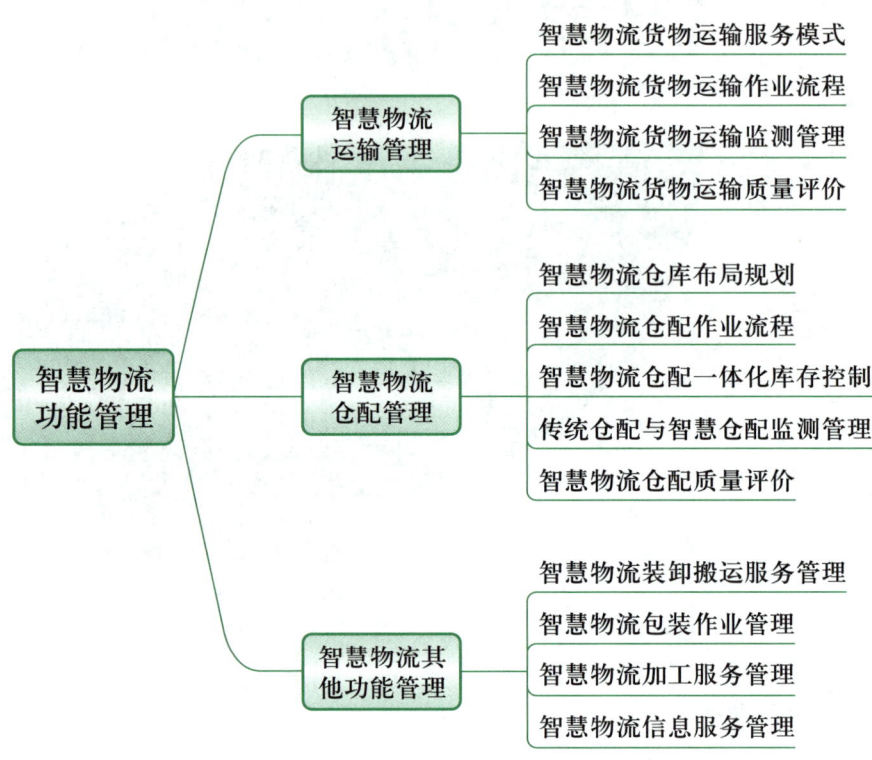

学习计划

◢ **素养提升计划**

◢ **知识学习计划**

◢ **技能训练计划**

以标准创新推动智慧物流提质增效

当前，物联网、大数据、云计算、人工智能等不断取得突破，为自动化、无人化等新技术应用和网络货运平台、多式联运"一单制"等新业态、新模式发展提供了坚实基础。交通运输部、市场监管总局公布的第一批国家级服务业标准化试点（智慧交通专项）名单中，智慧物流方向设立了邮政数字化处理中心、货物自动配送、智能航运、内河枢纽智慧通航、港口无人集卡、电动船舶、国际海运区块链电子提单服务等试点项目。试点内容直接与数字化、区块链、无人驾驶、自动配送、在线监测等息息相关。

党的二十届三中全会指出"健全国家标准体系"。标准化是智慧物流体系建设的重要基础。2022年，交通运输部联合国家标准化管理委员会印发《交通运输智慧物流标准体系建设指南》，在基础通用标准、设施设备标准、系统平台与数据单证标准、服务与管理标准等方面对智慧物流标准进行了系统布局。本次试点在多式联运、无人化配送等方面，围绕建立健全标准体系、推动标准研制实施和评价、提升标准化基础能力、完善工作机制等方面充分发力，破解智慧物流发展面临的设施设备不配套、运输组织不衔接、数据交换共享难、单证格式不统一等难题，实现成套标准验证与先进标准研制、应用、推广，为发展培育交通新质生产力，加快建设交通强国提供强有力的标准支撑。

例如，中国邮政数字化处理中心标准化试点项目，依托数字化处理中心技术，要求项目和数字化处理中心推广应用工程，建立健全处理中心数字化技术应用标准体系，完善物联网、人工智能等数字化技术在数字化处理中心的生产作业、运营管理、安全防控等方面的重点标准。港口无人驾驶集装箱车标准化试点项目，计划建立健全港口无人驾驶集装箱车标准体系，完善基础通用标准、车辆技术标准、通信和网络标准、安全标准、作业流程标准、调度平台标准、数据交互标准、测试标准等重点标准。国际海运区块链电子提单服务标准化及应用试点项目，以区块链技术电子提单平台建设及应用为抓手，建立健全大宗商品区块链电子提单应用标准体系，完善以航运贸易为主的数据交互、业务流程、跨平台互认、文件交换等标准。

◢ 引思明理

物流产业是支撑经济社会发展的基础性、战略性、先导性产业。党的二十届三中全会指出"支持企业用数智技术、绿色技术改造提升传统产业"。实数融合发展是智慧物流发展的一个重要方向。在全球供应链加速重构、实体经济与数字经济深度融合的背景下，智慧物流已成为推动交通运输产业升级和经济增长的重要引擎。加快交通运输智慧物流创新发展，对于推进交通物流降本提质增效具有重要意义。

一、智慧物流货物运输服务模式

（一）货物运输概述

运输分为客运和货运两种形态，本书所讨论的运输是指货运，即利用载运工具、设施设备及人力等运力资源，使货物在较大空间上产生位置移动的活动。运输是物流系统中极为重要的一个环节。了解货物运输的重要性有助于更好地选择合适的运输方式来满足不同的物流服务需求。

1. 货物运输基本元素

货物运输基本元素包括：

（1）货物运输对象。货物运输对象统称货物。根据货物对运输、装卸搬运、储存的环境和技术要求不同，货物可以分为成件物品、散碎物品、液态物品、气态物品、易腐物品、危险物品、超长超重物品等大类。

（2）货物运输手段。主要包括运输工具、运输线路（通道）、运输站点及配套设施等。运输工具包括火车、汽车、船舶、飞机等。运输线路包括铁路线路、公路线路、水运航道和空运航线等。运输站点就是运输网络的节点，如火车货站、编组站，汽车货站、货场、转运站，港口码头，机场等。

（3）货物运输参与者。货物运输活动的主体就是货物运输参与者，主要包括发货人、收货人、承运人、货运代理人、政府管理部门和社会公众。

2. 货物运输方式

货物运输方式包括公路货物运输、铁路货物运输、水路货物运输、航空货物运输和管道货物运输五种，此外还有多式联运。每种运输方式各有其优缺点，掌握每种运输方式的特点，有利于选择合适的运输方式，提高运输管理的效果。

（1）公路货物运输。公路货物运输是指使用汽车在公路上载运货物的运输方式，如图 2-1 所示。公路货物运输有明显的优点和缺点如表 2-1 所示。

微课：
智慧物流运
输服务

图 2-1　公路货物运输

表2-1 公路货物运输的优缺点比较

公路货物运输的优点	公路货物运输的缺点
①机动灵活，可以实现门到门运输。 ②相对投资少，易在全社会推广发展	①单车运输能力比较小。 ②单位运输能耗和运输成本比较高
结论：公路比较适宜在内陆地区短途运输货物，或与铁路、水路、航空联运，为货运站、港口、机场集疏运货物，可以在远离铁路的陆地从事干线运输	

（2）铁路货物运输。铁路货物运输是指利用铁路设施设备运送货物的一种运输方式，如图2-2所示。铁路运输的优缺点如表2-2所示。

图2-2 铁路货物运输

表2-2 铁路货物运输的优缺点比较

铁路货物运输的优点	铁路货物运输的缺点
①运输连续性好，运行速度较快、比较平稳，到发时间准确性较高。 ②运输能力比较强，平均运距较长，能耗较少，成本较低	①铁路线路修建工程量大，建设周期较长，投资额比较高。 ②火车只能轨道上运行，运输灵活性较差
结论：铁路适合在内陆地区运送中长距离、大运量、时间性较强、可靠性较高的一般货物和特种货物。在运输量比较大且稳定的地区之间投资建设铁路比较经济合理	

（3）水路货物运输。水路货物运输是指利用船舶、排筏和其他浮运工具，在海洋、江、河、湖泊、人工水道运送货物的一种方式，如图2-3所示。水路运输按其航行的区域，大体上可以划分为远洋运输、近海运输和内河运输三种形式。水路货物运输的优缺点如表2-3所示。

图2-3 水路货物运输

表2-3　水路货物运输的优缺点比较

水路货物运输的优点	水路货物运输的缺点
① 运输能力强，通用性好，可以运送各种货物，尤其是大件货物，单位运输成本低。 ② 可以利用天然水域建设航线，投资费用低，平均运距长，装卸效率高	① 水路运输航线受自然条件（水）影响较大。 ② 运输速度慢，货物在途时间长
结论：水路货物运输的综合优势较为突出，适宜运距长、运量大、时间性要求不太高的大宗货物运输，如谷物、矿石、煤炭、石油等	

（4）航空货物运输。航空货物运输是指利用航空飞行器运送货物的一种方式，如图 2-4 所示。航空货物运输的优缺点如表 2-4 所示。

图 2-4　航空货物运输

表 2-4　航空货物运输的优缺点比较

航空货物运输的优点	航空货物运输的缺点
① 运输速度快。 ② 运输机动性好	① 飞机造价高、能耗大，单位运输能力小、成本高。 ② 飞机驾驶操控技术复杂
结论：航空货物运输适合远距离、体积小、价值高的货物运输，以及鲜活产品、时令性产品和快件等货物的运输	

（5）管道货物运输。管道货物运输是以管道运送流体货物的一种方式，如图 2-5 所示。这种方式随着石油和天然气需求量的增长而快速发展，目前已成为陆上油、气运输的主要运输方式。管道货物运输的优缺点如表 2-5 所示。

图 2-5　管道货物运输

表 2-5　管道货物运输的优缺点比较

管道货物运输的优点	管道货物运输的缺点
① 运输量大，占地少，损耗少。 ② 运输封闭，安全可靠，无污染	① 专用性强，通用性差。 ② 起始运输量与最高运输量间的幅度小
结论：管道货物运输只适合流量大且稳定的液体或气体类货物运输	

（6）多式联运。多式联运是指货物由一种运载单元装载（如集装箱），通过两种或两种以上运输方式连续运输，并进行相关辅助作业的运输活动。常见的有"铁公水"联运，即铁路、公路、水路联合运输，如图 2-6 所示。多式联运的优缺点比较如表 2-6 所示。

图 2-6　"铁公水"多式联运

表 2-6　多式联运的优缺点比较

多式联运的优点	多式联运的缺点
① 整合多种运输方式，充分发挥铁路、公路、水路、航空各自的优势，降低运输成本。 ② 通过无缝衔接各环节，极大减少货物中转时间，提高运输效率。 ③ 还能依据货物特性灵活规划路线，增强运输适应性，减少能源消耗与环境污染，降低碳排放	① 组织协调复杂，涉及多方主体与运输模式，信息交流不畅，容易导致衔接失误与延误。 ② 基础设施建设投资大，转运设施等完备需高额资金。 ③ 各运输环节标准难以统一，增加管理难度与运营风险，技术要求高，系统故障可能影响整体运输进程
结论：多式联运适用于跨国长距离、大运量的货物运输，以及内陆与港口之间的集装箱运输，还有高附加值产品的国际快递等场景	

（二）智慧物流货物运输服务应用模式

智慧物流货物运输服务应用模式包括"互联网+"车货匹配模式、"互联网+"多式联运模式、无车（船）网络承运模式，其核心在于通过技术创新实现货物运输的智能化和自动化，提高运输效率，降低运输成本，增强客户满意度。

1."互联网+"车货匹配模式

该模式的特点是：

（1）技术支撑。这种模式依赖于互联网、云计算、物联网和大数据等技术。互联网技术为物流信息服务平台提供运作的基础条件。云计算技术能够有效整合车货源信息。物联网技术则用于全程定位和跟踪车辆及货物的状态。大数据技术可以实现需求与能力的最佳匹配。

（2）供需匹配。面对大量繁杂的货运信息，货运平台可以自动进行整合分类，按照供需匹配指标体系，遵循供需匹配机制，通过车货供需匹配模型筛选信息并计算车货双方的匹配度，输出由高到低的匹配信息，为需求方提供配载推荐方案。

（3）效率提升。货运平台作为第三方车货信息匹配的智能运力平台，在降低空驶率，打通区域边界信息，有效整合资源等方面具有显著优势。

（4）透明化操作。借助导航等技术，货主可以实时查看货物的运输状态和路线，确保货物运输过程中的透明性和可追踪性。

（5）服务个性化。通过分析用户行为和历史数据，货运平台能够提供更加个性化的精准服务，满足不同用户的特定需求，并提前制定应对风险的预案。

2."互联网+"多式联运模式

该模式的特点是：

（1）技术整合。通过整合物联网、大数据、云计算等信息技术，将公路、铁路、航运等不同的运输方式进行协调、转换和衔接，形成高效、便捷的综合运输体系。

（2）服务创新。以客户需求为导向，提供全程物流解决方案。客户可以在 PC 端或App 端提出需求，货运平台通过大数据算法自动设计不同的运输方式组合，提供多种时效和价格的方案供客户选择。

（3）问题解决。这种模式针对多式联运中存在的单证填报不畅、智能管控技术应用程度不高等问题，通过信息化和智能化手段进行改进和优化，提高集装箱在不同运输方式之间流转的便利性和顺畅性。

3.无车（船）网络承运模式

该模式的特点是：

（1）资源整合。无车网络承运人通过整合车辆、驾驶员、货物信息等各种货运资源，吸引更多的货主和承运人加入货运平台，形成强大的网络效应，实现运输资源的优化配置，提高整个物流系统的效率。

（2）线上交易。无车网络承运人通过线上平台，使货主和运输服务商能够直接联系和交流，大大提高了物流服务交易的便捷性。

（3）多样化选择。由于平台上有大量的物流服务提供商，货主可以根据自己的需求和预算选择合适的承运人，满足个性化的运输需求。

二、智慧物流货物运输作业流程

（一）货物运输作业流程

货物运输作业流程是一个涉及多个环节的复杂过程，包括货物准备、运输工具和承运人的选择、装运、途中监控、到达目的地后的卸货和最终交付等关键步骤。在这个过程中，每一步都需要精心规划和执行，以确保货物安全、高效地从起点运送到终点。

1. 公路货物运输作业流程主要环节

公路货物运输作业流程主要分为五个环节，如图 2-7 所示。

图 2-7　公路货物运输作业流程主要环节

（1）托运受理。公路货运公司收到托运人的货物运输申请后，对货物的尺寸、重量、目的地等信息进行登记、确认，与客户协商确认运费和交货时间等细节。

（2）调度安排。货运公司根据订单信息、货物特性、目的地、预计到达时间等因素，以及车辆的可用性和驾驶员的排班，进行车辆调度和路线规划。

（3）提货发运。货运公司安排车辆和驾驶员前往发货地提取货物，包括货物的打包、装载、封车，以及相关的质量检查和运单交接等工作。

（4）在途运输。货物装车后，由驾驶员驾驶货车进行运输，通过导航等技术进行实时追踪，使客户能及时了解货物的具体位置和预计到达时间。

（5）到达签收。当货物到达目的地时，货运公司安排卸货、验货、签收等一系列交付作业，确保数量和质量与客户运单一致。

2. 铁路货物运输作业流程的主要环节

铁路货物运输作业流程主要分为六个环节，如图 2-8 所示。

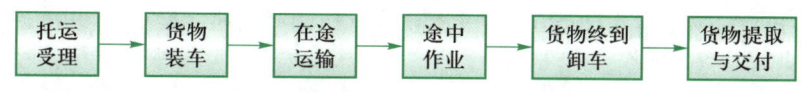

图 2-8　铁路货物运输作业流程主要环节

（1）托运受理。托运人向铁路货运场站提出货物运输申请，填写货物运单，铁路货运场站接到运单后进行审核，确认可以承运后在运单上登记货物进站或装车的日期表示受理托运。

（2）货物装车。铁路货运场站根据货物的种类和数量进行装车作业，包括整车和零担两种方式。

（3）在途运输。货物装车后，铁路运输部门根据货物发站和到站信息，通过铁路网络编组进行运输。

（4）途中作业。在铁路货物运输过程中，可能需要经过多个中转货站，包括铁路运输部门对货物的交接检查、零担货物的中转、货物的换装和整理等作业。

（5）货物终到卸车。当货物到达目的地车站后，车站对实际装有货物并具有货票的车厢进行交接，安排货物卸车作业。

（6）货物提取与交付。收货人凭有效提货凭证到目的地车站提取货物，完成货物交付手续。

3. 水路货物运输作业流程主要环节

水路货物运输作业流程主要分为六个环节，如图2-9所示。

图2-9　水路货物运输作业流程主要环节

（1）托运受理。托运人向水路运输公司提出货物运输需求，并提供货物的名称、数量、包装、目的地等信息。水运公司根据这些信息确认可以承运后与客户签订运输合同或开具运单。

（2）货物装船。水运公司对托运人送达港口的货物检查后进行装船作业。

（3）在途运输。货物装船完成后，水运公司按照预定的航线和时间表进行运输。

（4）途中作业。在水路货物运输过程中，可能需要经过多个中转港口，进行货物的交接检查、转运或换装等作业。

（5）货物到港卸船。当货物到达目的地港口后，水运公司安排货物卸船作业。

（6）货物提取与交付。收货人凭有效提货凭证到目的地港口提取货物，完成货物交付手续。

4. 航空货物运输作业流程主要环节

航空货物运输作业流程主要分为六个环节，如图2-10所示。

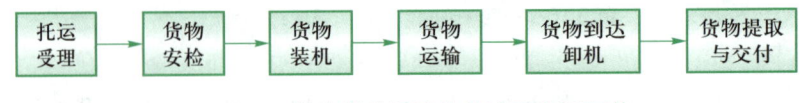

图2-10　航空货物运输作业流程主要环节

（1）托运受理。托运人向航空公司提出货物运输需求，并提供货物的名称、数量、重量、体积、目的地等信息。航空公司根据这些信息确认可以承运后，与客户签订运输合同或开具运单。

（2）货物安检。货物在进入机场前需要经过安全检查和验货，以确保符合航空运输的安全要求，包括对货物的包装、标签、文件等进行检查。

（3）货物装机。根据货物的尺寸和重量，航空公司将货物装入集装器（如集装网、集装箱等），并把集装器装入飞机的货舱，固定在指定位置。

（4）货物运输。航空公司按照预定的航线和时间表进行运输。在运输过程中，如果需要经过一个或多个中转机场，还将进行货物的转运或换装作业。

（5）货物到达卸机。当货物到达目的地机场后，航空公司安排从飞机货舱卸下集装器，并进行货物分拣作业。

（6）货物提取与交付。收货人凭有效提货凭证到目的地机场提取货物，完成货物交付手续。

（二）智慧物流货物运输流程优化

智慧物流货物运输流程优化是指在现代物流系统中，通过运用自动化、人工智能等技术，对货物运输的各个环节进行优化和改进，以提高运输效率，降低运输成本，提升服务质量。

1. 智慧物流货物运输流程优化的内容

（1）运输订单处理。智慧物流采用电子订单系统代替传统的手动订单输入方式，减少人为错误，加快订单处理速度。

（2）运输信息采集。智慧物流建立完善的货物运输管理系统，通过物联网技术和传感器设备，实时采集重量、体积、温度等货物的相关信息，保证货物信息的准确和完整，实现货物信息的快速查询、更新和共享。

（3）运输路线优化。智慧物流通过分析历史数据预测未来的运输需求，利用大数据分析和智能算法，对运输路线进行优化，合理调配运输资源，避免空驶和拥堵现象。例如，运用节约里程法优化运输路线。节约里程法的核心是将货物运输的多个客户点进行组合，通过计算不同组合方式下的运输里程节约量，来确定最佳配送路线。其基本原理是三角形的两边之和大于第三边，即通过合理安排车辆的行驶路线，减少重复运输的里程，从而达到节约运输成本的目的。具体步骤如下：

① 绘制初始网络图。根据客户的地理位置和货物运输量等信息，绘制出包含所有客户点和货运中心的初始网络图，标注出各点之间的距离。

② 计算节约里程。计算每两个客户点之间的节约里程，公式为：$S_{ij}=d_{oi}+d_{oj}-d_{ij}$，其中 S_{ij} 为客户 i 和客户 j 之间的节约里程，d_{oi}、d_{oj} 分别为货运中心 o 到客户 i 和客户 j 的距离，d_{ij} 为客户 i 和客户 j 之间的距离。

③对节约里程的排序。将计算出的所有节约里程按照从大到小的顺序排序。

④确定运输路线。从节约里程最大的两个客户点开始，逐步将客户点连接起来，形成运输路线。在连接过程中，需要考虑车辆的载重、容积等限制条件，以及客户的交货

时间要求等因素，确保形成的运输路线合理可行。

（4）运输车辆调度。智慧物流通过智能调度系统实现对运输车辆的实时监控和调度，为驾驶员提供驾驶建议，提高车辆利用率，降低能耗和排放。利用物联网传感器监测货物状态（如温度、湿度、震动等），保证货物在适宜的环境下运输。

（5）运输决策支持。智慧物流收集和分析历史运输数据，自动识别运输过程中的瓶颈和问题，为决策提供数据支持。运用机器学习对市场需求和运输需求进行预测，提前规划资源和调整策略。

（6）客户服务。智慧物流提供在线自助服务，允许客户下单，查询货物状态，修改订单等，增强客户体验。建立即时反馈和投诉处理机制，快速响应客户需求，及时解决运输过程中出现的问题。

2. 智慧物流货物运输流程优化的方法

（1）引入先进的信息技术。智慧物流通过引入物联网、大数据、云计算等先进技术，实现对货物的实时追踪和监控，提高货物运输的透明度和可追溯性。同时，利用大数据技术对运输过程中的数据进行挖掘和分析，为优化运输流程提供科学依据。

（2）制订合理的运输计划。智慧物流根据货物的特性、客户需求和运输资源等因素，制订合理的运输计划，选择合适的运输方式，规划合理的运输路线，安排合适的运输时间等。

（3）优化装卸作业流程。智慧物流通过采用自动化装卸设备实施标准化作业流程，加强作业人员的培训和管理等措施，优化装卸作业流程，提高装卸作业的效率和准确性，减少装卸作业的时间和人力成本。

（4）加强运输安全管理。智慧物流建立完善的运输安全管理制度和应急预案，加强运输过程中的安全监控和风险评估，及时发现和处理潜在的安全隐患，确保货物在运输过程中的安全。

（5）加强供应链协同合作。智慧物流与供应链上下游企业建立紧密的合作关系，实现信息共享和资源互补，共同优化整个供应链的运输流程，更好地满足客户需求，提高整个供应链的竞争力。

三、智慧物流货物运输监测管理

（一）传统货物运输监测管理

传统货物运输监测管理主要依赖于人工操作和简单的技术手段。在货物装载、运输和卸载的过程中，工作人员需要对货物进行手动检查和记录，以确保货物的安全。

1. 传统货物运输监测的主要步骤

传统货物运输监测主要分为以下六步：

（1）货物装载前检查。在货物装载前，要对货物的数量、重量、包装和标签等进行详细的检查，确保货物符合运输要求，并且没有损坏或缺失。

（2）货物装载过程监控。在货物装载过程中，要密切监视货物的装载情况，确保货物按照规定的方式和位置摆放，防止货物在运输过程中发生移动或损坏。

（3）货物运输过程跟踪。传统的货物运输监测管理通常使用纸质文件或简单的电子表格来记录货物的运输信息。工作人员要在运输过程中定期更新货物的位置、运输时间和预计到达时间等记录。

（4）货物卸载前检查。在货物卸载前，要对货物进行再次检查，确保货物在运输过程中没有发生损坏或丢失。通常比较货物的数量和质量与装载时的记录是否一致，以确认货物的完整性。

（5）货物卸载过程监控。在货物卸载过程中，工作人员会继续监视货物的卸载情况，确保货物按照要求被正确地卸载到目的地。

（6）货物交付后反馈。货物成功交付后，要收集收货人的反馈信息，包括货物的状态和交付时间等，作为评估货物运输效率和准确性的依据。

2. 传统货物运输监测的主要不足

（1）手工订单处理。所有订单和运输信息通过纸质文件记录和管理，与客户、供应商和其他相关方的通信主要依靠电话或传真，需要大量人工输入和更新，信息传递慢且易出错。

（2）有限的货物追踪。货物追踪通常依赖司机或运输人员定期的手工报告，难以获取货物状态的实时数据，对货物安全和准时交付的控制力较弱。

（3）装卸操作缺少自动化。大部分货物的装卸工作依赖人工操作，装卸作业速度慢、效率低且劳动强度大，易造成货物损坏和作业延误。

（4）传统的决策支持。运输计划和管理决策主要基于管理人员的经验和直觉，缺乏科学的数据支持，信息共享不畅，影响决策的准确性。

（5）客户服务限制。客户查询和问题解决主要依靠电话或面对面服务，响应时间长，服务质量不稳定，客户难以获得详细的货物追踪信息。

（二）货物运输智慧监测管理

货物运输智慧监测管理是指通过实时监控和数据分析，对货物在运输过程中的状态进行智能化的管理和控制。这种监测管理可以提高货物运输的效率和安全性，减少人为错误和风险，确保货物准时、安全地到达目的地。

1. 货物运输智慧监测管理的内容

（1）实时追踪与监控。通过在运输车辆及货物上安装卫星导航、RFID 标签和视频监控系统，实时记录车辆内部和货物的状态，以及司机的驾驶行为，实现全程对货物的实时定位和状态监控。

（2）数据收集与分析。通过安装在车辆和货物上的多种传感器，收集运输过程中的环境数据和货物状态数据，利用云计算和大数据分析技术，对收集到的数据进行实时分析，及时发现潜在问题并进行预警。

（3）智能调度与优化。根据实时交通信息和货物状态，利用智能算法对运输路线进行动态优化，减少运输时间和成本。通过对车辆使用情况、维护周期等数据的监控和分析，优化车辆管理，提高车辆利用率和维护效率。

（4）风险管理与安全。利用历史数据和机器学习算法，评估运输过程中的各种风险，建立应急响应机制，制定相应的预防措施。

（5）客户服务与互动。建立客户互动平台，向客户提供货物运输的实时信息，收集客户的反馈和建议，及时调整服务策略和运输计划，提高客户满意度。

2. 货物运输智慧监测管理的策略

（1）建立完善的信息采集系统。通过安装各种传感器和监控设备，实时采集货物的温度、湿度、位置、速度等关键信息，确保数据的及时性和准确性。

（2）利用大数据和人工智能技术。通过收集和分析大量的运输数据，利用人工智能技术，对货物运输进行智能预测和决策，提高运输效率和安全性。

（3）建立高效的信息传输系统。通过无线网络、卫星通信等技术，实现信息传输的快速、准确和安全，确保信息的实时更新和共享。

（4）建立完善的信息管理系统。通过云计算、大数据等技术，建立集中的信息管理平台，实现信息的集中存储、处理和分析，提高信息管理的效率和效果。

（5）建立完善的预警和应急响应机制。通过对收集的数据进行实时分析和处理，及时发现和预警可能存在的风险和问题，建立完善的应急响应机制。

（6）建立完善的人员培训和管理体系。通过定期的培训和考核，提高员工的专业技能和素质，建立完善的质量控制体系，确保货物运输的质量。

（7）建立完善的服务评价体系。通过客户反馈和服务评价，不断改进和优化服务，提高客户满意度和忠诚度。

四、智慧物流货物运输质量评价

（一）货物运输质量评价概述

货物运输质量评价是指对运输过程中货物的完好程度、时效性、安全性等方面进行评估的过程。这个过程涉及多个方面，包括货物的装载、运输、中转、卸载等环节。

1. 货物运输质量评价的主要内容

（1）货物完好程度。包括货物是否出现破损、变形、丢失等情况，以判断运输过程中是否存在操作不当等问题，从而采取相应措施加以改进。

（2）运输时效性。主要包括货物的准时到达率、平均运输时间等，以了解运输过程中是否存在延误、滞留等问题，进而优化运输计划，提高运输效率。

（3）运输安全性。主要对货物在运输过程中是否发生意外事故进行评价，以发现运输过程中存在的安全隐患，及时采取预防措施，确保货物安全送达。

（4）运输环境性。主要包括货物运输过程中产生的噪声、空气污染等环境污染和能源消耗的评价，以促使运输企业采取环保措施，减少污染。

（5）运输成本性。即评估运输的成本效率，包括燃料消耗、车辆维护、人工成本等，以优化货物运输方案，改进运输服务效率与质量。

2. 货物运输质量评价的常见指标

（1）订单处理正确率。指统计期内无差错订单处理数占订单总数的比率。

（2）订单按时完成率。指统计期内按时完成客户订单数占订单总数的比率。

（3）货差率。指统计期内货物累计差错数占交付货物总数的比率。

（4）货损率。指统计期内货物在运输过程中损坏的数量占货物运输总量的比率。

（5）客户有效投诉率。指统计期内客户有效投诉的数量占货物运输总量的比率。

（6）客户有效投诉处理办结率。指统计期内客户满意的投诉处理数量占全部有效投诉数量的比率。

（7）订单满足率。指统计期内能够满足客户的订单数量占总订单数量的比率。

（8）紧急订单响应率。指统计期内有效响应客户紧急需求的订单数占客户紧急需求订单总数的比率。

3. 货物运输质量评价流程

货物运输质量评价是一个循环的过程，包括以下六项内容，如图 2-11 所示。

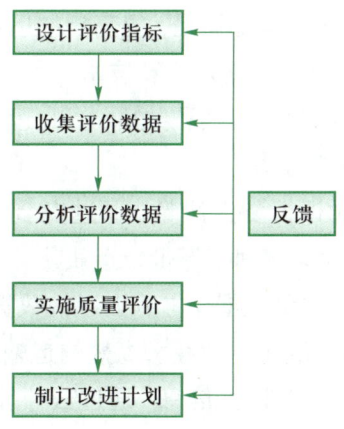

图 2-11　货物运输质量评价流程

（1）设计评价指标。在明确评价目的和期望达到的结果的基础上，根据业务需求和客户期望，选择运输时间、货物安全、客户满意度等适当的评价指标，制订评价计划。

（2）收集评价数据。通过问卷调查、客户反馈、内部记录、监控系统等方式收集相关数据，确保数据的准确性和完整性。

（3）分析评价数据。对收集到的数据进行统计分析，识别问题和趋势，分析问题的根本原因，为改进措施提供依据。

（4）实施质量评价。根据预先设定的标准、指标和分析结果，评价运输过程中的服务质量，给出相应的质量等级或评分。

（5）制订改进计划。基于评价结果，制订具体的改进计划和时间表，把评价结果反馈给相关部门和个人，并向客户通报评价结果和采取的改进措施，增强客户信任。

（二）货物运输质量智能化评价

货物运输质量智能化评价是指通过运用智能化技术和数据分析方法，对货物在运输过程中的质量进行实时、准确、全面的评价。这种评价方式不仅能够提高货物运输的效率和安全性，还能够为物流企业提供更加精准的决策依据。

1. 货物运输质量智能评价的意义

（1）实现对货物的实时监控。通过安装在货物上的传感器，实时收集货物的温度、湿度、震动频率等数据，并通过无线网络将这些数据传输到云端进行分析。物流企业可以实时了解货物的状态，及时发现并解决可能出现的问题，确保货物的安全运输。

（2）实现历史数据的挖掘和分析。通过对大量运输数据的分析，发现货物在运输过程中的常见问题和规律，从而优化运输方案，提高运输效率。

（3）实现货物的自动分类和识别。通过使用图像识别和机器学习算法，对货物进行自动分类和标记，及时评估货物运输质量，提高货物运输管理效率。

（4）实现数据的共享和协同。通过云计算技术将各个货物运输环节的数据集中存储和处理，并与其他物流企业的数据交换和共享，提高运营效率。

2. 货物运输质量智能评价的方式

（1）利用物联网技术实时评价货运质量。通过安装在货物上的传感器收集数据，实时监测货物的位置、状态和环境条件，评价货运质量。

（2）应用大数据分析货运质量。通过与历史运输数据或同行数据比对，找出效率低下和成本高昂的环节及原因，制定更为经济高效的运输改进方案。

（3）利用云计算平台共享质量评价信息。通过云计算平台集成供应链各环节的信息，提高货物运输过程的透明度和协同性，及时对响应异常情况进行调整。

（4）利用区块链技术提高质量评价的可靠性。利用区块链的不可篡改性，记录货物流转过程中的重要信息，保证货物运输质量评价的可靠性。

（5）利用人工智能技术提高质量改进计划的可行性。通过机器学习、深度学习等算法，对货物运输过程中的数据进行智能分析，预测货物的运输质量趋势，为提高货物运输效率提供优化建议。

（6）利用可视化展示平台提高质量决策的透明度。通过将评价结果以图表、报告等形式呈现，使决策者直观地了解货物运输质量的情况，并做出更加明智的决策。

数智赋能 提质增效

智慧交通赋能，济宁港航开启物流新篇章

山东省济宁港上线的融汇数易交易平台，是集大宗商品交易、综合物流承运、港口生产作业、供应链金融于一体的一体化产业互联网平台，可以为客户提供大宗商品一站式、一单制端到端的数字供应链服务。平台创新推出"滴滴打船"模式，客户在平台上挑选商品下单、付款后，告知运输地点、时间等偏好，便可在家坐等收货。平台整合多种交易品种，提供门到门运输解决方案及行情资讯、供应链金融等增值服务。通过App一键下单，平台自动完成复杂操作，精准匹配最优方案，全程护航货物运输。

在多式联运场景中，融汇数易交易平台通过智能调度算法和物联网设备，实现运输资源的动态匹配与协同作业，运输时效提高了30%以上。依托区块链技术的电子运单系统，确保货物全程可追溯。平台以"交易＋物流＋金融＋数据"四位一体的服务体系，构建大宗商品交易的"数字生态圈"，推动行业向集约化、智能化方向加速迈进。2024年，济宁港口吞吐量超9500万吨、集装箱吞吐量超40万标准箱，稳居全省内河首位。

讨论与分享：港口数字化升级对提高物流服务水平有什么意义？

第二节　**智慧物流仓配管理**

一、智慧物流仓库布局规划

（一）仓库布局规划概述

在《物流术语》(GB/T18354−2021) 中，仓库（warehouse）是指用于储存、保管物品的建筑物和场所的总称。仓库布局规划是一个综合性的工作，需要综合考虑货物特性、流动性、作业流程、安全性和可扩展性等多个因素。通过合理的规划和设计，可以提高仓库的运营效率。

1. 仓库类型

仓库类型多样，按不同标准可以分为不同类型。

（1）按建筑形式不同，仓库可以分为单层仓库（如图 2−12 所示）、多层仓库（如图 2−13 所示）、圆筒形仓库。

图 2-12　单层仓库

图 2-13　多层仓库

（2）按储存物品的形态不同，仓库可以分为固体物品仓库、液体物品仓库、气体物品仓库、粉状物品仓库。

（3）按业务库存的信息化管控要求不同，仓库可以分为实体仓库和虚拟仓库。

（4）按主要功能不同，仓库可以分为生产仓库、流通仓库、储备仓库、集配仓库。

2. 仓库布局规划原则

仓库布局规划原则包括：

（1）空间利用最大化。即充分考虑如何最大限度地利用平面空间和立体空间，包括安装高位货架、楼层货架等，以增加储位数量，同时确保作业的效能和安全。

（2）操作效能最高。即考虑如何提升现场作业效率，保持系统操作与现场作业的一致性和便捷性，减少装卸搬运次数，缩短搬运作业距离，以提高整体的作业效率。

（3）仓库安全性最佳。即考虑仓库消防、货物存储、库内作业等方面的安全因素，如卸货保护、人机分流、安全警示等，确保仓库作业的安全性。

（4）规划成本最省。即因地制宜，充分利用现有资源和外部条件，依据仓库的规划设计要求和货物的储存属性，对供电、供水、供暖、网络、消防、升降台等设施进行合理布局，最大限度地节省仓库规划成本。

3. 仓库布局规划的内容

仓库布局规划包括以下内容：

（1）仓库选址布局规划。仓库选址一般要考虑市场环境、自然条件、公共配套、约束条件、成本费用等因素，形成多个方案，从中择优选择。选址流程如图 2-14 所示。

（2）仓库内部功能布局规划。仓库地址选定后需要确定仓库内各个功能区域的位置和大小。某仓库内容功能平面布局如图 2-15 所示。

（3）仓库设备配置规划。即在对仓库内外部环境、作业流程需求、作业数据特征、设备参数需求，以及设施环境限制综合分析的基础上，对仓库各种设备进行合理选择、布局和优化组合，包括设备的选型、数量的确定、位置的安排，以及设备的维护和管理等。

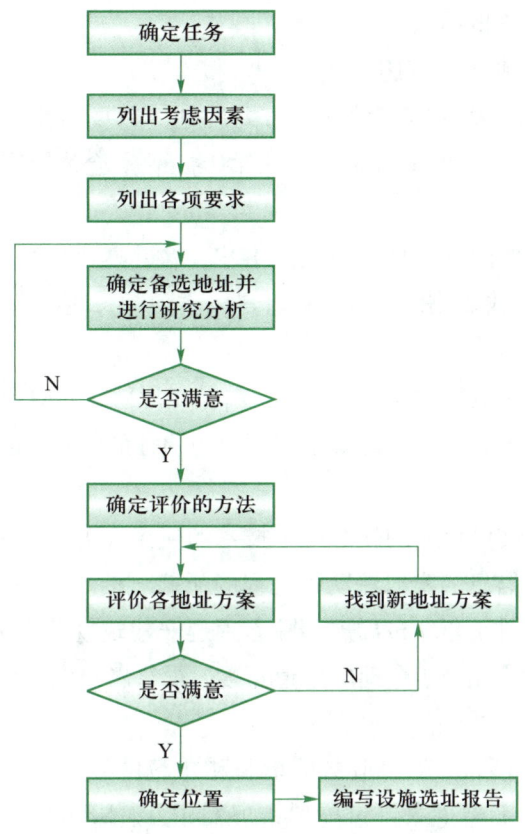

图 2-14 仓库选址流程

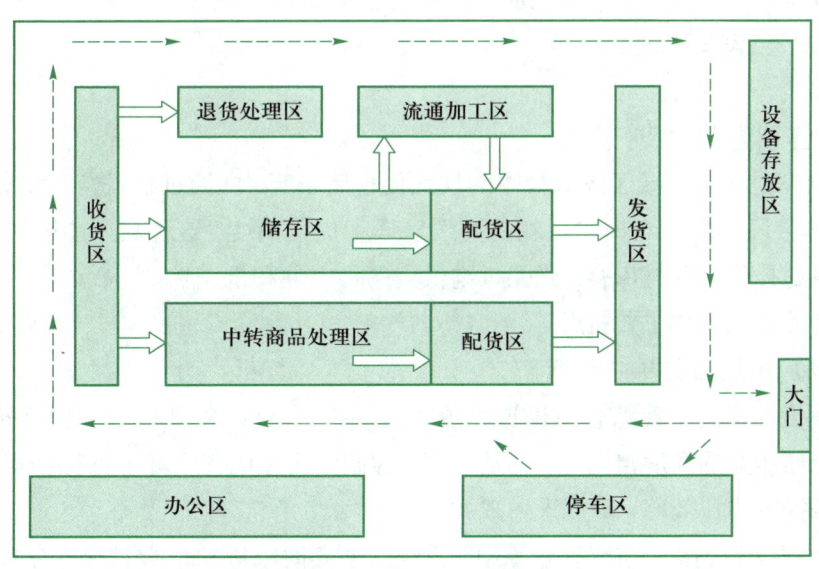

注： ←--- 表示车辆行驶路线

图 2-15 某仓库内容功能平面布局

4. 仓库布局规划考虑的因素

仓库布局规划主要考虑以下因素:

(1) 企业发展需求。发展需求是仓库布局规划的首要考量。随着企业的发展壮大和产能扩大,为了提高物流效率,解决存储空间的矛盾,仓库合理建设便成为企业的一种内生需求。

(2) 地理位置。理想的仓库地点应接近客户,靠近高速公路、铁路、港口或机场等交通枢纽,可以快速集散货物。同时,考虑到成本效益,地点选择也需要权衡土地价格、税收政策和劳动力成本。

(3) 货物特性。了解货物的种类、尺寸、重量和形状,以便合理划分存储区域和货架类型。分析货物的进出频率,确定高流动性货物的存放位置,以减少其搬运距离和时间,提高作业效率。

(4) 技术集成。现代化仓库的核心在于技术的应用。从自动化、智能化设备到管理软件,技术集成确保了信息的实时流动和过程的无缝对接。

(5) 安全性与合规性。仓库布局规划除必须遵守建筑规范、安全标准,以及环保要求等外,还要考虑作业安全,如合理的通道宽度、紧急出口的设置,以及消防系统的规划等。

(6) 可扩展性与灵活性。随着业务的增长和市场的变化,仓库规划需要具备一定的可扩展性和灵活性,即考虑未来可能的扩展需求,如增加存储空间或新的智能化系统等。

(7) 成本控制。仓库布局规划应充分考虑成本效益,要利用现有资源和外部条件,最大限度地节省投资和运营成本。

(二) 智慧仓库规划布局

智慧仓库是一个集成了先进技术的现代化仓储系统,即通过物联网、大数据、人工智能等技术手段实现对仓库内货物的高效管理和优化调度。这种仓库能够实时监控库存情况,自动补货和调整库存,确保货物供应的稳定性和准确性。

1. 智慧仓库系统的主要特点

智慧仓库系统的主要特点如下:

(1) 高度自动化。智慧仓库通过集成先进的机器人技术、自动化设备和物联网技术,实现仓储作业的高度自动化,即从入库、存储到出库的各个环节都能够实现智能化操作,显著提高作业效率,降低人力成本。

(2) 数据驱动决策。在智慧仓库中,系统能够实时收集和分析包括库存数量、货物流动情况、设备运行状态等在内的数据,为仓库管理者提供决策依据,有助于优化仓库布局,提高库存周转率,减少库存积压。

(3) 高度集成。智慧仓库将各种物流设备、信息系统(如仓储管理系统)和管理流程高度集成，形成了一个有机整体。通过高度集成，实现仓库内部各作业环节的无缝对接，降低运营成本，提高服务质量。

（4）库存精准管理。智慧仓库利用 RFID 技术、无线传感器网络技术等手段，实时监控货物的位置和状态，确保库存信息的准确性，实现精准的库存管理。

2. 自动化仓库规划布局

自动化仓库布局规划一般包括以下内容：

（1）需求分析与目标设定。在开始自动化仓库布局规划之前，首先需要详细分析拟建仓库的主要功能、存储的货物种类、货物的流转速度、出入库频率等需求，明确自动化仓库建设的目标，如提高存储效率，减少人工操作等。

（2）空间规划与货架设计。在空间规划方面，需要综合考虑仓库的整体面积、形状和高度等因素，合理划分存储区、拣选区、装卸区等功能区域，根据存储的货物尺寸和重量，设计货架的高度、深度和宽度，确保稳定性和安全性。

（3）自动化设备选择与布局。根据仓库的功能需求和空间规划，兼顾设备的工作效率和相互之间的协调性，选择货架、输送带、叉车等合适的自动化设备（如图 2-16 所示），以实现整个仓库的高效运转。

图 2-16　自动化仓库设备配置

（4）信息系统与管理软件。自动化仓库的运行离不开先进的信息系统和管理软件。在选择信息系统和管理软件时，需要考虑其与自动化设备的兼容性、数据处理能力，以及用户友好性等因素。

（5）安全与环保。在自动化仓库布局规划中，需要考虑到货架的稳定性、设备的运行安全，以及人员的作业安全，也要考虑节能减排、废物妥善处理等环保因素，实现仓库的可持续发展。

3. 无人仓规划设计

无人仓（如图 2-17 所示）规划设计是一个复杂的过程，涉及多个方面的考量，主要包括以下内容：

图 2-17　无人仓搬运

（1）目标规划与需求分析。分析评估当前的库存管理需求和未来的增长预期，确定无人仓的主要目标，如提高存储密度，加快货物流转速度，减少人为错误等。

（2）系统配置与设备选择。根据货物特性和操作需求，选择无人搬运车、机器人、无人堆高车等合适的智能化设备，确保所选设备与现有系统的兼容性，以及未来可能的扩展需求。

（3）布局规划与优化。合理设计包括货物的接收、存储、拣选和发运等环节的作业动线，优化仓库内部的布局，确保货物流动安全顺畅，减少无效移动。

（4）信息技术集成。通过集成自动化设备与机器人技术、传感器与物联网技术、数据分析与人工智能技术、云计算与大数据技术、安全与监控技术，实现仓库智能化管理和运营。

（5）安全性与合规性。规划设计要遵守相关法律法规，符合消防安全、机械安全、电气安全等标准和环保要求，确保仓库设计、运营的合法性。

（6）人员培训与管理。制订操作人员和维护人员的培训方案，建立绩效评估体系，定期评估无人仓的运营效果，确保设备的正常运行并延长其使用寿命，不断优化无人仓的设计和管理流程。

二、智慧物流仓配作业流程

（一）智慧物流仓储作业流程

仓储管理是指对仓储及相关作业进行的计划、组织、协调与控制，实现库容利用好、货物周转快、保管质量高、安全有保障等目标。智慧仓库的作业流程是一个高度自动化和智能化的过程，智慧仓储通过高度集成的信息技术和自动化设备，实现仓库操作的智能化、信息化和自动化。

1. 仓储的作用

仓储是指利用仓库及相关设施设备进行货物的入库、储存和出库的活动。仓储在物流活动中发挥着不可替代的作用。

（1）缩短供货时间。在靠近目标客户的位置实施仓储活动，可以缩短客户的提前订货时间。

（2）调节市场供求。市场中有的产品生产有明显的季节性，如粮食；有的产品消费有明显的季节性，如羽绒服。这都要依靠仓储来调节市场供求。

（3）降低价格波动风险。市场经济条件下的商品价格变化莫测，可能会给商家、生产企业或消费者带来剧烈的价格波动风险。企业或政府可以通过仓储来平衡价格波动的影响。

（4）避免缺货损失。为了对市场需求做出快速反应，企业需要通过保持一定的库存来避免缺货损失。为了避免自然灾害等意外，国家也必须储备一些生活物资、救灾物资及关键设备。

2. 仓储作业流程

仓储作业流程包括以下内容：

（1）入库作业。货物入库作业管理是仓储管理的一个重要环节，涉及货物从供应商处到达仓库后的一系列操作，主要包括五个步骤，如图2-18所示。

图2-18　货物入库作业流程

① 到库货物接收。当货物到达仓库时，需要接收并检查货物的数量和质量是否与订单（入库单）一致。

② 货物分类标识。根据种类、规格等标准对接收的货物进行分类，并对每一件货物都做好编码标识。

③ 货物入位存放。根据货物的特性和需求，将货物以箱、托盘等合适的形式存放到合适的货位上。

④ 入库信息录入。在货物存放后，将货物的名称、数量、规格、批次、生产日期、保质期等信息录入仓库管理系统中，更新库存信息，反映新的库存状态。

⑤ 入库现场整理。入库作业结束后，需要对现场进行整理，保持仓库的整洁有序。

（2）在库保管作业。在库保管作业是对在库货物进行理货、堆码、苫垫、维护保养、检查盘点等管理活动，旨在确保货物的数量和质量完好无损，减少出入库的操作时间，提高出库货物拣选和搬运效率。在库保管作业要求能够根据不同货物的性质、状态等制定有针对性的养护措施。

（3）出库作业。出库作业是从接收出库指令到将货物实际交付给承运人或客户的一系列操作，主要包括六个步骤，如图 2-19 所示。

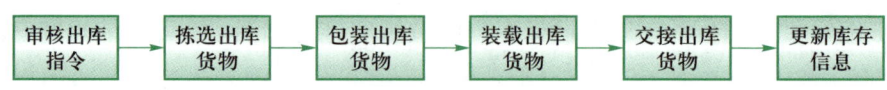

图 2-19　货物出库作业流程

① 审核出库指令。出库作业通常由销售订单、配送计划或其他出库需求等出库指令触发。在出库备货之前，需要对出库指令进行审核，确保出库的货物与订货单或计划相符，并且库存可用。

② 拣选出库货物。根据出库指令，以人工或自动化形式到指定的存储位置，将所需的货物拣选出来。

③ 包装出库货物。对拣选出的货物进行打包或装箱，确保货物在运输过程中的安全。

④ 装载出库货物。把拟出库的货物装载到卡车、火车、船舶或其他运输工具上，准备发往目的地。

⑤ 交接出库货物。货物在离开仓库前，应与承运人或客户做好货物品种数量和质量的交接。

⑥ 更新库存信息。一旦货物被确认出库，应在仓库管理系统中及时更新库存减少的信息。

3. 智慧仓库作业流程优化路径

智慧仓库作业流程优化路径如下：

（1）应用智能化、自动化设备与技术。引入自动拣选机器人、无人搬运车、自动化包装线等智能化、自动化设备和技术，减少人工操作，提高作业效率和准确性。

（2）集成智能管理系统。通过集成仓库管理系统（WMS）和企业资源规划（ERP）系统，实现订单处理、库存管理和配送调度的无缝对接，提高信息流的实时性和准确性。

（3）实施数据分析与预测。利用大数据分析工具对历史、同行的数据和市场趋势进行分析，预测需求变化，从而调整库存水平和仓储布局，避免过剩或缺货情况。

（4）提高供应链协作的灵活性。与供应商和物流公司建立紧密的合作关系，实现信息共享和流程协同，提高整个供应链的响应速度和灵活性。

4. 智慧仓库作业流程的主要环节

智慧仓库作业流程的主要环节包括：

（1）自动入库管理。当货物到达仓库时，通过扫描条码或 RFID 标签等方式，自动识别货物信息，并将其与库存管理系统中的数据进行匹配，智能分配货位，并采用堆垛机、输送带等自动化设备将货物存放到指定位置，提高货物入库的准确性和效率。

（2）自动盘点管理。通过使用移动终端或无人机等设备，定期或不定期对库存进行盘点，实时更新库存数据，提高库存数量的准确性，减少人工操作的错误和遗漏。

（3）自动出库管理。根据订单需求，智能生成拣选任务，由自动引导车（AGV）或机器人等完成货物的拣选和装载，并通过扫描条码或RFID标签等方式，核对货物信息，再通过输送带和分拣机等自动化设备将货物快速准确地分拣到不同的运输工具上，提高拣选效率和出库的准确性。

（二）智慧物流配送作业流程

配送是指根据客户要求，对货物进行分类、拣选、集货、包装、组配等作业，并按时送达指定地点的物流活动。配送作业是指将货物从供应商或配送中心送货到客户手中的过程。智慧物流配送通过运用物联网、大数据、云计算等技术，实现对物流信息的实时采集、处理和分析，从而提高物流配送的效率和准确性。

1. 配送的作用

（1）实现低库存或零库存。生产企业或连锁经营门店依靠配送中心准时配送而无须保持自己的库存，或者只需保持少量的安全库存，实现零库存或低库存管理，从而减少资金占用，改善企业的财务状况。

（2）完善货物运输服务体系。配送是末端运输的主要服务形式，适用于"最后一公里"分散的货物运输，与干线运输、支线运输形成完整的货物运输服务体系。

（3）消除货物交叉输送。将原来直接由各生产企业送至各客户的零散货物，通过配送中心进行整合再实施配送，可以有效避免交叉输送，使输送总距离缩短，成本降低，如图2-20所示。

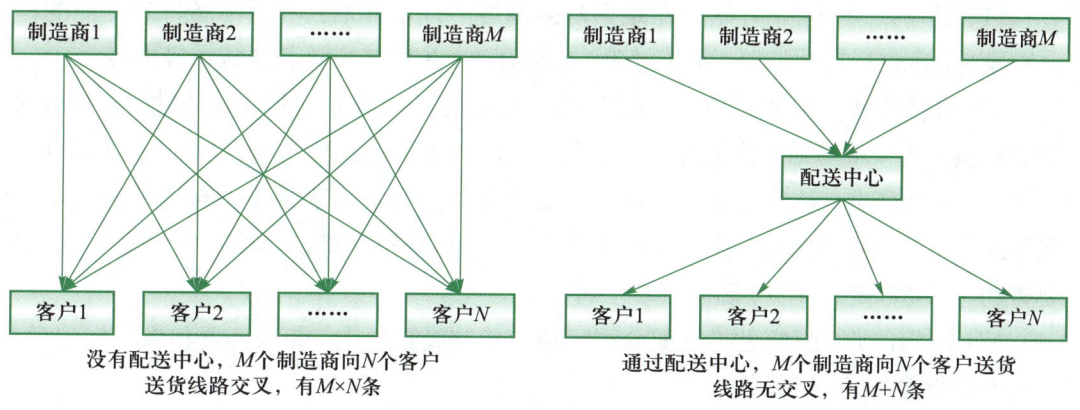

图2-20 配送消除货物交叉输送

（4）提高供货保障能力。合理采用配送方式时，配送中心具有比任何单独供货企业都强的供货保障能力，从而降低客户的缺货风险。

2. 配送的作业流程

配送作业流程实际上是一个货物集散过程，由一系列作业环节组成，如图2-21所示。

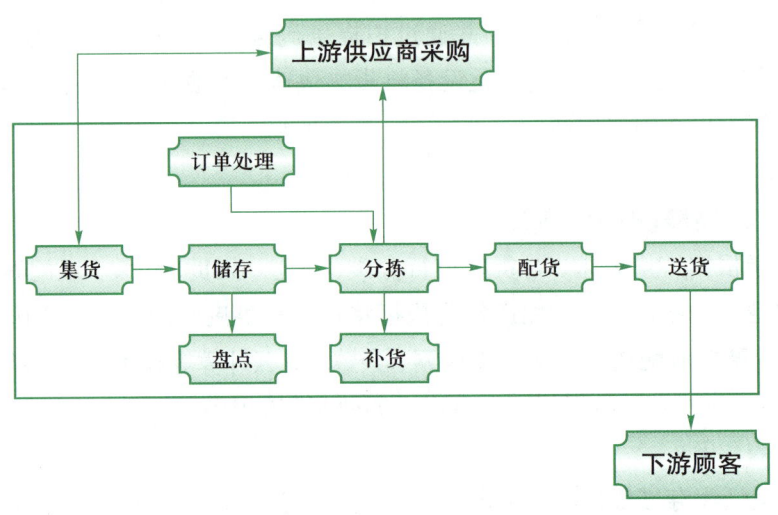

图 2-21　配送作业流程主要环节

（1）集货作业。集货是将分散的或小批量的货物集中起来，以便形成一定规模的运输配送活动。配送的优势之一就是通过集货形成规模效益。

（2）储存作业。储存不是配送服务的目的，但是为了更好地满足市场的需求，降低采购和送货成本，在配送流程中必须进行适当的货物储存。

（3）盘点作业。盘点是清点储存货物并核对账物的活动。配送涉及货物频繁地进出库，需要经常性地整理、监测货物的数量和质量。

（4）订单处理作业。订单处理是指从接到客户订单开始到着手准备拣货之间的作业阶段，通常包括接受订单、审核订单、确认订单、生成拣货单和送货单等内容。

（5）分拣作业。分拣是指将货物按一定目的进行分类、拣选的相关作业。分拣是保证配送质量的一项基础工作，成功的分拣可以大大减少配送差错，提高配送服务质量。

（6）补货作业。补货是指从配送中心货物保管区将货物移到作为按订单拣取用的拣货区。补货作业一是保证拣货区有货可拣，二是保证待配货物存取方便。配送中心主要有批次补货、定时补货、随机补货三种方式。

（7）配货作业。配货是将拣取分类完成的货物经过检查、装入容器和做好标记后，搬运到发货准备区，配载装车。

（8）送货作业。送货是将配好的货物按照配送计划确定的配送路线送达客户指定地点，交给客户。送货包括划分配送区域、设计车辆配载、确定配送顺序（暂定）、安排送货车辆、选择送货路线、确定配送顺序、完成车辆积载等作业环节，如图2-22所示。

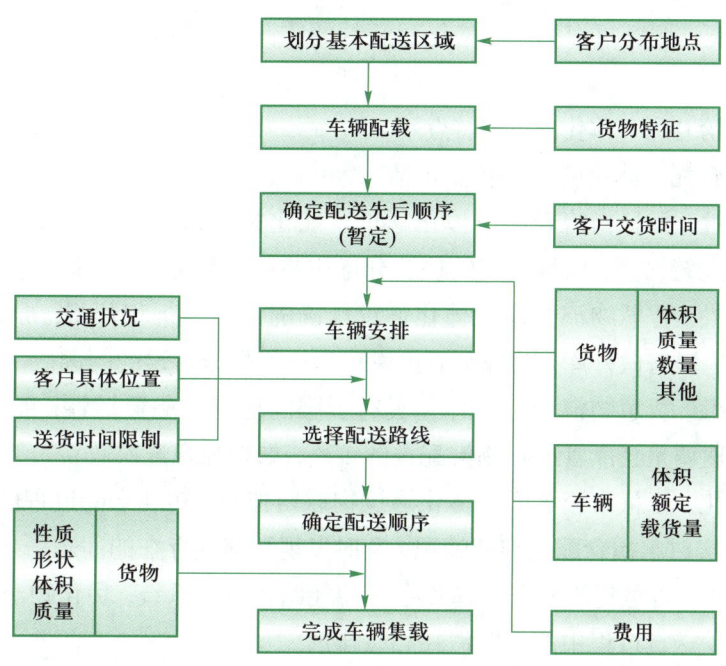

图 2-22　送货作业主要环节示意

3. 智慧物流配送作业流程的主要环节

智慧物流配送作业流程的主要环节包括：

（1）订单接收与处理。智慧物流配送系统首先接收来自客户的订单信息，然后对订单进行自动处理和分配，如根据订单的具体内容、客户需求和目的地等信息，将订单分配给相应的配送中心或仓库。

（2）库存管理与拣选。在配送中心或仓库中，智慧物流配送系统实时监控库存情况，自动根据订单内容从库存中拣选相应的货物，并进行适当的包装和加工。

（3）装载与运输。智慧物流配送系统根据货物的特性和要求、送货目的地和运输路线等因素，对拣选好的货物选择合适的运输方式，安排合适的运输工具进行装载和运输。

（4）实时追踪与监控。智慧物流配送系统实时追踪货物的配送状态，并通过数据分析和预测，提前发现潜在问题和延误风险，及时通知相关人员采取相应的措施。

（5）配送与交付。智慧物流配送系统提供预约送货、自提点提取、同日达或次日达服务等多样化的配送选项。当货物到达目的地后，安排合适的配送人员送货。

（6）退货与售后服务。当客户需要退货时，智慧物流配送系统会提供便捷的退货流程，并安排相应的退货运输，记录退货原因和相关信息，作为后续改进和优化服务的依据。

（三）智慧物流仓配一体化

智慧物流仓配一体化是指将收货、存储、拣选、包装、分拣和配送等作业环节集成完成，使仓储配送服务贯穿整个供应链过程的始终，实现仓储配送服务的智能化、高效化和精准化。

1. 智慧物流仓配一体化的主要特点

智慧物流仓配一体化的主要特点包括：

（1）高效性。智慧物流仓配一体化通过智能化技术和自动化设备，实现仓库管理和物流配送的无缝对接，保证货物的快速分拣和装载，大大缩短了货物的处理时间。

（2）准确性。智慧物流仓配一体化通过精确的数据分析和预测，准确掌握库存情况和配送需求，提前做好库存准备，避免库存积压和配送延误的问题。

（3）灵活性。智慧物流仓配一体化具有很强的适应性和灵活性，能够根据市场需求的变化，快速调整仓库管理和物流配送的策略，如增加配送次数。

（4）可视化。智慧物流仓配一体化通过物联网技术，实现仓配过程的全程可视化，使管理者能够实时掌握仓配运作的情况，及时发现和解决存在的问题。

（5）环保性。智慧物流仓配一体化通过智能路径规划系统，优化物流配送路线，提高装载率，减少送货过程中的能源消耗和碳排放。

（6）安全性。智慧物流仓配一体化通过视频监控系统，实时监控仓库和配送车辆的情况，防止货物丢失和损坏。

2. 智慧物流仓配一体化的优势

智慧物流仓配一体化的优势包括：

（1）实现信息流、物流和资金流的无缝对接。通过集成化的信息系统，从订单处理到货物配送的每个环节都能够实时监控和调整，确保信息的透明度和准确性，使企业更加精准地预测需求，优化库存水平。

（2）提高作业效率。通过自动化拣选系统、机器人搬运等自动化设备和智能算法的应用，大幅度提升仓库内部的作业速度和准确性，优化配送路线规划，提高配送的时效性。

（3）提升客户满意度。由于整个物流过程的可视化和可追踪性，客户可以随时了解订单状态，满足客户对即时性和便捷性的高要求，增强消费体验，提升客户的忠诚度和市场竞争力。

（4）优化供应链管理。通过整合仓储与配送服务，企业能够实现全供应链管理、多渠道仓配，以及库存共享，提高整个供应链的响应速度和灵活性。

3. 智慧物流仓配一体化作业流程优化

智慧物流仓配一体化作业流程优化包括：

（1）数据采集与分析。通过物联网技术、传感器等设备，实时采集仓库内货物的库存、位置、状态等信息，进行大数据分析，更准确地预测需求，优化库存管理，提前做好配送准备。

（2）智能仓储管理。利用智能化的仓库管理系统和自动化设备，实现货物的快速入库、出库和盘点，减少人工操作的错误和时间成本，实现对货物的精确定位和追踪，提高库存管理的精确度和效率。

（3）配送路线优化。通过算法和模型，结合实时交通信息和天气情况，动态调整配送路线，减少配送时间和距离，确保货物准时送达目的地。

（4）协同作业与信息共享。建立供应链各环节之间的信息共享平台，实现制造商、物流服务商、供应商、客户等各方之间的协同作业，及时传递订单信息、库存情况、配送进度等资讯，提高整个供应链的效率。

（5）客户服务与反馈。通过智能化的客户服务平台，提供实时的货物追踪和查询服务，收集客户的反馈和意见，及时解决客户的问题和需求，提高客户满意度。

（四）智慧物流拣选作业系统

智慧物流拣选作业系统是指按照订单要求，以基于人工智能算法的软件系统为核心，以机器人、堆垛机、输送机等自动化、智能化拣选设备为工具手段，将货物从存储的货架或货垛中取出，并分放到指定位置，完成客户配货要求的作业系统。从拣选作业方式的特点来看，智慧拣选作业系统主要包括自动分拣系统、机器人分拣系统和货到人拣选系统三类。

微课：智慧物流拣选作业系统

1. 自动分拣系统

自动分拣系统是利用自动控制技术完成产品分拣与输送的输送设备，是先进配送中心所必需的设施条件之一。当供应商或货主通知配送中心按配送指令发货时，自动分拣系统须在最短的时间内从庞大的高层货架存储系统中准确找到要出库货物的所在位置，并将从不同储位上取出的不同数量的货物按配送地点的不同，运送到不同的理货区域或配送站台集中，以便转运或装车配送。自动分拣系统一般由控制装置、自动识别装置、分类装置、输送装置及分拣道口组成，如图2-23所示。

图2-23　自动分拣系统组成

（1）控制装置。控制装置是传递处理和控制整个分拣系统的指挥中心。自动分拣的实施主要靠它把分拣信号传送到相应的分拣道口，并指示启动分拣装置，把被拣货物送入道口。

（2）自动识别装置。自动识别装置是货物能够实现自动分拣的基础系统。在配送中心，广泛采用的自动识别系统是条形码系统和无线射频系统。条码自动识别系统的光电扫描安装在分拣机的不同位置，当货物在扫描器的可见范围时，自动读取货物上的条码信息，经过对码软件即可翻译成条码所表示的货物信息，同时感知货物在分拣机上的位置信息。这些信息自动传输到后台计算机管理系统。

（3）分类装置。分类装置是根据控制装置发出的分拣指示，当具有相同分拣信号的货物经过该装置时，该装置启动操作，使其改变在输送装置上的运行方向并进入其他输送机或分拣道口。分拣设备分类包括摆臂式、交叉皮带式、推杆式等。不同的装置对分拣货物的包装材料、包装重量、包装物底面的平滑程度等有不同的要求。

（4）输送装置。输送装置的主要组成部分是传送带或输送机，其主要作用是使待分拣货物通过控制装置和分类装置。在输送装置的两侧，一般连接若干分拣道口，使分好类的货物滑下主输送机（或主传送带）以便进行后续作业。输送设备主要有皮带输送机、网带输送机、滚筒输送机等。

（5）分拣道口。分拣道口是已分拣货物脱离主输送机进入集货区域的通道，一般由钢带、皮带、滚筒等组成滑道，使货物从主输送装置滑向集货站台，工作人员将该道口的所有货物集中后或入库储存，或组配装车，并进行配送作业。

2. 机器人分拣系统

基于快递物流客户高效、准确的分拣需求，机器人分拣系统应运而生。通过机器人分拣系统与工业相机的快速读码及智能分拣系统相结合，可实现包裹称重/读码后的快速分拣及信息记录的交互工作。机器人分拣系统可大量减少分拣过程中的人工需求，提高分拣效率及自动化程度，并大幅度提高分拣的准确率。机器人分拣系统主要应用于快递分拣领域，将大量包裹通过快速条码扫描，连接电商物流数据平台获取物流出口信息，通过调度分配机器人在工作场地内进行自主定位和无人导航，以最优路径将快递运送到指定分选点。分拣出口下设集中打包站，当快递积累到一定量后打包并运送到上车点，实现快递的自动分拣。机器人分拣系统包括供件、放件、机器人分拣、集包装车等作业。

（1）供件。包裹到达分拣中心后，卸货至皮带机，由工作人员控制供件节奏，包裹经皮带机输送到拣货区工位。

（2）放件。工作人员将包裹以面单朝上的方向放置在排队等候的自动分拣机器人上，机器人搬运包裹过龙门架进行面单扫描以读取订单信息，同时，机器人自动完成包裹称重，将包裹信息直接显示并上传到控制系统中。

（3）机器人分拣。所有分拣机器人均有后台管理系统控制和调度，并根据算法优化为每台机器人安排最优路径并进行包裹投递。分拣机器人在分拣作业过程中可完成互相避让、自动避障等功能，系统根据实时的道路运行状况尽可能使机器人避开拥堵。当机器人运行至目的地格口时，停止运行并通过机器人上方的辊道将包裹推入格口，包裹顺着滑道落入集包区域。图2-24为菜鸟分拣中心机器人分拣现场。

（4）集包装车。集包工作人员打包完毕后，将包裹放上传送带，完成包裹的自动装车。

3. 货到人拣选系统

货到人拣选指在物流拣选过程中，人不动，货物被自动输送到拣选人面前，供人拣选，如图2-25所示。货到人拣选是物流配送中心的一种重要拣选方式，与其对应的拣选方式是人到货拣选。货到人拣选系统由储存系统、输送系统、拣选工作站等三部分组成。该系统对接用户订单系统，订单下达后，所有资源调度与业务流程的推进均由系统主导，所有的数据流也由系统创建并维护，无须人工介入，工作人员只需要在系统的指示下完成货物从货架上拣选、扫码、装箱等动作。

图 2-24　菜鸟分拣中心机器人分拣现场示意　　　　图 2-25　货到人拣选系统

（1）储存系统。存储作业的自动化是实现货到人的基础。储存系统从过去比较单一的立体库存储发展到目前的多种存储方式，包括平面存储、立体存储、密集存储等。存储形式也由过去主要以托盘存储为主转变为以料箱（或纸箱）存储为主。

（2）输送系统。货到人拣选系统的关键技术之一是如何解决快速存储与快速输送之间的匹配问题。对于以电子商务为特点的物流系统来说，要求匹配每小时上千次的输送任务，可以采用多层输送系统和并行子输送系统的方式来完成。

（3）拣选工作站。面对一个工作站要完成每小时多达千次以上的拣选任务，就必须设计采用电子标签拣选、显示终端、RFID读卡、称重检测、快速输送等一系列技术的拣选工作站。

三、智慧物流仓配一体化库存控制

智慧物流仓配一体化库存控制是指通过整合仓储管理和配送流程，利用信息技术和自动化设备，实现对库存的精准控制和高效管理。仓库既是存储商品的场所，又是智能化物流配送中心，能够根据实时数据和预测分析，自动调整库存水平，优化货物的存储位置和配送路径。

（一）智慧物流库存控制

库存控制的目标是在维持足够的库存水平以满足客户需求的同时，避免过度库存和资金占用。智慧物流利用现代信息技术、自动化设备和智能化算法，对货物库存进行实时监控、精准预测和优化调配，可以提高库存管理的效率和准确性。

1. 库存控制模型的主要参数

（1）需求预测。这是库存控制模型的基础。通过对历史数据的分析，预测需要多少库存来满足未来的需求。

（2）安全库存。安全库存是指额外的库存量，用于应对需求波动和供应不确定性，一般根据历史数据和预测误差来确定。

（3）订货点。订货点是指当库存降至一定水平时，需要重新订购产品的时间点，一般是根据出库速度和供应商的交货时间来确定。

（4）订货量。即每次订购的数量通常取决于供应商的价格、运输成本、存储空间与费率等因素。

（5）库存周转率。库存周转率是衡量库存管理效率的指标。

$$库存周转率 = \frac{销售成本}{平均库存金额}$$

其中，销售成本是指企业在一定时期内销售产品的成本。平均库存则是在同一时期内库存的平均金额。

$$平均库存 = \frac{期初库存金额 + 期末库存金额}{2}$$

2. 库存控制的主要方法

库存控制的主要方法如下：

（1）准时制（just in time，JIT）控制法。JIT控制法是一种以需求为导向的库存管理方式，它强调"适时、适量、适物"的原则，通过看板等工具实现与生产的同步化和均衡化。在JIT系统中，供应商根据客户的具体需求（如品种、规格、质量、数量、时间和地点等）配送货物，实现货物按时保质送达指定地点。

（2）ABC 分类控制法。将企业的全部存货分为 A、B、C 三类，如图 2-26 所示，对资金占比 70% 左右、品种占比 10% 左右的 A 类货物，作为重点加强管理与控制；对资金占比 20% 左右、品种占比 20% 左右的 B 类货物按照一般的方法进行管理和控制；对资金占用 10% 左右、品种占比 70% 左右的 C 类货物采用简便的方法加以管理和控制。

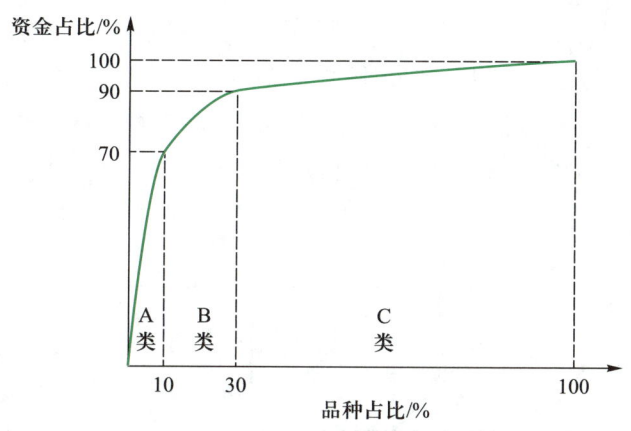

图 2-26　货物 ABC 分类控制法

（3）经济订货批量控制法。这种方法可用图形清晰展现其原理，如图 2-27 所示。在以订货批量为横轴、库存费用为纵轴的坐标系中，有三条关键曲线。订货成本曲线随着订货批量的增大而下降，因为订货批量越大，订货成本就越低。库存保管费用曲线随着订货批量的上升而上升。库存总费用曲线是由订货成本和库存保管费用相加得到的，它呈现出先下降后上升的 U 形。当订货批量较小时，订货成本占主导，随着订货批量增加，订货成本下降幅度大，总成本降低；但当订货批量超过一定程度，库存保管费用的增加超过了订货成本的减少，库存总费用开始上升。库存总费用曲线的最低点所对应的订货批量，就是经济订货批量。在这一点上，订货成本和储存成本达到平衡，使得企业的库存总费用最小。

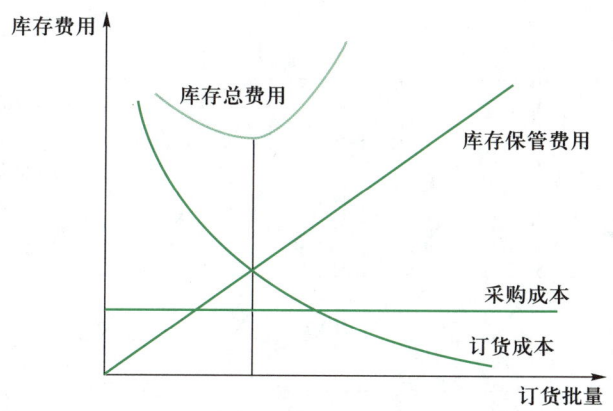

图 2-27　经济订货批量控制法

（4）定期订货控制法。这种方法的核心在于按固定周期检查库存并订货，其图形解释能直观展现该模式的运行逻辑，如图2-28所示。以时间（t）为横轴，库存量（q）为纵轴建立坐标系。随着时间推移，库存量因需求而均匀下降，形成一条向下倾斜的直线。当到达固定订货周期时，企业会盘点现有库存水平，此时会出现一条垂直于横轴的虚线，表示订货时间节点。基于现有库存、需求预计等因素计算订货量后，库存会瞬间上升，在图形上表现为一条垂直向上的线段。在不同的订货周期内，由于需求可能存在波动，每次订货时的库存水平会有所不同，但订货周期始终保持不变。与经济订货批量控制法相比，定期订货控制法更注重时间周期，图形上能明显看到规律的订货时间间隔，企业通过这种方式实现对库存的动态管理，确保在满足需求的同时，合理控制库存水平。

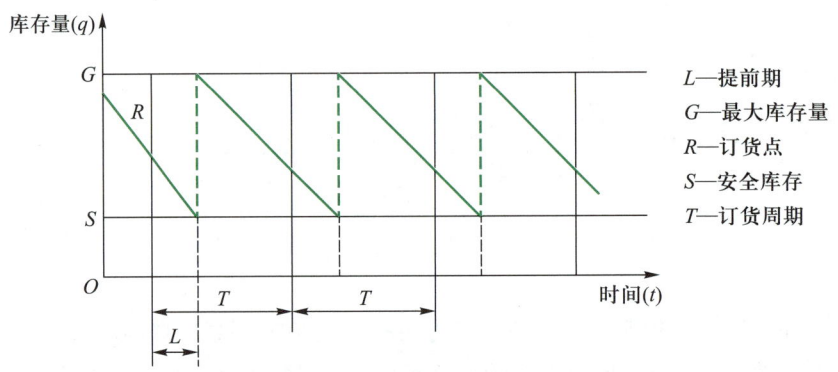

图2-28　定期订货控制法

（5）定量订货控制法。这种方法围绕固定订货点与订货量展开，通过图形可直观呈现其库存管理逻辑。如图2-29所示，在以时间为横轴、库存量为纵轴的坐标系中，随着需求的持续消耗，库存量沿一条向下倾斜的直线平稳下降。当库存量触及预先设定的订货点时，系统立即触发订货流程。订货后，库存并不会马上补充，而是继续按原有需求速率下降，直至货物送达，库存量瞬间跃升（表现为垂直向上的线段），上升幅度即为固定的订货量。此后，库存又开始新一轮下降过程。

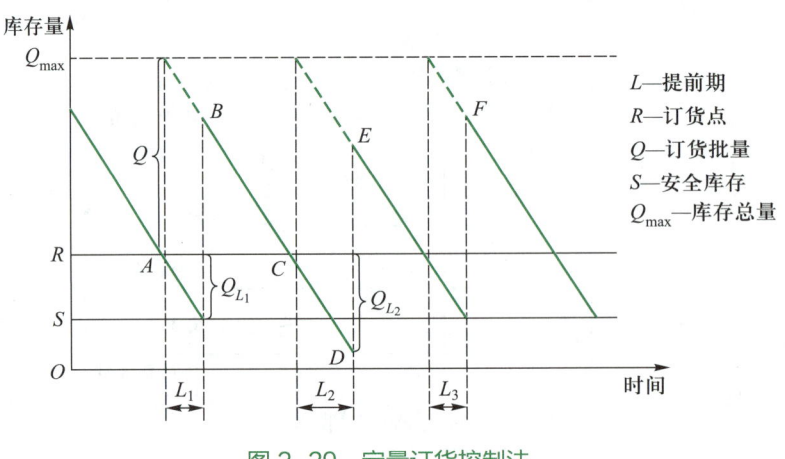

图2-29　定量订货控制法

（6）供应商管理库存控制法。企业将库存管理的责任委托给供应商，由供应商根据需求预测和销售数据来决定库存水平和补货策略。供应商管理库存法的优势在于它能够减少企业的库存成本和风险，提高供应链的透明度和协同性，但要求供应商具备较高的管理能力和技术水平，能够准确预测市场需求，及时调整库存。

（7）联合库存管理控制法。联合库存管理是将传统的多级别、多库存点的库存管理模式转化为以核心制造企业为中心的库存管理，是通过核心企业对各种原材料和产成品实施有效控制来实现对整个供应链库存的优化管理。这种方法减少了物流环节，提高了供应链的整体利润水平。

（8）供应链协同规划控制法。在供应链各环节之间建立紧密的合作关系，通过共享信息、资源和风险，实现供应链的整体优化。该方法的核心在于协同，即各个参与者都需要相互配合，共同制订计划和策略，以达到整个供应链库存的最佳运作状态。

3. 智慧物流库存控制的主要方法

智慧物流库存控制方法的核心是利用物联网、大数据分析、人工智能等先进技术手段，实现对库存的全面感知和智能决策。

（1）实时监控库存。通过安装传感器、RFID 等设备和云平台，实现对库存货物的实时监控和数据采集分析，及时了解库存情况，避免库存不足或过剩的问题。

（2）预测需求变化。通过对历史仓储数据、市场趋势等信息的分析，建立需求预测模型，预测未来一段时间内的需求变化，提前做好库存准备，避免因需求波动而导致的库存问题。

（3）优化库存布局。根据销售情况、运输成本等因素，合理规划库存布局，将库存分布在不同仓库。

（4）自动补货和调配。根据库存情况和需求预测，由系统自动触发补货和调配操作，使库存始终保持在合理水平，提高库存管理的准确性和效率。

（二）智慧物流仓配一体化库存与传统库存的区别

智慧物流仓配一体化库存与传统库存的主要区别如表 2-7 所示。

表 2-7　智慧物流仓配一体化库存与传统库存的主要区别

区别	仓配一体化库存	传统库存
管理方式	由多个物流环节集成，由单一企业管理，实现整个供应链流程的无缝对接	由多个物流环节组成，由不同的企业或部门独立运作
成本效率	物流成本和货物破损率低	物流成本和货物破损率高

区别	仓配一体化库存	传统库存
服务质量	响应速度快,交货准时率高,客户满意度高	响应速度慢,客户满意度有限
技术应用	高度依赖云计算、大数据分析和机器学习等信息技术	技术应用相对落后,依赖人工操作的比例较高
适应性	对市场变化反应快,适应性强,满足个性化需求	对市场变化反应迟缓,缺乏灵活性

(三)智慧物流仓配一体化库存智能化控制的优势

仓配一体化库存智能化控制的优势如下:

(1)实现库存的实时监控和管理。通过引入物联网技术、传感器设备等,实时收集商品的数量、位置、状态等库存数据,并传输到中央控制系统,经过分析和处理后,生成准确的库存报告,帮助管理者及时了解库存情况,做出合理的库存控制决策。

(2)提高库存周转率和准确性。通过引入先进的仓储管理系统和自动化设备,自动调整库存水平,实现库存的快速入库、出库和盘点操作,提高库存管理的效率和准确性。

(3)优化配送路线和运输方式。通过引入智能配送系统,根据客户需求和交通状况自动规划最优配送路线和运输方式,缩短配送时间,提高客户满意度。

(4)实现供应链协同和信息共享。通过与供应商、物流公司等合作伙伴建立信息共享平台,实时获取供应链各环节的数据和信息,更好地协调供应链资源,提高供应链的透明度和响应速度。

(四)无人仓库存控制原理应用

无人仓库存控制原理应用依赖以下内容:

(1)高度集成的信息系统。通过系统实时收集和处理包括库存量、货物位置、出入库记录等各种数据,自动生成最优的存储方案,有效实现货物存放在合适的位置。

(2)自动化设备。通过自动化货架、输送带、机器人等设备引入,自动完成货物的上架、下架、搬运和分拣等工作,提高库内作业效率。

(3)高度协同的供应链。通过智能管理系统和自动化设备的协同工作,加强供应链协同,自动监测库存量的变化,并根据预设的规则自动调整库存水平。

(五)智慧云仓库存控制方法

智慧云仓库存控制是一种基于云计算技术的新型仓储管理方式,是通过整合物联网、大数据、人工智能等先进技术,实现库存管理的自动化和智能化。

（1）利用云平台和物联网技术。将库存管理系统部署在云平台上，利用云计算的可扩展性和灵活性，保证系统的稳定运行和数据安全。通过物联网技术，实时收集仓库中的货物数据，并同步传输到云平台。

（2）数据驱动决策。利用大数据分析技术对仓库数据进行深入挖掘，分析库存周转率、存货周期和客户需求等关键指标。应用人工智能算法预测市场趋势和消费者行为，指导库存决策。

（3）自动化操作。使用自动化机器人完成货物的拣选、装载和搬运等任务，减少人工操作，提高作业效率。采用先进的智能分拣系统，实现快速准确的货物分拣。

（4）实时监控与优化库存。通过仓储管理系统实时监控库存状态和物流流程，及时调整库存策略和配送计划。根据系统收集的数据反馈，不断优化库存模型和操作流程，提高市场响应速度。

（5）增强客户体验和服务透明度。基于客户的历史数据和偏好，提供个性化的库存和服务选项，增强客户体验。赋权客户通过云平台实时追踪订单处理和配送状态，提升服务透明度。

（6）保护数据安全。确保所有操作遵守法律法规，采取加密技术和安全协议保护存储在云平台上的敏感数据，防止数据泄露。

四、传统仓配与智慧仓配监测管理

（一）传统仓配监测管理

传统仓配监测管理主要依赖于人工操作和简单的技术手段，对仓库存储和货物配送过程进行监控和管理，以确保货物的安全、准确和及时交付。在当今的供应链管理中，传统的仓储配送监测管理以其一系列成熟的流程扮演着重要作用。

1. 传统仓配监测管理的主要内容

传统仓配监测管理的主要内容包括：

（1）库存管理监测。这是仓配监测管理的核心内容，主要包括对库存货物的入库、出库、移库、盘点等操作的监控和管理，以及对库存数量、库存成本、库存周转率等关键指标的分析和控制。

（2）订单处理监测。包括对客户订单的接收、审核、分配、跟踪和完成等环节的监控和管理，以确保订单的准确、及时和高效处理。

（3）配送管理监测。主要涉及对配送路线、配送时间、配送成本、配送质量等要素的监控和管理，以提高配送效率、降低配送成本。

（4）仓储设施设备管理监测。包括对仓库或配送中心的选址、设计、建设和维护的管理监测，以及对仓储设备的选择、使用和维护的管理监测。

（5）人员管理监测。包括对仓库或配送中心员工的招聘、培训、考核和激励等人力资源管理活动的监测。

（6）安全管理监测。包括对仓库或配送中心的消防、防盗、防潮、防虫等安全措施的实施和管理的监测。

（7）质量管理监测。包括对货物的质量检验、质量控制、质量保证和质量改进等活动的管理监测。

（8）信息管理监测。包括对仓配业务信息的收集、处理、分析和使用的监测。

2. 传统仓配监测管理的主要手段

传统仓配监测管理的主要手段包括：

（1）人工巡查。工作人员会定期或不定期地对仓库或配送中心进行巡查，检查货物的存放情况、库存数量、环境条件等。

（2）纸质记录。工作人员使用纸质表格、账本等工具记录库存信息、出入库情况、货物流转、配送单、签收单据等数据。

（3）电话、传真、邮件沟通。工作人员之间通过电话、传真、邮件等传统通信方式进行沟通，协调货物出入库，了解库存情况和配送状态等事宜。

（4）手动盘点。工作人员定期或不定期对每件货物进行清点和核对，然后将数据录入系统，保证仓配货物的账物一致性。

（5）简单的环境监控设备。虽然传统仓储监测管理手段主要依赖于人工，但也会使用温湿度计、烟雾报警器等简单的环境监控设备。

（6）投诉处理。通常设立电话、邮箱等投诉渠道，监测客户在遇到问题时的反馈以及企业处理的情况。

（7）定期报告。定期生成报告，对配送过程进行分析和总结。

（二）智慧仓配监测管理

智慧仓配监测管理通过运用智能化和自动化技术手段，实现对仓库和配送环节的全面监测和管理，以提高仓储和配送效率，降低运营成本，提升客户满意度。

1. 智慧仓配监测管理内容

智慧仓配监测管理内容是传统仓配监测管理的升级。概括起来主要是以下几个方面：

（1）货物的实时监控。通过智能化和自动化技术设备，实时了解货物的位置、数量、状态等信息，随时掌握库存和配送情况，及时调整货物仓配策略。

（2）设备的实时监控。通过物联网等智能化技术，实时监测仓配设备的运行状态，及时处理设备运行可能出现的异常情况。

（3）人员的实时监控。通过人脸识别和智能安全等技术设备，实时监控现场工作情况，并对相关人员进行身份验证，及时发现并处理安全隐患，保障人员和货物的安全。

（4）数据的分析监测。通过对收集到的大量数据进行监测分析，发现仓库或配送中心运营中的问题和瓶颈，提出改进措施，提前做好仓配准备工作。

2. 智慧仓配监测管理手段

智慧仓配监测管理是通过集成各种传感器、数据采集设备和智能算法，实现对仓库内部环境的实时监控和智能化管理。智慧仓配监测管理手段包括：

（1）利用传感器技术设备监测仓配环境。利用传感器技术实时采集数据，并通过无线网络将数据传输到中央监控系统中，并通过对这些数据的实时监测，及时发现异常情况，调整仓配策略。

（2）利用数据采集技术设备监测仓库或配送中心的货物存储情况。通过扫描条码、RFID 标签等技术工具，实时获取并监测货物信息，及时了解库存情况，防止缺货和积压。

（3）利用智能算法技术设备实现仓配的优化调度和路径规划。通过对历史数据的分析和挖掘，预测需求变化趋势，提前调整货物的布局和存储位置，提高仓容的利用率。同时，根据实时数据和需求，自动规划货物的拣选路径和配送路线，减少人工操作的错误和时间成本。

（4）利用与其他系统的集成技术设备实现信息共享和协同工作。例如，与供应链管理系统的集成实现订单的自动处理和跟踪，与运输管理系统的集成实现货物的实时追踪和调度，与仓储管理系统的集成实现库存的实时更新和管理。

五、智慧物流仓配质量评价

（一）仓配服务质量评价概述

在物流和供应链管理领域，仓储配送服务直接关系到客户满意度和企业运营效率。为了确保仓储配送服务的高效性和可靠性，需要通过一系列质量评价指标加强仓储配送服务质量的全面评估，识别改进领域，提升服务质量。

1. 仓配服务质量的主要评价指标

仓配服务质量的主要评价指标包括：

（1）订单准确率。衡量仓库或配送中心处理订单的准确性，包括订单拣选、包装和发货的正确性。高订单准确率意味着退货和重新发货的可能性减少，客户满意度提高。

（2）发货准时率。衡量仓库或配送中心发货是否按照预定的时间完成。该指标反映企业对客户承诺的履行能力，对于维护客户的信任和满意度有重要意义。

（3）库存准确性。衡量仓库或配送中心库存记录与实际库存之间的一致性。准确的库存数据有助于避免缺货或过剩库存，优化库存成本，提高服务水平。

（4）响应时间。衡量仓库或配送中心从接收订单到完成发货所需要的时间。快速的响应时间可以提高客户的满意度，增强企业的竞争力。

（5）货物损坏率。衡量仓库或配送中心在仓储配送过程中的货物损坏的频率。保持低货物损坏率可以减少货物损失和客户投诉。

（6）成本效率。衡量仓储配送服务的成本效益，包括人力成本、设备成本、资金成本和其他相关费用。通过优化资源配置和操作流程，可以降低仓储配送服务成本。

（7）灵活性和适应性。衡量仓储配送服务在面对市场变化、客户需求波动或其他外部因素时的应变能力。一个灵活且适应性强的仓储配送系统能够快速调整策略，满足不断变化的业务需求。

（8）投诉率。衡量客户对仓储配送服务的投诉次数，通常以每百次服务中的投诉次数来衡量。低投诉率的仓储配送服务有利于增强客户忠诚度，提升品牌形象。

（9）安全性。衡量企业在仓储配送过程中的安全管理水平，包括人身安全和财产安全。

2. 仓配服务质量的评价流程

仓配服务质量的评价流程通常包括六个关键步骤，如图 2-30 所示。

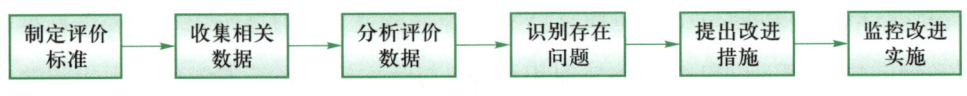

图 2-30　仓配服务质量评价改进流程

（1）制定评价标准。首先要确定用于评价仓储配送服务质量的关键性能指标，如订单处理时间、发货准确率、货物损坏率、配送时效性、客户服务响应时间等。

（2）收集相关数据。根据制定的评价标准，从仓库管理系统、配送管理系统和客户关系管理系统中提取相关数据，或通过问卷调查、客户反馈等方式获取相关数据。

（3）分析评价数据。采用统计分析等方法，对比历史数据、同行数据和标准数据，对收集到的数据进行分析，评估现有服务是否达到既定标准。

（4）识别存在问题。在分析过程中，识别出任何可能导致服务质量下降的问题区域，如供应链瓶颈、流程缺陷、人员绩效低等问题。

（5）提出改进措施。基于识别出的问题，制定流程优化、技术升级、设备更新、员工培训等相应的改进措施。

（6）监控改进实施。适应业务发展和市场变化，将改进措施付诸实施，并持续监控其效果，不断提高服务水平，满足客户的期望需求。

（二）智慧仓配服务质量评价

智慧仓配服务质量评价是对智慧仓储和配送服务在效率、准确性、可靠性、响应速度，以及客户满意度等多个方面的全面考察，通常会采用一系列指标和标准来衡量服务提供商的表现。

1. 智慧仓配服务质量评价升级

智慧仓配服务质量评价与传统仓配服务质量评价在多个方面存在显著差异，如表2-8所示。智慧仓配服务质量评价更加依赖于现代信息技术，注重实时性、客户体验、灵活性以及持续改进，是传统仓配服务质量评价的转型，能够更好地适应快速发展的市场需求和客户不断提高的期望。

表2-8 智慧仓配与传统仓配的服务质量评价差异

区别	智慧仓配服务质量指标	传统仓配服务质量指标
数据驱动与技术应用不同	利用大数据、物联网、人工智能等先进技术手段来收集和分析数据，以实现更精准的库存管理、订单处理和配送优化	更多依赖于人工记录和经验判断，数据收集和处理的自动化程度较低，对技术的依赖性不强
实时性与动态调整不同	提供实时监控和即时反馈，快速响应市场变化和客户需求，动态调整库存和配送策略	通常依赖于周期性的报告和评估，反应速度较慢，对于突发事件的应对能力较弱
客户体验关注点不同	更加注重客户体验，通过预测分析客户需求，实现个性化服务和客户满意度提高	更加侧重于内部的运营效率和成本控制，对客户体验的关注不深入
灵活性与适应性不同	评价的灵活性和适应性强，能够支持多样化的业务模式和不断变化的市场需求	评价的灵活性较差，难以快速适应新的业务模式和市场变化
持续改进与创新不同	持续改进且创新快，不断通过数据分析和技术升级来优化服务流程	更依赖固定的流程和标准，改进和创新速度相对较慢

2. 智慧仓配服务质量评价改进

智慧仓配服务质量评价改进是一个持续的过程，需要不断关注客户需求，优化服务策略，提升服务质量，以实现客户满意度的持续提高。

（1）引入先进技术。利用物联网、大数据、人工智能等先进技术，实现仓配服务的智能化和自动化，提高服务效率和准确性。例如，通过物联网技术实现实时监控库存，确保库存的准确性；通过大数据分析，预测客户需求，提前备货，缩短配送时间。

（2）优化人员配置。合理分配人力资源，确保关键岗位的人员具备足够的专业能力和经验。同时，加强员工培训，提高员工的业务水平和服务意识，保证服务质量的稳定性。

（3）提高服务效率。利用仓储配送智能化技术，对现有的服务流程进行梳理和优化，减少不必要的环节，提高服务效率。例如，使用智慧仓储管理系统自动推荐库位，优化上架流程，提高空间利用率和配送的时效性。

（4）加强安全管理。加强对仓库或配送中心的消防设施、安全设备的检查和维护，以及配送车辆的管理，确保仓储和配送过程的安全性，防范安全事故的发生。

（5）提供端到端解决方案。提供全面的供应链解决方案，从供应链设计到仓储、配送等服务的供应，打通生产和流通两端，优化存货配置和送货路线，实现降本增效。

（6）提升客户体验。关注客户需求，提供多样化的配送方式，满足不同客户的需求；设立客户服务热线，及时解决客户问题，提升客户体验，提高客户满意度。

智链强基　数创未来

安装"智慧心"　打造制造业的"移动仓"

2016年以来，浙江省宁波市邮政分公司通过仓配一体化承包的方式切入雅戈尔集团供应链体系，承担雅戈尔集团全国范围内电商线上业务的仓配一体化管理，服务华东7省1市的线下门店物流配送，并开展浙江省内近400家门店的O2O调货和退换货业务。

1. 安装"智慧心"打造定制服务

为制造业安装"智慧心"，是寄递企业探索打造定制化解决方案的不断追求。从2019年起，宁波邮政基于全国云仓及O2O等全景供应链服务理念，携手雅戈尔集团共同打造集数字化、自动化、信息化、智能化于一体的源头总仓。突出智能仓储在供应链中承上启下的作用，为雅戈尔集团提供物流分析、仓储规划、智能化物资运输和调拨，以及全环节信息共享支持。推进全国"云仓＋干线＋配送"的合作，构建全景智能供应链，助力雅戈尔服饰实现"线上推广、线下体验，线上销售、线下服务"的新零售业务场景。

2. 仓配协同优化服务体验

在多穿立体库、机械臂、KIVA机器人等智能化装备的支撑下，雅戈尔仓库轻松实现了货到人的拣选。多穿立体库的面积为3 500平方米，高度达13米，126辆穿梭车和7台提升机在其中不停地忙碌着，从5万多个品类中迅速、精准地挑选出消费者购买的货品，送入接下来的复核、打包等环节。1分钟内就有10个包裹整装待发，启程送达消费者手中。

3. 技术服务降本增效提产能

宁波雅戈尔智能云仓和全景供应链的构建，不仅为雅戈尔加快实现线上线下渠道资源整合和新零售模式的转型发展搭建了桥梁，也为宁波邮政未来更好地服务制造业企业提供了丰富的经验。智能云仓的日常订单处理量每小时可达1 000单，高峰时能达到3 000单以上，成本比常规的人工拣选节省了一半以上。最快的效率能达到1秒钟处理1个包裹。

（资料来源：中国邮政报，2022-10-12）

讨论与分享：智能云仓在物流服务效率方面有哪些变化？

第三节　智慧物流其他功能管理

一、智慧物流装卸搬运服务管理

（一）装卸搬运服务概述

装卸是指在运输工具间或运输工具与存放场地（仓库）间，以人力或机械方式对货物进行载上载入或卸下卸出的垂直作业过程。搬运是指在同一场所内，以人力或机械方式对货物进行空间移动的作业过程。

1. 装卸搬运的发展过程

从使用的技术设备发展来看，装卸搬运的发展过程主要经历了以下阶段：

（1）人工装卸搬运。早期的物流活动由于缺乏包装机械和手段，大多以人工形式进行装卸搬运货物作业。这种方式适用于重量较轻、体积较小的货物。

（2）机械装卸搬运。随着搬运设备技术的发展，物流领域开始使用叉车、吊车、输送带等各种机械设备进行装卸搬运。这种方式适用于重量较重、体积较大的货物，如图2-31所示。

图 2-31　机械装卸搬运

（3）自动化装卸搬运。通过计算机技术把装卸货物、存储上架、拆垛补货、单件分拣组合在一起，使若干自动化搬运设备组成一个集成系统，形成自动化仓库或自动存取系统，提高货物的装卸搬运速度。这种方式适用于需要快速、高效和准确处理的货物，如快件。

（4）智慧化装卸搬运。智慧化装卸搬运是利用 AI+ 自动化设备、智能机器人技术等现代化手段，实现 24 小时不间断、无人化的装卸搬运作业。这种技术适用于各种类型的货物，如图 2-32 所示。

图 2-32　智慧化装卸搬运

2. 装卸搬运作业的合理化路径

装卸搬运作业是物流活动不可或缺的一环，覆盖物流的全过程。装卸搬运作业合理化，有利于提高作业效率，保证人员和货物安全，降低作业成本。

（1）做好装卸搬运作业规划。根据货物的种类、数量、重量、体积，以及运输工具的类型和载重能力等因素，制定包括装卸搬运的时间、地点、方式，以及所需人力和物力资源的装卸搬运方案。

（2）选择使用合适的装卸搬运设备。不同的货物和物流作业场景需要使用不同的装卸搬运设备。如对于体积大的重型货物，需要使用叉车或者起重机等专业机械设备；对于体积小、数量少的轻型货物，只需要使用手动搬运车即可。

（3）减少装卸搬运的次数和距离。通过对装卸搬运流程的分析和优化，系统考虑前后作业的协调性和柔性，合理安排货物的堆放位置，提高卸装搬运的活性指数，减少不必要的环节和货物的移动距离。

（4）满足货物集装单元的装卸搬运要求。集装单元是指在物流过程中，将货物集中装载到标准化的集装箱、托盘等容器中，以便进行装卸、搬运和运输、仓储、配送。集装单元的使用可以提高装卸搬运效率，减少货物损失，降低物流成本，提高物流服务的安全性和可靠性。

（5）加大装卸搬运过程的环境保护。在装卸搬运作业中，尽可能采用更加环保的设备和方法，如使用电动叉车代替燃油叉车，使用封闭式的集装箱代替开放式的集装箱等，以减少噪声、尘埃、废弃物等对环境的影响。

（二）智慧物流装卸搬运作业

智慧物流装卸搬运作业是利用智慧化的系统和工具，对货物进行高效、精准的装卸和搬运操作。这种作业方式大大提高了作业效率和准确性，降低了人力成本和劳动强度。

1. 智慧物流装卸搬运的主要特点

智慧物流装卸搬运的主要特点包括：

（1）无人化。智慧物流装卸搬运的主要特点是无人操作。装卸搬运设备装有自动导向系统、自动抓取系统，依靠无线传感、定位导航、视觉识别、视觉感知、自动控制技术等，在不需要人工引航、人工作业的情况下，就能够沿着预定的路线自动装卸并自动行驶，将货物自动从起始点运送到目的地，完成装卸搬运作业活动。

（2）柔性化。引入人工智能技术后，装卸搬运设备具有灵活性和适应性，能够根据不同的货物类型、重量、形状、尺寸和特殊要求进行自动调整和适应，模拟人的思维进行智能判断和动态调整，选择优化运行方案，实现高效、精确的装卸搬运操作。

（3）高效化。通过智慧装卸搬运管理系统，引入无人叉车、机器人、机械手，以及自动辊道①等设备，对作业数据进行实时收集、分析和整体调度，监控装卸搬运作业全过程；同时还能与各种自动化设备对接，支持多机器人同时联动作业，大幅度提高装卸搬运作业效率。

2. 智慧物流装卸作业系统

智慧物流装卸作业系统一般包括码垛机器人、龙门吊自动装卸系统和卡车自动装卸系统。

（1）码垛机器人。码垛机器人是用在工业生产过程中执行大批量工件、包装件的获取、搬运、码垛、拆垛等任务的一类工业机器人，是集机械、电子信息技术、智能技术等于一体的高新机电产品。码垛机器人可以集成在任何生产线中，为生产现场提供智能化、机器人化、网络化的装卸作业。

（2）龙门吊自动装卸系统。龙门吊自动装卸系统利用机器视觉系统自动获取到达装卸位置的集卡及集装箱身份标识信息，由码头、场站操作系统根据标识将装卸位置指令发送给信息处理系统；机械运动控制系统依据激光扫描系统探测区域堆放集装箱的情况及装卸位置指令，优化装卸运动轨迹并控制机械运行，实现龙门吊自动装卸控制。

（3）卡车自动装卸系统。卡车自动装卸系统是一种集成在卡车和装卸平台之间的自动化输送设备，通过相互协同运作，完成货物的全自动化装卸。对于从工厂到物流中心短距离往返运输的车辆，借助该系统可以大幅节约装卸货物的时间，在提高装卸效率的同时降低装卸成本。

3. 智慧物流搬运作业系统

智慧物流搬运作业系统是利用自动导引车（Automated Guided Vehicle，AGV）进行物流搬运的作业系统。AGV 是一种柔性化和智能化的物流搬运机器人，其控制系统分为地面（上位）控制系统、车载（单机）控制系统及导航 / 导引系统。其中，地面控制系统指 AGV 系统的固定设备，主要负责任务分配、车辆调度、路径（线）管理、交通管理、自动充电等功能。车载控制系统在收到上位系统的指令后，负责 AGV 的导航计算、导引实现、车辆行走、装卸操作等功能。导航 / 导引系统为 AGV 提供导引。AGV 控制系统结构如图 2-33 所示。

---

① 一种用于物料输送的自动化设备。

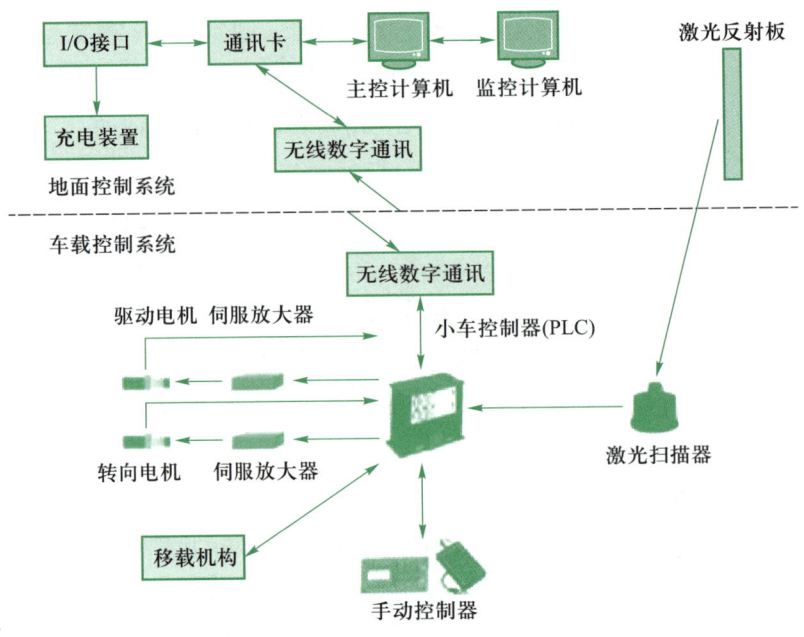

图 2-33　AGV 控制系统结构

二、智慧物流包装作业管理

(一) 物流包装概述

物流包装是为在流通过程中保护产品、方便储运、促进销售,按一定的技术方法采用的容器、材料及辅料的总称。在社会再生产过程中,包装处于生产过程的末端和物流过程的开端,既是生产的终点,又是物流的始点。

1. 物流包装的类型

物流包装的类型包括:

(1) 外包装。用于保护货物免受外界环境影响,如防潮、防尘、防震等。常见的外包装材料有纸箱、木箱 (如图 2-34 所示)、塑料薄膜等。

图 2-34　木箱外包装

（2）内包装。用于固定和分隔货物，防止货物在运输过程中相互碰撞或挤压造成损坏。常见的物流内包装材料有泡沫塑料、气泡膜、填充物（如图 2-35 所示）等。

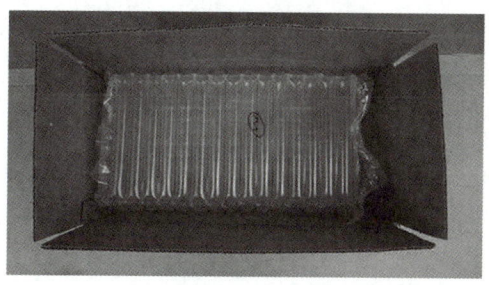

图 2-35　内包装

（3）特殊包装。针对特殊货物或特殊运输方式而设计的包装，如危险品包装、冷藏包装、航空运输专用包装等，如图 2-36 所示。

图 2-36　特殊包装

2. 物流包装的要求

物流包装的要求如下：

（1）保护性。物流包装的主要目的是保护货物在物流过程中免受损坏和污染，要求具备一定的抗压、抗震、防潮等功能。

（2）便利性。物流包装应便于搬运、装卸、运输和存储，易于打开和重新封闭，方便客户使用。

（3）安全性。物流包装应该符合相关的安全标准和法律法规，确保货物在物流过程中不会对人员或环境造成危害，能够防止货物被盗或被篡改。

（4）识别性。物流包装应该包含清晰的标识和标签，以便于识别货物的来源、目的地、内容和操作注意事项。

（5）环保性。物流包装应采用可回收、可降解的材料，减少对环境的污染，减少包装材料的使用和包装废弃物的产生。

（6）经济性。物流包装应该在满足其他要求的同时，通过优化包装设计和选择合适的材料，尽量降低成本。

3. 物流包装作业合理化策略

物流包装作业合理化策略包括：

（1）优化包装设计。通过对货物包装的合理设计，最大限度地减少包装材料的使用量，提高货物的保护性能，减少货物在物流过程中损毁的可能性，降低包装成本。

（2）选择合适的包装材料。根据货物的特性和物流场景要求，从纸质、塑料、木质、玻璃、金属等常见的包装材料中选择适合的材料包装。例如，对于易碎货物，可以选择具有良好缓冲性能的泡沫或塑料填充物。

（3）采用智能包装技术。在包装中加入自动化、智能化等新技术，可以实现货物快速、准确地包装，使物流包装在具有通用功能的同时，还具有感知、监控、记录，以及调整货物所处环境状态的某些特定性能，可以将信息快速反馈给发货人、收货人、物流服务商等主体。

（4）发展绿色包装。绿色包装是指在满足产品保护功能的前提下，尽可能减少对环境的污染，满足社会可持续发展的要求。例如，选择可回收、可降解的包装材料，或者采用无污染的包装工艺。

（二）智慧物流包装应用作业

智慧物流包装通过集成智能化的技术手段，实现物流包装作业的精细化、动态化、可视化管理。智慧物流包装通过使用先进材料、新型结构及信息系统实现包装作业升级管理。

1. 信息型智能包装作业

信息型智能包装是智慧物流包装中重要且普遍的应用形式。信息型智能包装主要通过包装数字化、可视化和大数据平台等作业实现。

（1）包装数字化作业。主要指的是在货物包装上实施的数字化策略，包括在货物包装外观上印刷条形码、二维码等信息码，或在包装中嵌入 RFID 电子标签或其他传感器，使货物包装具备数据采集和信息交互功能。

（2）包装可视化作业。利用数字技术将货物的位置、状态及采购、生产、销售、运输、仓储等全生命周期的数字化信息，以文字、图像、图形、动画、视频等可视化方式，在包装盒、终端设备或后台屏幕实时呈现，达到实时监控、交互、分析、调整和决策的目的。

（3）包装大数据平台作业。智慧物流包装是"互联网＋芯片＋包装"的应用。包装大数据平台通过对包装货物的数据采集、存储及整合，实现对包装货物从源头到终端每一个环节真实可靠的信息管理，为产品防伪溯源、政府监管，以及企业的订单处理、运输配送、库存控制、财务结算、售后服务提供智能化管理。

2. 功能材料型智能包装

功能材料型智能包装是一种以材料为基础的智能化包装形式，通过应用新型包装材料，使包装对环境因素具有某种识别、判断、控制功能。

（1）变色材料包装作业。是指在包装上使用光敏、电敏、温敏、气敏等变色材料，使包装在受到光、电、温度、压力、溶剂，以及化学环境等特定外界激发源作用时，通过颜色变化来实现包装的图案显示、信息记录、警示提醒、美化装饰、防伪安全、互动娱乐等功能。

（2）发光材料包装作业。是指在包装上使用光致发光、力致发光、化学发光、电致发光等材料，以某种方式吸收能量，以光的形式表现出来，通过视觉传达和动态色彩的多样性表达，使包装实现安全警示、多维展示、防伪以及互动娱乐等功能。

（3）水凝胶材料包装作业。这是一种利用水凝胶特性进行设计和制作的包装方式。水凝胶是一种高分子材料，能够在水中吸收并保持大量水分而不会溶解，通常具有良好的生物相容性、稳定性和可调节性，在包装行业中应用得越来越广泛。

（4）活性材料包装作业。这是一种专门设计用于保护和延长活性材料使用寿命的包装方式。活性材料对温度、湿度、光照和氧气等环境条件非常敏感，在医药、食品、化妆品，以及农产品包装等领域有应用前景。

3. 功能结构型智能包装

功能结构型智能包装是指为满足货物仓储安全、运输可靠等某些特定需求，对包装结构进行适当改进的作业。

（1）自动报警包装作业。其工作原理是通过内置的传感器和监控系统来检测包装内部的状态，如检测温度、湿度、压力等多种环境因素，以及物品的移动、倾斜、震动等情况。一旦检测到任何异常，系统就会立即发出警报，通知相关人员及时进行检查和处理。自动报警包装还可以通过网络连接到远程监控中心，实时传输数据和警报信息。

（2）自动加热包装作业。利用内置的加热机制，在无须外部热源的情况下，自动为包装内的货物提供加热功能。这种包装通常配备了特殊的材料或元件，如电热丝、化学反应材料，能够在特定条件下激活加热。

（3）自动冷却包装作业。利用特殊的材料和设计，在一定的条件下自动触发冷却过程，从而降低包装内部的温度。这种包装通常包含了一种或多种能够吸收热量的物质，当这些物质从环境中吸收热量时，会发生物理或化学变化，从而带走包装内部的热量，实现快速冷却的效果。这种包装在食品、医药和其他需要保持低温运输的货物中应用较广。

4. 物流包装作业手段智能化

物流包装作业手段智能化包括：

（1）智能包装机械作业。是指利用先进的自动化技术和智能化控制系统，对各种货物进行包装处理的一种现代化作业方式，通常涉及自动分拣、计量、填充、封口、贴标签、打印生产日期和批号等一系列复杂操作。智能包装机械通过集成传感器、执行器、视觉系统，以及数据分析等技术，可以高效率、高精度地完成包装作业，减少人工操作，降低人力成本和操作失误。

（2）包装箱型智能推荐作业。利用人工智能算法和大数据分析，根据货物的尺寸、重量、形状，以及运输仓储需求，自动推荐适合的包装箱型。通过集成高精度的测量工具和先进的图像识别技术，先快速准确地获取货物的详细参数，再结合预先设定的包装标准和材料成本，进行智能计算，推荐合适的包装方案。该方案不仅包括包装箱的尺寸和材质，而且包括填充物的选择、包装方式的建议，以及标签和封口方法的优化。

三、智慧物流加工服务管理

（一）流通加工概述

流通加工是指根据顾客的需要，在物流过程中对产品实施的简单加工作业活动的总称。流通加工通过改变货物的物理形态、化学性质或包装方式，可以保护货物，增加货物的附加值，满足客户的多样化需求。

1. 流通加工的类型

流通加工的类型如下：

（1）包装加工。即对产品进行包装、标识、贴牌等处理，以增加产品的附加值和吸引力。

（2）分割加工。即将大批量的产品分割成小批量或个别销售，以满足不同客户的需求。

（3）组装加工。即将多个零部件组装成一个完整的产品，以提高产品的完整性和功能性。

（4）混合加工。即将不同种类或规格的产品进行混合，以满足客户的多样化需求。

（5）检验加工。即对产品进行质量检验、抽样检测等处理，以确保产品符合质量标准和要求。

2. 流通加工的特点

流通加工的特点如下：

（1）灵活性。流通加工可以根据市场需求和消费者需求的变化，灵活调整加工方式和工艺流程。

（2）高效性。流通加工可以采用先进的设备和技术，提高加工效率和生产能力，缩短产品的生产和流通周期。

（3）个性化。流通加工可以根据客户的需求，提供个性化的定制服务，满足不同客户的差异化需求。

（4）增值性。流通加工可以通过包装、标识、贴牌等方式，增加产品的附加值和品牌形象，提高产品的市场竞争力。

3. 流通加工作业合理化策略

在现代物流和供应链管理中，为避免不合理现象的出现，要对是否设置流通加工环节，在什么地点设置，选择什么类型的加工方式，采用什么样的技术装备等问题做出正确抉择，制定合理化策略，具体包括：

（1）加工与配送相结合。流通加工是配送业务流程中分货、拣货、配货的一环，把流通加工设置在配送点，按配送的需要进行加工，可以使流通加工与产品中转流通结合在一起，把加工后的产品直接转入配货作业，提高配送效率。

（2）加工与配套相结合。流通加工与配套相结合是一种有效的生产和供应链管理策略。在这种策略中，产品的加工过程和其配套的零部件或服务的生产被紧密地结合在一起。产品的各个部分或组件在同一时间、同一地点进行生产，可以提高生产效率和产品质量，减少生产成本。

（3）加工与储运相结合。将流通加工与储运相结合，意味着在流通过程中，不仅要考虑到产品的生产加工，而且要充分考虑产品的储存和运输需求。例如，在设计产品包装时，需要考虑包装的耐用性、堆垛和搬运的方便性，以及对不同运输环境的适应性。

（4）加工与合理商流相结合。在市场交易过程中，不仅要关注产品的买卖本身，而且要重视产品在流通过程中的增值服务。通过包装、分装、贴标签、品质升级等各种流通加工作业，可以提高产品的市场吸引力和销售价值，更好地满足客户的个性化需求，促进销售。

（5）加工与经济效益相结合。通过对市场需求的精准分析，企业可以在流通加工过程中对产品进行差异化设计或定制化改造，扩大市场份额。同时，通过采用先进的信息技术和自动化设备，提高流通加工的效率和准确性，减少人为错误和延误，降低运营成本。

（二）流通加工智能化升级

流通加工智能化是通过引入自动化设备和智能控制系统，实现对传统加工方式的改进和提升。流通加工智能化升级包括生产流程的优化、设备的自动化改造、数据分析和管理等。

1. 流通加工作业智能控制系统功能

（1）自动化控制。系统能够自动识别和处理流通加工作业中的各种任务，包括货物的搬运、分拣、包装、装载等。

（2）实时监控。系统能够实时监控流通加工作业的进度和状态，包括货物的位置、数量、质量等信息。

（3）数据分析。系统能够对流通加工作业的数据进行深入分析，对包括作业效率、成本、质量等方面的数据进行分析。

（4）智能优化。系统能够根据流通加工作业的实际情况，智能优化作业方案，包括作业路线、作业时间、作业资源等。

（5）安全保障。系统能够保障流通加工作业的安全，包括加工货物、加工人员、加工设备的安全。

2. 流通加工作业的智能化选择

（1）流通加工对象的智能化选择。即利用智能化管理系统对选择哪些货物进行流通加工作出决策。包括对货物特性、市场需求、成本效益等多方面因素的综合考量。如利用传感器、RFID等技术获取货物的尺寸、重量、保质期等特性信息，决定是否需要流通加工，以及流通加工的方式。

（2）流通加工技术的智能化选择。即利用智能化管理系统对选择什么技术进行流通加工作出决策，包括对不同加工技术的效率、成本、适应性、环保性等多方面因素进行综合考量。

（3）流通加工设备的智能化选择。即利用智能化管理系统对选择什么设备进行流通加工作出决策，包括对企业自身的生产需求、技术基础、预算限制，以及未来发展计划等因素进行综合考量。

（4）流通加工工艺的智能化选择。即利用智能化管理系统对选择什么工艺进行流通加工作出决策，包括对加工需求、技术可行性、经济效益、系统集成、环境影响、质量控制等因素进行综合考量。

四、智慧物流信息服务管理

（一）物流信息管理系统概述

物流信息是反映物流各种活动内容的知识、资料、图像、数据的总称。物流信息管理是为了确保物流活动的高效、顺畅和准确，提高整个供应链的运作效率和客户满意度，对物流活动中产生的各类信息进行收集、处理、存储、分析和传输等综合管理。智慧物流信息服务是利用物联网技术、大数据技术等先进的信息技术，对物流信息进行采集、传输、处理、分析和应用，以实现物流运作的智能化、高效化、可视化和协同化的一种服务模式。

1. 物流信息管理系统构成

物流信息管理系统是用于管理和控制物流过程的软件系统，是由以下所列的多个子系统组成，每个子系统都有其特定的功能和任务。

（1）订单管理系统。该系统的主要功能是处理所有的订单信息，提高订单处理效率，包括订单的创建、修改、查询和删除等操作。

（2）仓储管理系统。该系统的主要功能是管理企业的库存数量、位置、状态等信息，实时跟踪库存水平，包括入库、出库、退货等所有操作环节。

（3）运输管理系统。该系统的主要功能是管理企业的运输信息，包括运输的计划、调度、执行、跟踪和评估等，提高货物运输效率。

（4）配送管理系统。该系统的主要功能是根据客户需求和实际情况，制定合理的配送方案，包括拣货、配货、配载、送货等，实现货物的准时配送。

（5）客户服务系统。该系统的主要功能是处理客户的咨询、投诉和建议等信息，提高客户满意度。

（6）财务管理系统。该系统的主要功能是管理公司的财务信息，包括收入、支出、成本、利润等，实时反映企业的财务状况。

（7）数据分析系统。该系统的主要功能是负责分析物流信息系统中的各种数据，提供有价值的信息，发现潜在的问题和机会，提高决策的准确性。

2. 物流信息管理系统的功能

物流信息管理系统的功能包括：

（1）信息收集。即把分散在企业内外的物流数据收集并记录下来，整理成物流管理信息系统要求的格式和形式。

（2）信息存储。即保证已获得的物流信息不丢失、不走样、不外泄，且整理得当，随时可用。

（3）信息传输。即把物流信息从一个子系统传递到另一个子系统或母系统，通常涉及数据的编码、解码、加密和解密等过程，以确保数据的安全性和完整性。

（4）信息加工。即对已收集的物流信息进行适当处理，以得到更加符合要求，或更能反映本质，或更适用于各级管理者使用的物流信息。

（5）信息输出。即把经过处理的物流信息，根据不同的需要，以不同的格式输出，保持输出的信息易懂易读。

（二）智慧物流信息平台

智慧物流信息平台集成了物流管理、数据分析、实时监控等功能，通过物联网、云计算、大数据分析等技术的应用，实现对物流过程的精确控制和优化管理。

1. 智慧物流信息平台的功能

智慧物流信息平台的功能包括：

（1）数据交换。数据交换是智慧物流信息平台的核心功能。智慧物流信息平台具备强大的数据交换能力，能够实现不同系统之间的数据互联互通，保证信息的实时更新和准确性，提高物流操作的透明度，减少信息孤岛现象。

（2）信息服务。信息服务是智慧物流信息平台的基本功能。通过这一功能，用户可以获得各种物流相关的信息服务，如库存状态、货物追踪等，帮助用户及时获取所需信息，对市场做出快速反应。

（3）资源整合。智慧物流信息平台能够整合仓储、运输、配送等各类物流资源，为用户提供一站式的物流解决方案，优化资源配置，降低物流成本。

（4）在线交易。用户可以通过智慧物流信息平台开展在线下单、合同签订、支付结算等交易活动，简化交易流程，提高交易效率。

（5）作业管理。智慧物流信息平台支持订单处理、库存管理、运输调度等物流作业的全过程管理，保证作业流程的顺畅和高效。

（6）辅助决策。智慧物流信息平台提供数据分析和报告生成工具，帮助管理者基于数据做出更加科学合理的决策，提升管理水平。

（7）金融服务。为了解决物流企业的资金流转问题，智慧物流信息平台提供融资、保险、信用评估等金融服务，帮助企业缓解资金压力。

（8）会员服务。针对注册会员，智慧物流信息平台提供优惠政策、专享信息、客户关怀等个性化的服务，以增强用户黏性，提升用户体验。

（9）系统管理。为了保证稳定运行和数据安全，智慧物流信息平台具有用户权限管理、系统维护、安全防护等系统管理功能，能保证系统的可靠性和安全性。

2. 智慧物流信息平台的运营模式

智慧物流信息平台的运营模式包括：

（1）政府主导模式。智慧物流信息平台的建设和运营主要由政府部门负责。在这种模式下，政府通常会发挥其政策制定、规划布局和资源整合的作用，通过提供资金支持、政策优惠和监管服务等方式，推动智慧物流信息平台的发展。这种模式的优势在于能够确保平台的公共服务性质，以及在宏观调控和市场监管方面发挥政府的作用。其局限性是可能缺乏市场竞争带来的效率激励。

（2）市场主导模式。智慧物流信息平台的建设和运营主要由市场力量驱动，企业作为主要的投资和运营主体。这种模式的优势在于能够充分发挥市场机制的效率，促进技术和服务的快速迭代。其局限性是可能导致资源配置的不均衡，以及在缺乏有效监管的情况下可能出现的市场失灵。

（3）产学研一体化模式。这是一种政府主导和市场主导相结合的模式，它强调政府、企业和科研机构之间的紧密合作。在这种模式下，政府提供政策支持和基础设施建设，企业负责技术开发和市场运营，而科研机构则专注于技术研发和人才培养。这种模式旨在通过各方的协同合作，实现资源共享、优势互补，有助于形成一个完整的创新生态系统，促进科技成果转化和产业升级。但存在着高校和科研机构研究成果与企业实际需求易脱节，各方利益协调难度大，以及人才培养方向可能偏离市场实际需求等局限性。

3. 智慧物流信息平台的主要类型

智慧物流信息平台的主要类型包括：

（1）交易信息服务型公共平台。这种平台主要为物流交易双方提供一个信息交流和交易撮合的环境，一般具有货物运输、仓储、配送等各类物流服务的信息发布和搜索功能，以及在线交易和支付等电子商务功能，可以帮助货主和物流服务商快速匹配需求与资源，促进交易的达成。

（2）园区节点型公共平台。这种平台侧重于服务特定的物流园区或物流节点，通过整合园区内的物流资源，为园区内外的企业提供高效的物流服务，一般具有园区内的货物跟踪、仓储管理、运输调度等功能，可以通过与其他物流系统的数据交换，实现园区与外界的无缝链接。

（3）产品服务型公共平台。这种平台通过专业化的服务和技术，专注于提供冷链物流、危险品物流、快递快运等特定物流产品的服务，满足特定市场细分领域的需求，为用户提供定制化的物流解决方案。

（4）联盟型公共平台。这种平台由多个物流企业或组织共同建立，旨在通过资源共享和合作，提高整体服务效率和竞争力。联盟成员之间可以相互支持，共享客户资源、信息资源和物流设施，实现规模经济和协同效应。

（5）物流一体化公共平台。这种平台整合了采购、存储、运输、配送、信息服务等物流过程中的各个环节，提供从原料采购到产品销售的全程物流解决方案，能够实现跨企业、跨区域的物流资源整合，为用户提供一站式的物流服务。

数智赋能　提质增效

科技助力港口自动化装卸搬运

港口是链接国内外市场的重要枢纽，得益于人工智能、大数据、5G、区块链等技术的发展，我国智慧港口作业效率显著提升，成为水运行业发展的重要引擎。

1. 自动化码头降低成本

在天津港北疆港区的"智慧零碳"码头，通过人工智能、5G、北斗、无人驾驶等技术的配合应用，"智能拖车"可以自动规划最优路径，在码头堆场间自由穿梭，精准抵达每一个箱位。在青岛港全自动化集装箱码头，单台桥吊昼夜在港装卸集装箱量突破1 100标准箱，比全球同类码头高出19%。在钦州港自动化码头，集装箱放行后从进入卡口到装船，仅用了80分钟，相比传统人工码头，作业效率提高了约30%，操作人员减少了约90%。

2. 推动绿色低碳转型

在天津港智能电力调控中心，"综合能源服务平台"大屏上直观展示各类数据，为天津港"双碳"规划提供了基础数据参考。在宁波舟山港的码头上，远程自动化桥吊接受指令，将集装箱稳稳卸载到等候作业的电动智能集装箱卡车上。传统集装箱卡车的耗油量每年约为16吨，折算成碳排放量是每年40吨，如果将传统的集装箱卡车换成纯电动集装箱卡车，碳排放量几乎为零。青岛港是率先融入"氢+5G"的智慧绿色码头，氢动力自动化轨道吊以自主研发氢燃料电池组为动力，在减轻设备的同时降低了设备机构复杂度、设备维保量和维修费用，还提高了发电效率，单机节省动力设备购置成本20%。

（资料来源：人民网，2023-09-13）

讨论与分享：智慧物流自动化装卸搬运有哪些应用前景？

调查研究与善作善成

关于当地应用新信息技术发展绿色物流情况的调查

步骤 1：确定调研目标

围绕贯彻落实党的二十届三中全会"加快经济社会发展全面绿色转型"的战略部署，结合本章学习内容，组织学生实地走访调研，了解当地应用物联网技术和人工智能技术支持绿色物流发展的情况，在调查研究的实践训练中巩固知识，检验学习效果。

步骤 2：设计调研方案

依托当前物联网技术和人工智能技术的发展背景，聚焦绿色物流发展，根据调研目标，设计可执行调研方案。调研方案除包括调研目的、调研问题、调研假设、调研方法、调研地点与范围、数据收集方法、数据分析方法、调研预期结果、调研所需资源外，还包括组建调查研究小组，明确调研过程中的安全，以及社交礼仪等要求。

步骤 3：收集调研数据

坚持知行合一、理实结合原则，按照调研方案，选择合适的调研方法和路径，从思路、措施、问题、经验、成效等方面收集当地绿色物流发展的相关数据，以及物流新技术应用的难点与痛点问题。

步骤 4：整理分析调研数据

对收集到的数据进行整理和清洗，剔除无效或错误数据，保证数据质量。运用适当的统计方法和分析技巧对整理好的数据进行分析、比较、归纳，揭示存在的问题，总结先进经验和优秀做法，提炼出可复制推广的经验成果。

步骤 5：撰写调研报告

在调研中要把党的二十届三中全会"推动制造业高端化、智能化、绿色化发展"的精神学深悟透，将调研过程和结论整理成书面报告，提出利用数智技术发展绿色物流的可行性建议。同时，注意报告的规范性和逻辑性，增强报告的可读性。

步骤 6：呈现分享调研报告

将调查结果在班级呈现分享，有条件的话可以通过研讨会、会议或公开发表的方式呈现给相关的行业参与者、决策者和社会公众。

综合实训

实训 1：运输线路规划与选择

步骤 1：确定实训目的

通过实训，使学生根据本章所学知识，做好货物运输的数据分析，并进行可视化呈现，培养学生智慧运输的规划能力。

步骤 2：做好实训准备

（1）组建实训小组。

（2）编写货物运输数据分析的模拟场景。

场景示例：某货运公司公路运输网络如图2-37所示，现需要规划从V_S到V_P之间的最短运输路线。中间节点V_1、V_2、V_3、V_4、V_5、V_6、V_7、V_8代表公路连接处，线上的数据为两个相邻节点之间的距离。

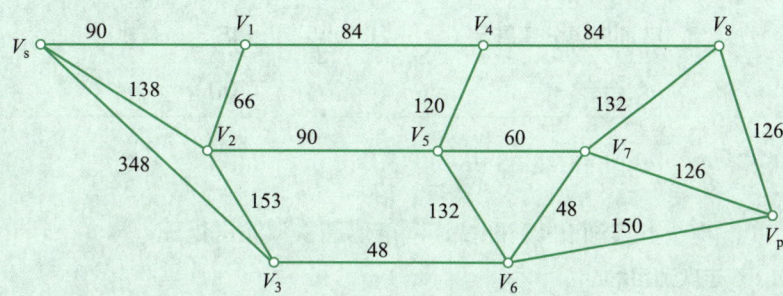

图 2-37　某货运公司公路运输网络

（3）复习运输线路规划相关理论知识。

步骤 3：讲解实训内容

（1）讲解节约里程法的原理及其运用。

（2）讲解节约里程法对优化车辆调度的意义。

（3）讲解节约里程法对数据收集和分析的依赖。

（4）讲解节约里程法可借助的智能技术手段。

步骤 4：完成实训任务

根据假设的模拟场景，实训小组合作完成以下任务：

（1）××公司货物运输路线规划与选择。

（2）××公司运输路线规划的数据可视化。

（3）将实训成果在全班展示分享。

步骤 5：实施实训评价

教师对每个实训小组的表现进行综合评价，填写表2-9。

表 2-9 货物运输线路规划与选择实训评分表

组别		组员	
考评内容	××公司货物运输线路规划与选择		
考评标准	考评维度	分值	实际得分
	智慧物流技术应用创新	15	
	最优运输线路求解	50	
	运输线路数据可视化	20	
	实训成果分享展示	15	
合计		100	

实训 2：智能快递网点滞留快件派送处理

步骤 1：确定实训目的

通过实训，使学生结合本章所学知识做好快递物流终端的数据分析，并进行可视化呈现，培养学生派送智能快递的能力。

步骤 2：做好实训准备

（1）组建实训小组。

（2）编写滞留快件派送处理的模拟场景。

场景示例：6月24日晚，某快递网点工作人员在对网点包裹进行盘库的过程中发现50号货架上有一批20日入库的包裹已滞留3天以上未处理，导致快递公司派送时效即将产生超时处罚。该快递网点已按规定每天22:30都会进行盘库和再次通知收件人取件，为什么还会出现这样的情况？应该怎么处理？

（3）复习仓配一体化相关理论知识。

步骤 3：讲解实训内容

（1）讲解快递网点接收和派送快件的作业流程。

（2）讲解主要快递公司派送快件的时效规则。

（3）讲解派送快件的异常情况及处理方法。

（4）讲解快递网点常用的智能化设备。

步骤 4：完成实训任务

根据假设的模拟场景，实训小组合作完成以下任务：

（1）××快递网点滞留快件的原因查找及处理方案设计。

（2）××快递网点快件派送时效的可视化分析。

（3）实训成果全班展示分享。

步骤5：实施实训评价

教师对每个实训小组的表现进行综合评价，填写表2-10。

表2-10　快递网点滞留快件处理实训评分表

组别		组员	
考评内容	××快递网点滞留快件处理		
考评标准	考评维度	分值	实际得分
	智慧物流服务民生意识	15	
	滞留快件原因查找	20	
	滞留快件处理方案设计	35	
	快件派送时效可视化分析	15	
	实训成果展示分享	15	
合计		100	

同步测试

一、判断题

1. 货运是指利用运力资源，使货物在较大空间上产生位置移动的活动。（   ）

2. 货物运输质量智能化评价能够为物流企业提供更加精准的决策依据。（   ）

3. 仓储是指利用仓库及相关设施设备进行货物的入库、储存和出库的活动。（   ）

4. 配送作业流程实际上是一个货物集中过程，由一种作业就可以完成。（   ）

5. 货到人拣选指在货物拣选过程中，人动货不动的拣货方式。（   ）

6. 在社会再生产过程中，物流包装既是生产的终点，又是物流的始点。（   ）

二、单选题

1. 运输能力最强的运输方式是（   ）。

    A. 铁路运输   B. 公路运输

    C. 水路运输   D. 航空运输

2. 运输信息采集主要通过（   ）实施。

    A. 物联网技术和传感器设备   B. 智能算法

    C. 云计算   D. 大数据分析技术

3. 自动化仓库布局规划是根据（   ），设计货架的高度、深度和宽度。

    A. 存储的货物尺寸和重量   B. 仓库工作人员经验

    C. 上级管理文件要求   D. 同行之间的竞争

4. 在智慧物流配送作业流程的主要环节中，智慧物流配送作业系统首先进行（   ）作业。

    A. 订单接收与处理   B. 配载装车

    C. 送货交付   D. 库存控制

5. 以下（   ）控制法是一种以需求为导向的库存管理方式。

    A. 准时制   B. 经济批量

    C. 定期订货   D. ABC 分类

6. （   ）不属于智慧物流装卸搬运的主要特点。

    A. 无人化   B. 柔性化

    C. 高效化   D. 人工化

三、多选题

1. 智慧物流货物运输服务应用模式包括（   ）。

    A. "互联网 +"车货匹配模式   B. "互联网 +"多式联运模式

    C. 无车（船）网络承运模式   D. 无人仓

    E. 云仓

2. (   )属于智慧物流货物运输流程优化的内容。

   A. 运输订单处理   B. 运输路线优化

   C. 运输决策支持   D. 运输信息采集

   E. 运输车辆调度

3. 智慧仓库系统的主要特点包括（   ）。

   A. 高度集成   B. 数据驱动决策

   C. 高度自动化   D. 库存精准管理

   E. 运输安全性

4. 自动分拣系统一般由（   ）组成。

   A. 控制装置   B. 自动识别装置

   C. 分类装置   D. 输送装置

   E. 分拣道口

5. 智慧物流仓配一体化的主要特点除高效性外，还包括（   ）。

   A. 安全性   B. 准确性

   C. 灵活性   D. 可视化

   E. 环保性

6. 流通加工作业的智能化选择包括（   ）的智能化选择。

   A. 流通加工对象   B. 流通加工人员

   C. 流通加工技术   D. 流通加工工艺

   E. 流通加工设备

第三章

智慧物流技术应用管理

学习目标

素养目标
◢ 培养智慧物流装备技术创新应用的工匠精神
◢ 培养智慧物流信息技术创新应用的安全意识
◢ 培养智慧物流技术创新应用价值的审美感知

知识目标
◢ 了解智慧物流包装与加工装备技术
◢ 掌握智慧物流装卸搬运装备技术
◢ 了解智慧物流信息集成化技术
◢ 掌握智慧物流信息应用层技术

技能目标
◢ 能够初步应用智慧运输的装备技术
◢ 能够初步应用智慧仓储配送的装备技术
◢ 能够初步应用智慧物流信息感知层技术
◢ 能够初步应用智慧物流信息网络层技术

思维导图

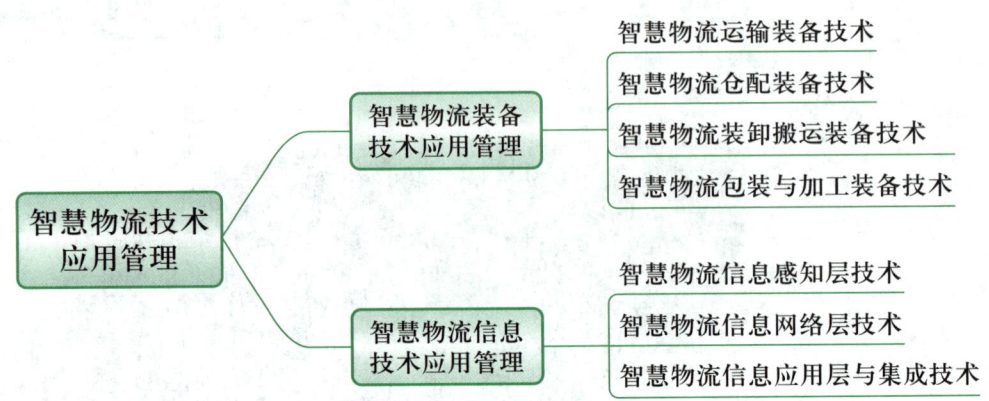

智慧物流技术应用管理
- 智慧物流装备技术应用管理
  - 智慧物流运输装备技术
  - 智慧物流仓配装备技术
  - 智慧物流装卸搬运装备技术
  - 智慧物流包装与加工装备技术
- 智慧物流信息技术应用管理
  - 智慧物流信息感知层技术
  - 智慧物流信息网络层技术
  - 智慧物流信息应用层与集成技术

学习计划

◢ **素养提升计划**

◢ **知识学习计划**

◢ **技能训练计划**

实数融合新视界

为中小企业展现数实融合的货运魅力

　　M公司作为一家"互联网＋物流"的科技企业，扎根于10万亿元公路货运大市场，连接货车司机及货主双端用户，将大数据、云计算、人工智能技术引入物流行业，利用移动互联网、大数据、人工智能等新技术，打造智慧物流生态平台，提升"车找货、货找车"的智能化和标准化，解决长久以来货运领域运力分散、供需不匹配、信息不透明等问题，并通过重构货运物流链条，实现线上信息广泛互联、线下资源优化配置、线上线下协同联动，为中小企业提供灵活多样的运力解决方案，帮助企业整合、管理、调度车辆司机等运输资源，进而促进产业链效能提升。该平台已覆盖国内超10万条（日均超4万条）货运路线网络，拥有超过375万名活跃司机，季度服务企业货主超200万家，以及数千万个发货地和收货地，向企业货主提供包括整车、零担、短途、拼车、冷运、特运等在内的多种物流产品和电议、一口价、参考价等多种运输交易模式。M公司的数实融合就像魔法棒，全面提升社会物流效率，助力实体经济发展，帮助中小企业在物流上"多快好省"，即司机多、车型多、线路多和模式多；发货快、响应快、成交快；线上交易有保障、司机服务好和成交有确定性；货主价格透明划算，能节省费用。

　　（资料来源：荆楚网，2024-01-22）

▌ **引思明理**

　　党的二十届三中全会提出："发展产业互联网平台，破除跨地区经营行政壁垒，推进生产性服务业融合发展。"数字经济时代，数字技术对于实体经济的影响是一场效率革命。当前公路货运领域的实数融合已经进入了产业赋能的新阶段，M公司在传统中小企业和数字平台双向奔赴，共创数字驱动、协同共生的货运物流生态圈方面做了有效探索。

第一节　智慧物流装备技术应用管理

一、智慧物流运输装备技术

（一）货物运输工具技术

　　货物运输工具技术是指用于运输货物的各种工具、设备的技术与工艺，包括陆运、海运、空运等多种方式。货物运输工具技术的发展为现代物流业带来了巨大的变革，提高了运输效率，降低了运输成本。

1. 货运汽车技术

（1）汽车设计。货运汽车设计技术注重提高车辆的载重量和容积，以满足不同类型货物的运输需求。同时，提高车辆的空气动力学性能，以减少空气阻力，降低能源消耗。此外，货运汽车还需要具备良好的操控性和稳定性，以确保各种路况下的安全行驶。

（2）汽车动力。货运汽车主要采用柴油发动机作为动力源。随着环保要求的提高，越来越多的货运汽车开始采用天然气、电力等清洁能源作为动力，以减少尾气排放。

（3）汽车传动。传统的货运汽车多采用手动变速器，近年来自动变速器逐渐成为主流。自动变速器可以提高驾驶舒适性，降低驾驶员的劳动强度，同时也有助于提高能源经济性。

（4）汽车制动。现代货运汽车通常采用气压制动系统，以提供足够的制动力。为了提高制动效果，许多货运汽车还配备了防抱死制动系统（Anti-lock Braking System，ABS）、电子制动力分配（Electric Brakeforce Distribution，EBD）系统等辅助制动技术。

（5）汽车悬挂。现代货运汽车多采用钢板弹簧悬挂或气囊悬挂，以适应不同载重和路况的需求，实现更好的行驶舒适性和载重适应性。

2. 货运列车技术

（1）列车动力。货运列车通常采用电力牵引或内燃牵引。电力牵引具有环保、节能等优点，而内燃牵引则具有较高的适应性和灵活性。

（2）列车制动。现代货运列车通常采用空气制动和电制动两种方式。空气制动通过压缩空气来控制制动力，适用于各种速度和载重的列车；电制动则是利用电机产生的制动力，具有无磨损、低噪声等优点。

（3）列车信号。现代货运列车通常采用基于无线通信的自动列车控制系统，实现对列车运行的自动化管理。通过对列车位置、速度等信息的实时监控，确保列车之间的安全距离和正确的行驶路线。

（4）列车通信。这是货运列车与调度中心、车站等其他部门之间进行信息传递的重要手段。现代货运列车通常采用基于卫星通信的全球移动通信系统，实现对列车运行状态、货物信息等数据的实时传输。

3. 货运船舶技术

（1）船舶设计。运用计算机辅助设计软件考虑船舶的航行速度、燃油消耗、载重量等因素，精确地计算出船舶的尺寸、形状和结构，以确保其稳定性和承载能力，适应特定的航线需求。

（2）船舶建造。现代货船通常采用钢材作为主要材料，通过焊接、切割等工艺将各个部件组装在一起，并对船舶进行涂装和防腐处理。

（3）船舶动力。现代货船通常采用柴油发动机或蒸汽轮机作为动力源，通过传动装置将动力传递到螺旋桨，推动船舶前进。为了提高燃料利用率并减少排放，许多货船还采用了双燃料发动机、废热回收系统等节能技术。

（4）船舶导航。现代货船通常配备有卫星导航、雷达、自动舵等导航设备，帮助船长实时了解船舶的位置、速度和航向；通过卫星通信系统接收气象、航道等信息，及时调整航线。

（5）船舶安全。现代货船通常配备有救生艇、救生筏、灭火器、防毒面具等应急设备，以应对火灾、沉船等紧急情况。

4. 货运飞机技术

（1）货机设计。货机的设计理念是以提高货物装载效率为目标，通常采用大型货舱门，方便货物装卸。为了承受更大的载重并适应恶劣的飞行环境，货机一般采用高强度材料和先进的结构设计。

（2）货机动力。为了提高货运效率，货机通常配备高性能的发动机，使飞机具有足够的推力和燃油效率，缩短飞行时间，降低运输成本。

（3）导航与通信。货机要配备先进的导航和通信设备，帮助飞行员准确掌握飞机的位置和航向，与地面控制塔进行实时通信，确保飞行安全。

5. 管道技术

（1）管道系统设计。需要根据运输的物料性质、数量、距离等因素确定管道的直径、长度、材质、壁厚等参数。

（2）管道铺设。根据设计好的管道系统，进行挖掘沟槽、铺设管道、连接管道、回填土等实际的管道铺设工作。

（3）管道运输设备。包括泵站、阀门、流量计等设备，用于控制和监测管道运输的过程。

（4）管道控制系统。通过计算机等设备，实现对整个管道运输系统的自动化控制，提高运输效率和安全性。

（5）管道运输管理。包括管道运输的调度、监控、安全管理等工作。

（二）智慧运输技术在货运中的应用

智慧运输通过实时监控货物状态、优化路线规划、自动化操作流程，以及数据分析预测等技术手段，提高货运的准时率，降低运输成本，目前已在汽车、火车、船舶、飞机和管道等多个领域具有应用场景。

1. 智慧运输技术在汽车货运中的应用

（1）车队管理。通过卫星导航定位和物联网技术，实现对货车的实时定位和监控，帮助货运公司有效管理车队运营，优化行车路线，减少无效行驶，降低能源消耗。

（2）智能调度。利用大数据分析和人工智能算法，根据货物属性、客户需求、交通状况等因素，自动安排车辆调度，提高调度效率和准确性。

（3）在线货运平台。在线货运平台提供货运信息发布、查询、交易等服务，实现车货匹配，减少空驶率，提高货运市场效率。

（4）预测性维护。通过自动收集车辆运行数据，分析引擎性能、能耗等信息，预测潜在故障并提前进行维修保养，避免运输途中事故发生。

（5）无人驾驶。利用先进的传感器、计算机视觉和人工智能算法，使汽车能够在没有人驾驶的情况下自主行驶，以提高道路安全、减少交通拥堵并降低碳排放等。

（6）货物追踪。通过 RFID、条形码等技术，实现货物全程可追溯，确保货物运输过程中的透明度和安全性。例如，智慧冷链运输车系统应用如图 3-1 所示。

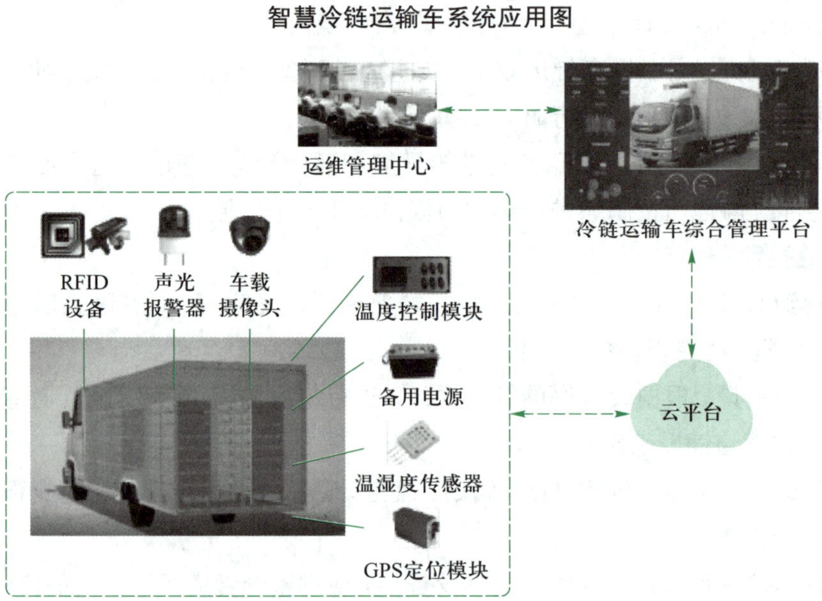

智慧冷链运输车系统应用图

图 3-1　智慧冷链运输车系统应用

（7）安全驾驶辅助。包括防碰撞预警、车道偏离警告、疲劳驾驶监测等功能。这些功能通过传感器和视觉识别技术可以保障驾驶安全。

2. 智慧运输技术在铁路货运中的应用

（1）实时监控与数据分析。通过安装在列车上的传感器和摄像头，可以对列车运行状态、货物状况进行实时监控，及时发现并解决潜在的问题，提高运输的安全性和可靠性。例如，列车自主运行智能控制如图 3-2 所示。

（2）自动化调度与优化。利用先进的算法和模型，对列车的运行计划进行自动调整和优化，以适应不同的运输需求和交通状况。

（3）预测性维护。通过对列车设备的监测和数据分析，预测设备可能出现的故障，提前进行维修保养，避免因设备故障导致的运输延误。

图 3-2　列车自主运行智能控制

（4）自动化装卸。通过机器人、无人搬运车等设备，实现对货物的自动装卸、分拣、堆垛，减少人力投入和货物损坏的风险。

（5）信息化服务。通过建立统一的铁路货物运输信息平台，实现对货物运输过程中各种信息的集中管理和共享，提高服务质量，提升客户满意度。

3. 智慧运输技术在水路货运中的应用

（1）船舶的智能化改造。通过对船舶的智能化升级，使其具备自主导航、自动避障、远程监控等功能，实时收集和分析航行数据，提高船舶的运行效率和安全性，并为船舶的维护和管理提供有力支持。

（2）港口的智能化管理。通过引入物联网、大数据等技术，实现对港口作业的实时监控和智能调度，提高港口的作业效率和吞吐量，实现与船舶、货主等各方的信息共享，提高整个水路货运链的协同效率。某港口的智能化管理如图 3-3 所示。

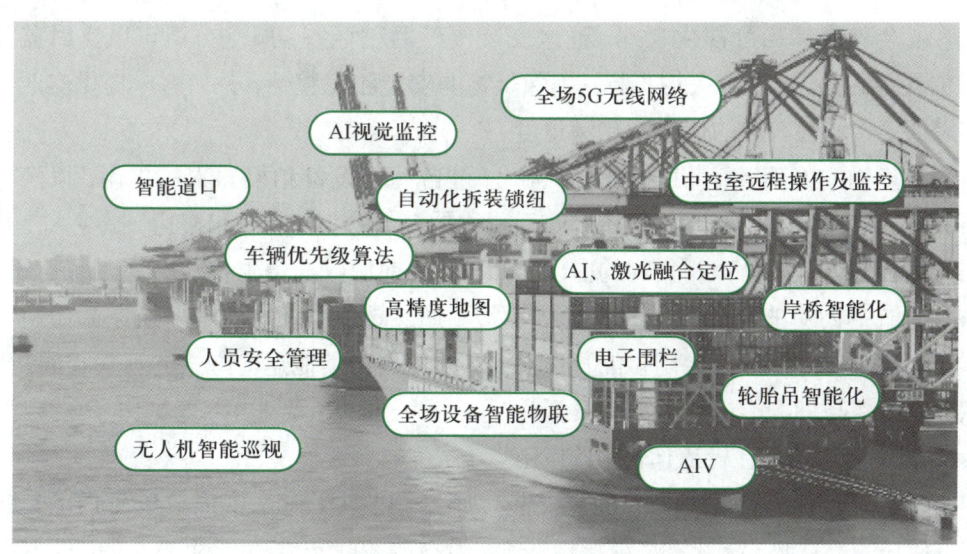

图 3-3　某港口的智能化管理

（3）电子化单证管理。在传统的水路货运过程中，单证管理是一个烦琐且容易出错的环节。通过电子化的单证管理系统，可以实现对单证的实时更新、查询、审核等功能，减少纸质单证的使用，提高单证处理的效率。

4. 智慧运输技术在航空货运中的应用

（1）航班调度和货物装载优化。通过收集和分析飞行数据、天气信息、货物重量和尺寸等关键信息，航空公司可以更准确地预测航班的运行时间和货物的装载需求，更合理地安排航班计划，减少延误和空载情况的发生，提高航班的利用率和货物的运输效率。电子运单下的航空货运流程如图 3-4 所示。

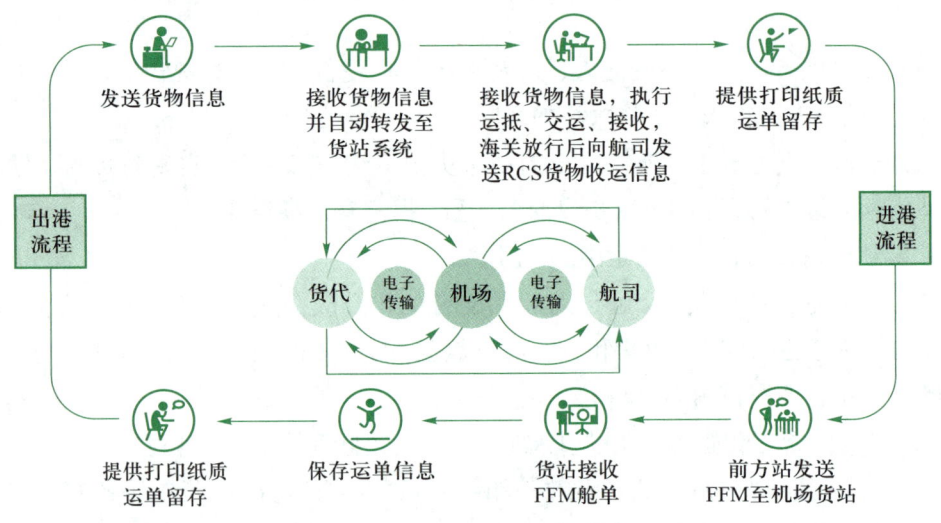

图 3-4　电子运单下的航空货运流程

（2）全程追踪和可视化管理。通过安装传感器和标签，航空公司可以实时监测货物的位置、温度、湿度等关键指标，确保货物的安全和完整性，并为客户提供实时的货物追踪服务，增强客户的信任度和满意度。

（3）货物的处理效率和准确性提高。通过自动化设备和机器人的应用，以及数据分析和人工智能算法，航空公司可以实现货物的自动分拣、装卸和搬运，减少人工操作错误和时间成本，准确预测货物的需求和流量，提前做好准备工作。

（4）航空公司的运营效益和竞争力提升。通过数据分析和优化，航空公司可以更好地了解客户需求，提供定制化的货运服务，并通过与其他运输方式的互联互通，实现多式联运，提高货物的运输效率和灵活性。

5. 智慧运输技术在管道运输中的应用

（1）实时监控与数据分析。通过安装传感器和监测设备，实时收集管道的运行数据，包括压力、温度、流量等关键指标，预测潜在的故障和维护需求。

（2）优化运输计划。根据实时数据调整运输计划，自动调整泵站的工作模式，以适应不同的运输需求和能源消耗，确保管道运输效率最大化。

（3）预防性维护。通过对数据的持续分析，可以提前发现潜在问题，实施预防性维护措施，减少意外停机时间，提高管道运输的可靠性和安全性。

（4）自动化控制。通过对管道阀门、泵站等设备的自动化控制，减少人为错误出现的可能性，提高操作效率。

（5）环境监测与保护。通过监测管道周围的环境状况，如土壤、水质等，及时发现环境污染问题，采取措施保护环境和公众健康。

（6）应急响应。在发生泄漏或其他紧急情况时，自动启动应急响应程序，关闭相关阀门，调整泵站工作，并与应急服务部门协调，化解事故的影响。

二、智慧物流仓配装备技术

（一）仓配装备技术

仓配装备技术是指在仓储和配送领域使用的技术和设备。这些技术和设备可以帮助企业更有效地管理仓储和配送中心，提高仓储配送效率，降低仓储配送成本，提高客户满意度。

1. 仓储设备技术

（1）货架。货架是仓库中最基本的存储设备，用于存放各种货物，可以提高仓库的空间利用率。货架可以是固定的，也可以是可移动的，以适应不同的存储需求。常见的货架类型包括托盘货架、悬臂货架、流利式货架等。为了满足不同行业和企业的特定需求，货架系统根据货物的特性和需求进行定制。

（2）搬运设备。主要包括叉车、堆垛机、输送带等设备，常用于货物的搬运和堆垛，可以快速、准确地将货物在库内从一个地方移动到另一个地方。

（3）计量设备。计量设备用于货物的称重和计数，确保货物处理的准确性。常见的有地磅、电子秤等。

（4）检验设备。检验设备用于测试和保证存储货物的质量，如温湿度控制器和各类质量检测仪器。

（5）通风照明设备。包括除湿机、抽风机、太阳能、照明灯等设备，主要用于确保仓库内环境适宜所存储的货物。

（6）消防安全设备。为了防止火灾等安全事故的发生，仓库需要配备消防栓、烟雾报警器等消防设备。

（7）仓储管理系统。包括相关软件和硬件，用于对仓库内的货物、设备和人员进行实时监控和管理。

2. 配送设备技术

物流配送设备除了涉及货架系统、装卸搬运设备和信息管理系统等仓储设备，主要还涉及分拣设备、终端配送设备和辅助拣选设备。

（1）分拣设备。主要包括自动分拣系统、输送带、滑槽等设备，用于对货物进行快速、准确地分拣，提高分拣速度，减少错误率，提高配送的准确性和时效性。

（2）终端配送设备。终端配送设备如厢式货车、面包车、快递三轮车、电动车、无人机等，用于将货物从配送中心运送到客户手中，满足客户对物流快速配送的需求。

（3）辅助拣选设备。主要包括 RF 拣选、条码扫描器等设备，用于帮助工作人员快速准确地完成货物分拣工作。

（二）智慧物流技术在仓储和配送领域的应用

智慧物流技术在仓储和配送领域的应用正迅速改变传统物流业的面貌，不仅提高了仓储配送效率，降低了成本，而且改善了消费者体验。

1. 智慧物流技术在仓储中的应用场景

（1）智能仓库管理系统。通过引入先进的仓库管理系统，自动记录货物的入库、出库、库存等信息，实现对仓库内货物的实时监控和管理，减少损耗。

（2）自动化立体仓库。利用自动化立体仓库（如图 3-5 所示）系统，可以实现货物的快速存取，在有限的空间内最大化存储货物，同时减少对人工操作的依赖。

图 3-5　自动化立体仓库

（3）实时库存管理。采用物联网技术和大数据分析，实现库存的实时监控和管理，及时补充库存，优化库存水平，减少过剩或缺货情况。

（4）货物定位与追踪。利用无线射频识别（RFID）技术和条形码技术，实现对货物的快速定位和追踪，提高货物出库拣选效率。

（5）智能路径规划。利用数据分析和智能算法，根据仓库布局和货物位置，为搬运设备和人员提供最优的行走路径，减少无效移动。

2. 智慧物流技术在配送中的应用场景

（1）智能配送系统。通过引入智能配送系统，自动规划最优配送路线，实现对配送过程的实时监控和管理，提高配送效率。

（2）智能机器人拣货系统。通过使用智能机器人进行拣货操作，自动导航至指定库存位置，挑选所需货物，并运送到打包区域，提高拣选速度和准确性。

（3）无人机、无人车配送。利用无人机、无人车等新型配送工具，在复杂的环境中进行自主导航，实现快速、准确的配送服务。无人运输配送全程示意如图3-6所示。

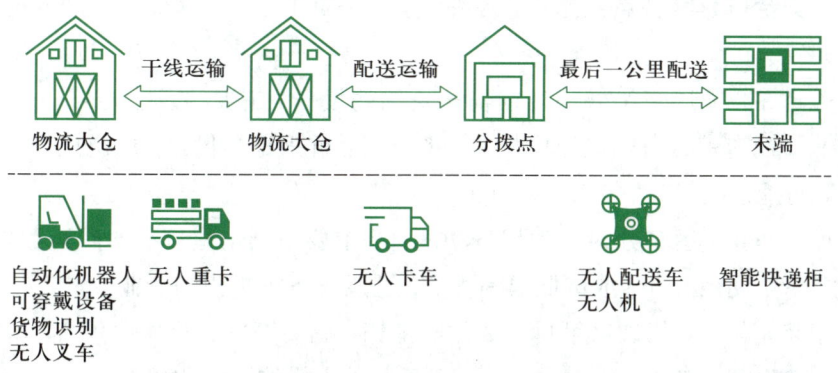

图 3-6　无人运输配送全程示意

（4）智能快递柜。在小区、写字楼等地设置智能快递柜，方便消费者自助寄件取件。

（5）配送实时跟踪与监控。通过北斗导航等技术，实现对配送过程进行实时跟踪与监控。客户通过手机等终端设备随时查询订单的配送状态，提高服务体验。

三、智慧物流装卸搬运装备技术

（一）装卸搬运设备

装卸搬运设备是物流领域中不可或缺的工具，在货物的装载、卸载、运输和堆放过程中发挥着重要作用。不同类型的设备适用于不同的操作环境和要求，选择合适的装卸搬运设备对于提高物流效率、降低运营成本具有重要意义。

1. 装卸搬运设备类型

（1）按作业性质不同，装卸搬运设备可分成装卸机械、搬运机械，以及装卸搬运机械三类。

（2）按机具工作原理不同，装卸搬运设备可分为叉车类、吊车类、输送机类、作业车类和管道输送设备类。

（3）按动力源不同，装卸搬运设备可以分为重力式、动力式和人力式三类。重力式主要利用货物自身的重力进行输送。动力式主要依赖于电机、燃油机等外部动力源进行输送。人力式则主要依靠人力操作，如手推车等。

2. 物流领域的常见装卸搬运设备

物流领域的常见装卸搬运设备如下：

（1）叉车。叉车是一种常见的物流装卸搬运设备，主要用于短距离的货物搬运和堆垛作业，具有操作简便、效率高、适应性强等优点。叉车具有多种类型，包括手动叉车、电动叉车和内燃叉车等，广泛应用于仓库、工厂、码头等场所。

（2）起重机。起重机是一种用于吊装、搬运重物的设备，主要用于大型货物的装卸、搬运和堆垛作业，如集装箱、大型机械和建筑材料等。起重机具有起重能力强、作业范围广、安全可靠等特点，适用于各种大型工程项目，通常安装在码头、仓库、车间和建筑工地上。

（3）输送带。输送带是一种连续输送货物的设备，主要用于生产线上的货物搬运和分拣作业。输送带具有输送速度快、效率高、运行平稳等优点，广泛应用于制造、仓储、物流等行业。

（4）搬运车。搬运车分为手动和电动两种，主要用于小型货物的搬运和堆垛作业，具有结构简单、使用方便、成本低廉等优点，适用于各种规模的企业。

（5）集装箱吊具。集装箱吊具主要用于港口、码头等集装箱作业场合，具有起重能力强、作业效率高、安全可靠等优点，适用于各种规模的港口和码头。

（6）托盘。托盘主要用于仓库、工厂等场所的货物搬运和堆垛作业，具有结构简单、使用方便、效率高等优点，适用于各种规模的企业。根据不同的材料，托盘可分为木托盘、塑料托盘、金属托盘等。木托盘以其价格便宜、结实的特点成为使用最广泛的托盘类型。

（7）堆垛机。堆垛机用于将货物堆放到货架上或从货架上取下，可分为手动操作和自动化两种类型。

（8）滚筒输送机。滚筒输送机是一种简单的装卸搬运设备，它通过滚筒的旋转来推动货物前进，适用于轻型货物的短距离移动。

（二）智慧物流技术在装卸搬运中的应用

智慧物流技术在装卸搬运中的应用是现代物流体系创新和发展的重要标志。在当前物流行业中，智慧物流技术的应用逐渐成为提升效率、降低成本、提高服务质量的关键因素。特别是在装卸搬运环节，智慧物流技术的运用能够有效地优化作业流程，减少人工依赖，提升整体操作速度和精确性。

1. 装卸搬运环节应用智慧物流技术的意义

（1）加强装卸搬运的实时监控和管理。通过在货物上安装传感器和标签，可以在装卸搬运过程中准确掌握货物的位置和状态，避免货物丢失或损坏。

（2）提高装卸搬运的效率。自动化叉车、无人搬运车等设备在仓库内自动完成货物的装卸和搬运工作，减少了人工操作的时间和劳动强度，提高装卸搬运的精度和准确性，减少人为错误和事故发生的可能性。

（3）优化装卸搬运过程。通过对历史数据的分析，可以发现装卸搬运过程中的瓶颈和问题，并制定相应的改进措施，如调整货物摆放的方式和顺序，优化装卸搬运的路径和流程等。

2. 智慧物流技术在装卸搬运设备上的应用

（1）自动堆垛机。自动堆垛机主要用于自动化立体仓库货物存取。通过运行机构、起升机构和货叉机构的协调工作，自动完成货物在货架范围内的纵向和横向移动，实现货物的三维立体存取。

（2）智能起重机。智能起重机是在传统起重机的基础上，利用传感器技术、高精度定位技术和远程遥控技术，实现起重装卸作业的智能化、无人化，包括智能天车、无人操作龙门吊、无人操作桥等。

（3）智能机械臂。智能机械臂具有与人类手臂相似的构造，可以根据工作人员给定的指令，按给定程序、轨迹和要求实现货物的自动抓取和搬运操作。

（4）智能叉车。智能叉车通过激光导航以及多重传感器部署，可以自动感应识别货架上相应托盘的位置并精准对接，完成货物自动存取操作。

（5）自动导引搬运车。自动导引搬运车装有电磁或光学等自动导引装置，集声、光、电、计算机技术于一体，应用自控理论和机器人技术，沿规定的导引路径行驶，具备完成目标识别、避让障碍物和各种移载功能，同时具有自我安全保护的能力。自动导引搬运车作业场景如图 3-7 所示。

图 3-7　自动导引搬运车作业场景

四、智慧物流包装与加工装备技术

（一）物流包装与加工的常见装备

物流包装与加工涉及多种设备，这些设备在保证货物安全、完整和美观的同时，也提高了物流效率并降低了物流成本。

1. 物流包装的常见设备

物流包装的常见设备包括：

（1）封口设备。包括热压式封口机、熔焊式封口机和缝合式封口机。

（2）裹包设备。包括折叠式裹包机、接缝式裹包机、缠绕式裹包机、拉伸式裹包机和贴体式裹包机。

（3）装箱设备。包括瓶类装箱机、盒类装箱机、袋类装箱机。

（4）捆扎设备。包括自动式、半自动式和手动式捆扎机，或塑料带、钢带、聚酯带和塑料绳捆扎机。

2. 流通加工的常见设备

流通加工的常见设备包括：

（1）剪切加工设备。剪切加工设备包括剪板机和各种切割设备，主要用于下料加工或将大规格的钢板裁小或裁成毛坯的过程，在金属加工行业中应用广泛。

（2）开木下料设备。开木下料设备在流通加工中可以将原木锯截成各种锯材，或将碎木、碎屑集中起来加工成各种规格的板材。

（3）配煤加工设备。配煤加工设备是将各种煤及其他发热物质，按不同的配方进行掺配加工，生产出各种不同发热量燃料的设备。

（4）冷冻加工设备。冷冻加工设备是为了解决鲜肉、鲜鱼或药品等在流通过程中保鲜及搬运装卸问题而采用的低温加工设备。

（5）分选加工设备。分选加工设备通常用于农产品、矿产等领域，以提高产品的质量并满足特定的市场需求。

（6）计量分拣设备。计量分拣设备是用于精确测量和分类物品的机械，实现货物按照预定的重量或尺寸进行分类。

（7）贴标设备。贴标设备是一种用于在产品或包装上粘贴标签的机械，通常由进料系统、打印系统、贴标系统和控制系统等多个组件组成。

（二）智慧物流技术在包装与加工中的应用

随着科技的不断发展，智慧物流技术在物流包装和流通加工领域的应用越来越得到业界的重视，呈现出自动化、智能化的发展态势。

1. 智慧物流技术在包装中的应用场景

（1）智能包装设计。通过对产品特性、运输仓储及配送环境、客户需求等多方面因素的自动分析，智慧物流技术为设计师提供最佳包装设计方案，实现包装材料的优化选择，降低物流包装成本，提高环保性能。

（2）包装机器人。包装机器人是工业机器人的一种，是应用在包装工业领域的自动化机械设备，如图3-8所示。与普通包装机械相比，包装机器人具有灵活性和生产精准度高的特点。根据机器人的工作性质不同，包装机器人可以分为装箱机器人、码垛机器人、贴标机器人。

图 3-8　包装机器人现场作业

（3）智能包装生产线。智能包装生产线主要是按照包装的工艺过程，先将自动包装机、包装机器人和有关辅助设备用输送装置连接起来，再配以必要的自动检测、控制、调整补偿装置及自动供送料装置，自动完成货物包装全过程的工作系统。智能包装生产线种类繁多，所包装的产品也各不相同，但其构成总体上可分为控制系统、自动包装机、包装机器人、输送装置，以及辅助工艺装置等组件。

（4）溯源包装。溯源包装技术的核心在于为每个产品或包装单元赋予一个独特的身份标识，如二维码或射频识别标签。这些标识包含了生产日期、批次号、原料来源、生产地、运输路径等详细信息，可以链接到在线平台。通过扫描这些标识，各主体都可以获取到产品的完整历史记录，从而实现对产品全生命周期的追踪和管理。溯源包装不仅提升了客户对产品质量和安全性的信心，而且为政府监管部门提供了有效的监管手段。

2. 智慧物流技术在流通加工中的应用场景

智慧物流技术在流通加工中的应用场景包括：

（1）流通加工信息化管理。通过物联网、大数据等技术手段，实现对流通加工过程中各个环节的实时监控和数据分析，提高流通加工的效率和准确性。

（2）流通加工自动化设备应用。通过引入自动化生产线、机器人等设备，实现流通加工过程中的自动化生产，减少人工操作，降低生产成本，提高生产效率。

（3）流通加工绿色化管理。通过引入环保、节能设备等绿色物流技术材料，实现流通加工过程中的节能减排，降低环境污染，提高企业的社会责任形象。

数智赋能　提质增效

智能化装备技术推动港口转型升级

港口连接着数以千万计的外贸企业和市场，是我国对外开放的门户和畅通国内国际双循环的支撑，在加快建设交通强国、服务高水平对外开放、推进中国式现代化中发挥着重要作用。

1. 日照港：智能系统精准操作

近年来，山东的日照港以科技创新促进港口智慧化转型，跑出"数智化"加速度。日照港首次融合了"5G+北斗"的定位技术，建成全球首个顺岸开放式全自动化集装箱码头，为全球港口提供了传统散杂货码头改造升级为全自动化集装箱码头的方案。在国内首创"自动装车系统＋电牵智慧"无人化装车作业模式，自主设计翻车机自动摘钩机器人、自动清车机器人，建设干散货码头数字孪生体，打造设备自动化、生产智能化、管控一体化的干散货智能化码头，全员劳动生产率为传统作业区的3倍。

2. 阳逻港：信息共享提升效率

武汉的阳逻港是长江中上游的第一大港，是长江经济带中西部地区对外贸易的门户。中国电信武汉分公司为阳逻港建设了比邻模式的5G定制网，实现了基于5G的自动驾驶水平运输车、岸桥远控、轨道吊调度等多个5G应用场景，助推港口智慧发展水平迈上更高的台阶。无人驾驶集装箱卡车可实时接收并精准执行运输指令，并根据周边环境自动做出微调、避让等动作，实现与有人驾驶集装箱卡车的混行作业，有效提升了港口作业效率和安全性。如该港全面完工的二期智慧化改造项目，实现12台岸桥智能理货全覆盖，16个闸口智能化改造以及龙门吊远控、岸桥远控、IGV自动驾驶，通关电子化率超过80%，过闸效率提升了80%，同时年节省能耗约3%。

3. 黄骅港：聚焦场景更新技术

黄骅港是国家西煤东运、北煤南运的第一大下水港，已建成煤炭、散货、综合、河口4个港区，各类生产性泊位46个，年均煤炭下水量超过2亿吨，占北方煤炭下水总量的30%。近年来，黄骅港坚持以需求为导向，推动智能港口建设，将与华为公司合作的华港数字化运营平台投入使用，港口整体作业效率提高了近40%。黄骅港16个无人化散货泊位实现了自动化装船系统和全港翻堆取装一体化生产，泊位利用率提升了15%、平均装船时长缩短了25%、船舶满载率提升了10%，每年可减少海洋运输60余次、柴油消耗450余吨、二氧化氮排放1400余吨、二氧化硫排放9吨。

（资料来源：经济日报，2024-06-03）

讨论与分享：智慧物流装备技术对物流产业转型升级发挥了哪些作用？

第二节　智慧物流信息技术应用管理

一、智慧物流信息感知层技术

智慧物流信息感知层技术是现代物流系统中不可或缺的一部分，它通过先进的信息技术手段，实现对物流过程中各类信息实时、准确和全面的感知。智慧物流信息感知层技术涵盖了从信息的采集、预处理、分析到实时监控的全过程，每个环节都是智慧物流系统高效运作的重要组成部分。

（一）货物编码技术

物品编码技术主要包括条形码技术、二维码技术、无线射频识别技术。这些技术是物流、零售和制造等行业中不可或缺的部分，能有效标识和追踪货物。

1. 条形码技术

（1）基本原理。条形码是通过一系列黑白相间的条形图案来表示数据，这些图案可以被特定的扫描设备读取并转换为数字信息。商品条形码如图 3-9 所示。

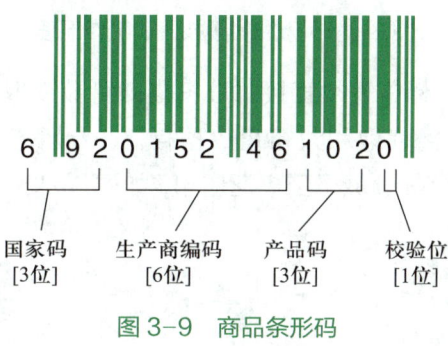

图 3-9　商品条形码

（2）应用领域。条形码广泛应用于物流领域和零售业的货物标识、图书馆的图书管理，以及邮政快递服务中的包裹追踪等场景。条形码应用广泛，成本低廉，操作简单，但存储的信息量有限，容易受损，且必须直视线扫描。

2. 二维码技术

（1）工作原理。二维码是通过在水平和垂直方向上排列的黑白图案来编码信息，可以包含文字、网址链接、图片等丰富的数据类型，能在较小的面积内存储更多的信息。

（2）应用领域。二维码的优势在于其大容量和高容错率，即使部分损坏或被遮挡，依然可以被成功读取。它在移动设备上的读取非常方便，在物流领域，被广泛应用于货物追踪、仓储管理、运输调度等环节。

3. 无线射频识别技术

（1）工作原理。这种标签内部包含一个微型芯片和天线，基于无线电频率识别技术，共同作用于数据的存储和传输。当 RFID 读取器发出特定频率的信号时，标签内的天线便会接收这些信号，并激活芯片开始工作。芯片随后会将储存的信息编码并通过天线发送回读取器，完成信息交换过程，如图 3-10 所示。

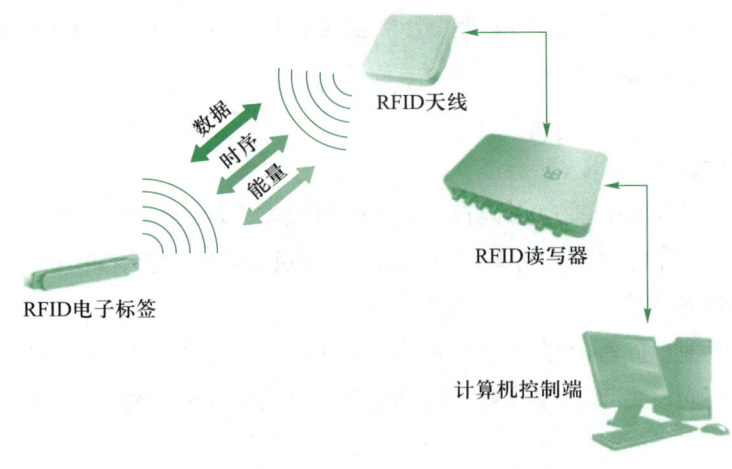

图 3-10　无线射频技术的工作原理

（2）应用领域。RFID 标签无须直接对准扫描即可被读取，读写速度更快，可多目标识别、运动识别、长距离读取和大容量数据存储，专用芯片体积小、易封装、寿命长，在仓储管理、物流跟踪等领域得到广泛应用，如图 3-11 所示。

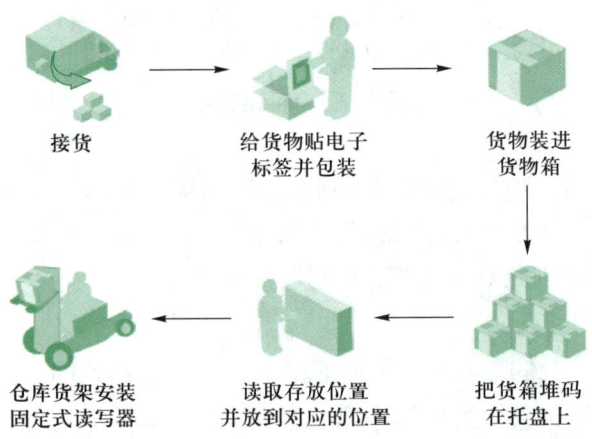

图 3-11　无线射频技术在仓储管理中的应用

（二）货物定位与导航技术

货物定位与导航技术主要包括卫星导航技术、地理信息技术，以及室内定位技术。这些技术可以实现对货物的实时追踪和精确定位，提高供应链效率和响应速度。

1. 卫星导航技术

（1）基本原理。卫星导航系统的基本原理是利用卫星发射的信号与地面接收设备之间的时间差来计算距离，进而确定用户的三维位置坐标。为了实现这一目标，需要建立由多颗卫星组成的导航星座，这些卫星均匀分布在地球周围，确保任何时候、任何地点都至少有四颗卫星的信号可以被接收到。目前，全球主要的卫星导航系统包括中国的北斗、美国的 GPS、欧盟的伽利略、俄罗斯的 GLONASS。

（2）应用范围。卫星导航技术广泛应用于车辆导航、移动设备定位服务、灾害监测和救援等场景。通过卫星导航系统，物流公司可以实时获取车辆和仓库、配送中心等物流设施的位置信息，实现实时监控与管理。

2. 地理信息技术

（1）基本原理。地理信息技术涉及地理学、测绘学、遥感学、计算机科学等多个领域的知识，是利用计算机技术和遥感技术对地球表面空间信息进行的采集、处理、分析、管理和可视化，它能够处理和分析地球表面的空间数据，实现对地理空间现象的认识、解释和应用。

（2）应用范围。地理信息技术广泛应用在物流规划、货物运输、物流配送、货物监控与追踪、物流空间分析与决策等环节，可以提高物流服务的准确率，增强供应链的透明度和安全性，提升物流企业的竞争力和市场响应速度。

3. 室内定位技术

（1）基本原理。室内定位技术是通过建立参考点系统、测量信号参数，利用算法和模型计算位置，考虑各种影响因素来确定室内物体或人的位置。

（2）应用范围。室内定位技术可以用于仓储管理、物流配送、物流设备管理维护等作业，以提高物流作业的效率和安全性，减少失误，提升客户满意度。

（三）信息采集技术

信息采集技术除条码自动识别技术、RFID技术、卫星定位技术外，还有传感器技术、机器视觉感知技术等。在智慧物流系统中，信息采集技术是实现高效、自动化物流操作的基础和前提。

1. 传感器技术

（1）应用。传感器技术通过各种传感器装置收集环境或对象的特定信息，如温度、湿度、速度等，主要应用于货物运输条件和货物状态的监测。常用热温度传感器如图3-12所示。

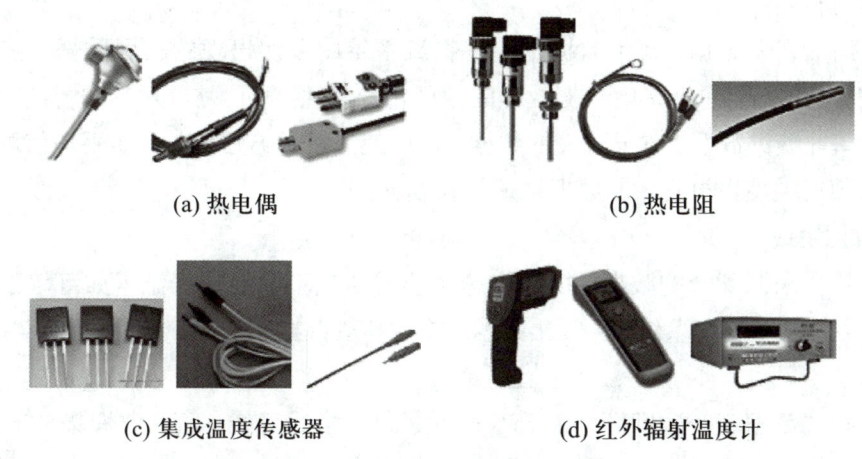

(a) 热电偶   (b) 热电阻

(c) 集成温度传感器   (d) 红外辐射温度计

图3-12　常用热温度传感器

（2）优势。传感器能够提供实时数据，帮助企业监控物流全过程，优化运输路线和仓储条件，提高货物的安全性。

2. 机器视觉感知技术

（1）应用。机器视觉感知技术是使用计算机算法来解释图像和视频数据，用于自动识别货物的形状、颜色和尺寸，进行货物分类和质量检查，其应用如图 3-13 所示。

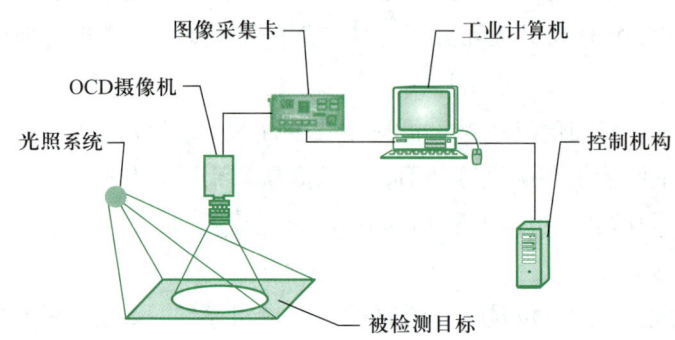

图 3-13　机器视觉感知技术应用

（2）优势。机器视觉感知技术能够快速、准确地识别和分类货物，大大提高了物流作业的效率，提升了物流服务的精准度和客户满意度。

（四）信息预处理技术

信息预处理技术包括数据清洗、数据集成、数据转换、数据简化与数据规范化等。在智慧物流系统中，信息预处理技术直接影响到后续数据分析和决策的准确性和效率。

1. 数据清洗

（1）识别并处理错误数据。在物流数据中，错误可能以各种形式出现，如输入错误、数据损坏或不完整的字段。数据清洗的目标是通过自动化或手动方式识别这些错误并对其进行纠正。

（2）消除冗余数据。冗余数据是指在物流系统中多次出现的相同数据，它不仅浪费了存储空间，而且可能影响数据处理的速度和准确性。所以需要对其进行消除处理。

（3）填补缺失数据。对于缺失的数据，可以使用多种方法填补，如平均值填充、同类别均值填充或使用更复杂的数据推理技术填补。

2. 数据集成

（1）整合来源不一的数据。物流信息系统需要从不同的数据源（如订单系统、运输管理系统、仓库管理系统等）收集数据，并将其整合到一个统一的平台上，以便进行综合分析。

（2）解决数据不一致问题。由于不同数据源的格式可能不同，数据集成时需要确保数据的一致性，如时间的同步、度量单位的转换等。

3. 数据转换

（1）标准化和规范化处理。为了保证数据分析的准确性，需要对数据进行标准化处理，如将货物重量单位统一转换为千克，将日期格式统一等。

（2）提取特征。从原始数据中提取对物流分析有用的特征，如从时间序列数据中提取物流发展趋势和周期性变化等。

4. 数据简化

（1）缩减数据维度。物流数据集可能包含大量的变量，通过降维技术减少数据的复杂性，提高处理速度，同时尽量保留重要信息。

（2）压缩数据。应用数据压缩技术可以在不显著损失信息的前提下减少数据的存储空间并提高数据传输效率。

5. 数据规范化

（1）建立数据标准。制定统一的数据输入、处理和输出标准，确保不同时间、不同地点的物流数据具有可比性。

（2）遵循行业规范。遵循物流行业现有的行业标准和数据规范。

（五）信息分析技术

信息分析技术包括大数据分析、云计算技术、人工智能技术、可视化技术等。在智慧物流系统中，信息分析技术是实现数据驱动决策和优化操作的关键工具。

1. 大数据分析

（1）数据处理。大数据技术能够处理和分析海量的、多样化数据集，这些数据来源于运输、仓储、配送等物流作业的各个环节。通过大数据技术，可以识别出物流活动的模式和趋势，为决策提供科学依据。

（2）行为预测。利用历史数据分析，大数据技术可以预测未来的物流需求和市场变化，帮助企业提前做好准备，优化资源配置。

2. 云计算技术

（1）数据共享。通过云平台，物流信息在不同系统和用户之间实时共享，确保所有参与者都能访问到最新数据，增强协同工作的效率。

（2）弹性扩展。云计算提供了极高的灵活性和扩展性，可以根据物流需求的增减动态调整资源，保证物流系统的高效运行。

3. 人工智能技术

（1）自动化智能决策。人工智能技术通过模拟人类的思维过程，自动分析复杂的物流问题，并提供最优解决方案，如自动调整货物运输路线，避开交通拥堵区域。

（2）持续学习优化。人工智能系统具备学习能力，通过持续的学习和反馈逐步改进决策逻辑，不断提升物流管理的智能水平和效率。

4. 可视化技术

（1）数据展示。通过图形化界面展示复杂的数据和分析结果，使非专业技术人员也容易理解数据背后的含义，促进决策的透明度和参与度。

（2）交互式分析。用户可以通过交互式图表和仪表板探索数据，从不同角度和维度对数据进行深入分析，更有效地支持物流决策过程。

（六）信息实时监控技术

信息实时监测技术包括卫星定位监控技术、传感器网络技术、视频监控技术、远程监控技术等。在智慧物流系统中，信息实时监测技术是确保物流操作高效、透明并及时响应市场需求的关键。

1. 卫星定位监控技术

（1）实时跟踪。通过卫星定位技术，物流公司可以实时跟踪运输车辆的位置，有效监控货物的运送状态，确保货物安全、准时到达目的地。

（2）路线优化。结合实时交通信息和历史数据，卫星监控系统可以帮助调度员选择最佳路线，避免交通拥堵区域，减少运输时间和成本。

2. 传感器网络技术

（1）物流环境监控。利用各类传感器收集货物物流过程中的环境数据，实时监测货物状态，预防可能对货物造成的损害。

（2）物流设施设备监测。在物流活动中，传感器可以用于监测物流设施设备的运行使用状态。例如，货架的稳定性，保证物流生产的安全性。

3. 视频监控技术

（1）现场监控。在物流作业场所安装视频监控系统，实时监视物流生产过程，可以提高作业安全性和效率。

（2）事件检测。高级视频分析技术能够自动检测并预警异常事件，如未授权入侵报警、火灾报警等，增强物流中心的安全性。

4. 远程监控技术

（1）数据传输。通过无线网络实时传输监控数据到中心服务器，支持远程管理和控制，提高物流系统的灵活性和响应速度。

（2）边缘计算。利用边缘计算技术进行物流数据的初步处理和分析，在数据产生的地点附近完成部分计算任务，减轻物流中心服务器的压力。

5. 人工智能与机器学习

（1）智能预警。应用机器学习算法分析监控数据，预测并提前警告可能发生的问题，如设备故障或操作异常，提前采取预防措施。

（2）自动化处理。人工智能技术可以实现对监控发现问题的自动处理，如自动调整作业计划或启动应急程序，减少对人工干预的需要。

二、智慧物流信息网络层技术

在智慧物流信息网络层技术中,近距离无线通信技术、局域互联技术、广域互联技术和物联网技术各自承担着不可或缺的角色。这些技术共同构成了智慧物流系统的网络层,确保了物流信息的有效流动和处理,从而提升整个物流系统的智能化和自动化水平。

(一) 近距离通信技术与局域互联技术

在智慧物流中,近距离通信技术与局域互联技术发挥着重要作用。近距离无线通信技术为智慧物流提供了灵活的设备连接解决方案,使设备在短距离内能够轻松地交换数据,支撑起智慧物流网络层中的物物互联需求。局域互联技术不仅保证了设备间高效、稳定的数据交换,而且为物流系统的顺畅运作提供了基础支持。

1. 近距离无线通信技术的作用

(1) 实时数据传输。通过近距离无线通信技术,仓库或配送中心内部的智能叉车、输送带、分拣机等设备可以实时交换数据,实现高效协同工作。例如,使用 Wifi 或蓝牙技术的移动终端可以直接与仓库管理系统通信,实时更新库存信息。

(2) 精确定位跟踪。近距离无线通信技术利用 RFID 和近场通信 (Near Field Communication, NFC) 设备,实现对货物的精准追踪和管理,提高物流效率。

(3) 设备控制维护。近距离无线通信技术通过集成的传感器和控制器,实现对设备的远程监控和故障诊断,减少人工巡检,提高设备的运行效率。

(4) 增强客户体验。在配送环节,近距离无线通信技术可以用于提高交付过程中的安全性和客户满意度。例如,快递员可以使用 NFC 设备与消费者的手机交互,以确认身份和交付细节,确保交易的安全性和便利性。

(5) 支持新技术整合。随着 5G 技术的发展,近距离无线通信技术将得到进一步加强。5G 的高速率和低延迟特性将使设备间的通信更加高效,支持 AR/VR 技术在物流培训和操作指导中的使用。

(6) 促进智能制造。在智能制造背景下,近距离无线通信技术支持机器人和自动化设备的即时通信,优化生产线上的物料流动和加工过程。

(7) 支持环境监测。在特定应用中,近距离无线通信技术可以用于监测仓库或运输途中的温度、湿度等重要参数,保证货物实现在最佳条件下的运输和存储。

(8) 支持安全支付。在快递和即时配送服务环节,近距离无线通信技术支持安全的移动支付和交易处理。

(9) 支持紧急响应。在紧急情况下,近距离无线通信技术可以快速建立通信链路,支持紧急响应和恢复操作,保持供应链的连续性和韧性。

2. 局域互联技术

智慧物流网络层技术中的局域互联技术包括无线局域网技术和有线局域网技术。

（1）无线局域网技术。Wifi 是目前使用最广泛的无线局域网技术，它允许条码扫描器、移动终端、机器人等设备在较大范围内无线连接至网络，实现数据同步和指令传达。这项技术的应用极大地提高了仓储和配送中心的作业灵活性和效率。例如，通过 Wifi，仓库管理系统可以实时接收到货物存储信息和库存变动。

（2）有线局域网技术。有线局域网是把分布在数公里范围内不同物理位置的计算机设备连接在一起，在网络软件的支持下可以相互通讯和共享资源的网络系统。在智慧物流系统中，有线局域网技术常用于连接服务器、控制器及固定工作站，其稳定的连接为数据中心提供了强有力的支撑，确保了数据传输的速度和安全性。

（二）广域互联技术与物物互联技术

在智慧物流网络层，广域互联技术是确保设备和系统之间在更广阔的地理区域内进行有效连接和通信的关键技术。物物互联技术则是实现设备与设备之间自动数据交换和通信的关键手段。

1. 广域互联技术

智慧物流网络层技术中的广域互联技术包括卫星通信技术、移动通信技术、低轨道卫星网络技术和边缘计算技术等。

（1）卫星通信技术。利用北斗的卫星导航系统，为全球范围内的用户提供精确的时间和定位服务，实时追踪运输车辆的位置，优化运输路线，提高运输效率。

（2）移动通信技术。以 5G 为代表的新一代移动通信技术提供了更快的数据速率、更低的延迟和更广泛的连接能力，实现实时数据处理和远程监控，提高物流作业的效率和可靠性。

（3）低轨道卫星网络技术。低轨道卫星网络通过发射大量低轨道卫星，提供全球范围内的高速互联网接入，为偏远地区的物流活动提供网络支持，使大部分地区都能够享受智慧物流的便利。

（4）边缘计算技术。边缘计算技术能够快速处理来自传感器的数据，并立即做出响应，从而提高物流系统的响应速度和可靠性。

2. 物物互联技术

在智慧物流的网络层，物物互联技术除前面提及的射频识别技术、物联网技术、传感器网络技术、边缘计算技术外，还包括云计算平台、低功耗广域网技术等。

（1）云计算平台。云计算提供了强大的数据存储、处理和分析能力，使物流企业能够在全球范围内实现同步数据，确保信息共享和透明化，支持复杂的数据分析和智能决策制定过程。

（2）低功耗广域网技术。低功耗广域网技术是一种无线通信技术，用于连接广泛分布的传感器和设备，特别适用于智慧物流中的资产跟踪和远程监控。该技术支持长距离传输且功耗低，非常适合大规模物联网应用。

三、智慧物流信息应用层与集成技术

（一）智慧物流应用层技术

智慧物流应用层技术涵盖了数据存储处理、智能分析计算、数据交换共享，以及智能管理决策四方面的关键内容，各项内容在智慧物流应用层技术中发挥不同的作用，推动物流行业的创新和服务升级。

1. 智慧物流信息应用层技术的作用

（1）提高物流效率。智慧物流信息应用层技术通过实时收集、分析和处理物流数据，能够对物流过程进行精准地调度和管理，从而提高物流效率，减少物流成本。

（2）优化物流服务。通过应用层技术，可以对物流服务进行深度优化，提供更加个性化、精准化的物流服务，满足不同客户的需求。

（3）提升物流透明度。智慧物流信息应用层技术可以实时追踪物流信息，提升物流透明度，使客户可以随时随地了解物流状态，提高客户满意度。

（4）强化物流风险管理。通过应用层技术，可以对物流过程中的各种风险进行预测和预警，从而可以及时采取措施防范和应对，降低物流风险。

2. 智慧物流应用层技术的主要内容

（1）数据存储处理。数据存储处理不仅涉及大量信息的安全管理和高效访问，而且包括对数据的深入分析和实时处理能力，以支持复杂的决策制定过程，主要包括数据存储技术、数据处理技术、数据分析技术等。

（2）智能分析计算。在智慧物流系统中，智能分析计算通过利用先进的计算方法和数据分析技术，实现对物流数据的深入分析和智能处理，主要包括自动识别技术、数据挖掘技术、人工智能技术、地理信息技术、集成化分析平台等。

（3）数据交换共享。通过高效、安全的方式实现数据的互联互通，优化整个供应链的运作效率和响应速度，主要包括云计算平台、数据交换技术、大数据分析、信息安全机制、智能算法应用、实时数据监控、跨行业协作、用户界面设计等。

（4）智能管理决策。智能管理决策是智慧物流应用层技术的关键环节，除利用自动识别、数据挖掘、人工智能、地理信息、物联网、云计算、大数据分析、机器学习算法等技术外，还可以利用多维度决策模型、实时监控系统和反馈机制，实现对物流作业的高效管理和精准决策。

（二）智慧物流信息集成化技术

智慧物流信息集成化技术是一种将信息技术、自动化技术、人工智能技术等融合在一起，实现物流全过程的智能化和自动化，为物流行业的发展注入新的活力。

1. 智慧物流集成化技术的作用

（1）实现物流信息的实时共享和传递。通过集成物联网、云计算等技术，实现物流信息的实时采集、处理和分析，使得物流企业能够实时掌握物流动态，及时调整物流策略，提高物流效率。

（2）实现物流操作的自动化。通过集成机器人、无人车等设备，实现物流作业的自动化，减少人工操作，降低物流成本。

（3）实现物流决策的智能化。通过集成大数据、机器学习等技术，实现物流数据的深度挖掘和分析，为物流决策提供科学依据，提高物流决策的准确性和效率。

（4）实现智慧物流多领域的广泛应用。智慧物流集成化技术的应用范围非常广泛，涵盖了生产、仓储、运输、配送等各个环节。在生产环节，通过与生产管理系统的对接，可以实现生产计划与物流计划的无缝衔接，确保生产与物流的协同进行。在仓储环节，通过智能仓储管理系统，实现对仓库内货物的精确定位、快速出入库和库存优化。在运输环节，通过智能调度系统，实现对运输车辆的实时监控和优化调度，提高运输效率。在配送环节，通过智能配送系统，实现对配送路线的智能规划和对配送过程的实时监控，提高配送速度和准确性。

2. 智慧物流集成化技术

智慧物流集成化技术主要包括自动识别技术、数据挖掘技术、人工智能技术、卫星导航技术、物联网技术、无人机/无人车技术、区块链技术、移动互联网技术、电子支付技术、三维打印技术等。智慧物流集成化技术通过高度的技术整合和创新应用，实现物流操作的全面智能化和自动化，减少人力成本，提高服务质量和用户满意度，推动供应链管理的转型升级。

数智赋能　提质增效

AI技术助推港口的数智化转型升级

港口的智能化程度已经成为衡量港口竞争力的重要指标。例如，广州港集团南沙三期项目大力利用AI技术推进集装箱码头的数字化转型。

1. AI助力港口安全生产

基于AI视觉识别的自动化港口堆场监测与管理云平台，让堆场管理更加科学、规范。将AI视觉检测技术应用到自动化堆场作业流程当中，用摄像机和计算机代替人眼提取和分析图像特征，当识别、预判到异常情况时，及时向管理人员发出预警，实现人机协作，这相当于为每位设备司机配备了一位贴身"AI安全员"。"AI安全员"可以严格按照码头的实际作业规范对算法进行设置和训练，已经学会辨识"安全帽监测""人员监测""箱底异物""集装箱监测""烟雾检测""锁头检测""障碍物检测""箱门朝向检测"等多种场景。安全生产智能监管系统接入闸口、驳船泊位、大船泊位等多个区域的监控视频，运用视频AI的物体检测算法，对港区重点区域作业人员的行为进行智能分析，发现异常实时预警，保障监测区域的生产安全和人员安全。

2. AI助力港口智慧化建设

引入"生成式AI"，让人机协作更加密切。"生成式AI"技术的应用，不再局限于观察工况，思考判断

问题，还能进一步执行更加复杂的工作流程，如知识整理与提取、内容生成、推荐方案计算与制定等。基于大模型的港口一站式服务平台研究与应用，将大语言模型、机器学习、深度学习等多种技术相互融合，构建统一的智能服务能力平台，面向内部人员知识管理与外部客服联络，实现服务全流程智能化。平台引入大模型技术，提升大语言模型的智能水平，对于不同板块的知识库采取匹配回复策略，若知识库中尚未有匹配度得分很高的答案，则通过大语言模型进一步实施"阅读理解"，从而生成新答案内容，或给出可参考的信息源，作为答案备选方案供用户参考判断。

（资料来源：广州国资，2024-03-18）

讨论与分享：举例说明AI技术如何让物流更智慧。

调查研究与善作善成

关于当地数智物流发展情况的调查

步骤1：确定调研目标

围绕贯彻落实党的二十届三中全会关于"支持企业用数智技术、绿色技术改造提升传统产业"的战略部署，结合本章所学习的内容，组织学生实地走访调研，了解当地数智物流的应用发展情况，在调查研究的实践训练中巩固知识，检验学习效果。

步骤2：设计调研方案

围绕当前数字化、智能化发展的时代背景，聚焦数智物流发展，根据调研目标，设计可执行的调研方案。调研方案除包括调研目的、调研问题、调研假设、调研方法、调研地点与范围、数据收集方法、数据分析方法、调研预期结果、调研所需资源外，还包括组建调查研究小组，明确调研过程中的安全及社交礼仪等要求。

步骤3：收集调研数据

坚持知行合一、理实一体化原则，按照调研方案，选择合适的调研方法和路径，从思路、措施、问题、经验、成效等方面收集当地数智物流发展的相关数据，以及反映数字化、智能化技术在物流领域应用的难点与痛点问题。

步骤4：整理分析调研数据

对收集到的数据进行整理和清洗，剔除无效或错误数据，确保数据质量。运用适当的统计方法和分析技巧，对整理好的数据进行分析、比较、归纳，揭示存在的问题，总结好的做法，提炼出可复制推广的经验成果。

步骤5：撰写调研报告

在调研中要把党的二十届三中全会"以国家标准提升引领传统产业优化升级"的精神学深悟透，将调研过程和结论整理成书面报告，提出利用数字化、智能化技术发展数智物流的可行性建议。同时，注意报告的规范性和逻辑性，增强报告的可读性。

步骤 6：呈现分享调研报告

将调查结果在班级呈现分享，有条件的话可以通过研讨会、会议或公开发表的方式呈现给相关行业参与者、决策者和社会公众。

综合实训

实训 1：仓库（配送中心）"货到人"拣选系统设计

步骤 1：确定实训目的

通过实训，使学生根据本章所学知识，做好智慧物流技术的应用设计，培养学生智慧物流技术的创新应用能力。

步骤 2：做好实训准备

（1）组建实训小组。

（2）编写智慧仓储技术应用的模拟场景。

场景示例：某电子商务有限公司主营小饰品，是饰品行业的龙头企业，同时经营多家网店，由于订单量大，仓内作业主要面临以下痛点：一是小饰品最小存货单位数量多，每天数万笔订单完全依靠人海战术，配货极度依赖员工对产品的记忆，新手的配货效率不及老员工的1/4。大力促销时配货区 1 000m^2 内有百余人工作，人均效率极低。二是仓库内未实现条码化管理，依赖人工记忆，易出错。饰品类产品体积小，难以直接实现条码化管理，仓库通过标注商品信息的方式来识别商品，很难规范库存管理，订单错配率也很高，尤其是在活动大力促销期间，大大影响了配货质量。为了提升出库配送效率，降低员工的劳动强度，提高仓库管理的精细化水平，该仓库拟进行出库拣选系统升级改造，实现"货到人"拣选。通过改造优化，拟达到以下目标：精简仓内出库操作人员50%，节省人工成本；人均拣货效率提高到800单/人·天，对比实施前效率提升了2.5倍以上；库存准确率从95%提升至99%以上。

（3）复习仓配一体化相关理论知识。

步骤 3：讲解实训内容

（1）讲解仓配拣选作业的主要新技术设备。

（2）讲解仓库（配送中心）拣货方式及作业流程。

（3）讲解"货到人"拣选所需技术设备的工作原理。

步骤 4：完成实训任务

根据假设的模拟场景，实训小组合作完成：

（1）××公司"货到人"拣选系统建设方案概要设计。

（2）××公司设计中所需采用的智慧物流设备及其功能说明。

（3）××公司"货到人"拣选系统的作业流程描述。

（4）实训成果全班展示分享。

步骤 5：实施实训评价

教师对每个实训小组的表现进行综合评价，填写表3-1。

表 3-1 仓库（配送中心）"货到人"拣选系统设计实训评分表

组别		组员	
考评内容	×× 公司仓库"货到人"拣选系统设计		
考评标准	考评维度	分值	实际得分
	方案设计的创新精神	15	
	建设方案内容设计	40	
	所需智慧物流设备说明	15	
	作业流程描述	15	
	实训成果分享展示	15	
合计		100	

实训 2：无人配送站建设方案设计

步骤 1：确定实训目的

通过实训，使学生根据本章所学知识，做好无人配送站建设规划设计，并进行可视化呈现，培养学生智慧物流技术的创新应用能力。

步骤 2：做好实训准备

（1）组建实训小组。

（2）编写无人配送站建设方案设计的模拟场景。

场景示例：大学校园处于物流末端，校园里学生集聚，人口密度大，宿舍出入管理严格，上课学习时间集中，网络购物消费频率高，场地空间资源紧张，这些特点特别适合规划建设无人配送站。据此，对某物流公司在大学校园建设无人配送站进行规划设计。

（3）复习智慧配送相关理论知识。

步骤 3：讲解实训内容

（1）讲解无人配送站建设的规划设计方法。

（2）讲解无人配送站的主要智能设备。

（3）讲解无人配送站无人车、无人机、智能快递柜的工作原理和作业流程。

步骤 4：完成实训任务

根据假设的模拟场景，实训小组合作完成：

（1）××高校校园无人配送站建设方案设计。

（2）××高校校园无人配送站智能设备选型。

（3）××高校校园无人配送站作业流程描述。

（4）实训成果全班展示分享。

步骤 5：实施实训评价

教师对每个实训小组的表现进行综合评价，填写表3-2。

表 3-2　无人配送站建设方案设计实训评分表

组别		组员	
考评内容	××高校校园无人配送站建设方案设计		
考评标准	考评维度	分值	实际得分
	智慧物流信息安全意识	15	
	无人配送站建设方案设计	40	
	无人配送站智能设备选型说明	15	
	无人配送站作业流程描述	15	
	实训成果分享展示	15	
合计		100	

同步测试

一、判断题

1. 货运汽车主要采用电力发动机作为动力源。（   ）

2. 货运列车通常采用电力牵引或内燃牵引。（   ）

3. 为降低成本，仓库尽量减少配备消防栓、烟雾报警器等消防设备。（   ）

4. 无人机、无人车配送是智慧物流技术在配送中的应用场景之一。（   ）

5. 智慧物流信息感知层技术不包括信息采集技术。（   ）

6. 二维码技术广泛应用于物流领域和零售业的货物标识。（   ）

二、单选题

1. 智慧运输技术在水路货运中的应用不包括（   ）。

   A. 船舶的智能化改造　　　　　　　　B. 港口的智能化管理

   C. 电子化单证管理　　　　　　　　　D. 人工装卸搬运

2. 仓库中最基本的存储设备是（   ）。

   A. 货架　　　　　　　　　　　　　　B. 托盘

   C. 叉车　　　　　　　　　　　　　　D. 输送机

3. （   ）主要用于自动化立体仓库货物存取（   ）。

   A. 自动堆垛机　　　　　　　　　　　B. 智能超重机

   C. 智能叉车　　　　　　　　　　　　D. 自动导引搬运车

4. （   ）涵盖了从信息的采集、预处理、分析到实时监控的全过程。

   A. 智慧物流信息感知层技术　　　　　B. 智慧物流信息网络层技术

   C. 智慧物流信息应用层技术　　　　　D. 智慧物流信息集成技术

5. 通过（   ）消除冗余数据。

   A. 数据集成　　　　　　　　　　　　B. 数据清洗

   C. 数据转换　　　　　　　　　　　　D. 数据规范

6. （   ）不属于智慧物流信息网络层技术中的广域互联技术。

   A. 卫星通信技术　　　　　　　　　　B. 移动通信技术

   C. 低轨道卫星网络技术　　　　　　　D. Wi-Fi 网络技术

三、多选题

1. 智慧运输技术在汽车货运中的应用包括（   ）等。

   A. 车队管理　　　　　　　　　　　　B. 智能调度

   C. 在线化运平台　　　　　　　　　　D. 无人驾驶

   E. 货物追踪

2. 物流配送设备除了涉及货架系统等仓储设备外，主要还涉及（　　　　）。

A. 分拣设备 　　　　　　　　　　　B. 终端配送设备

C. 辅助拣选设备 　　　　　　　　　D. 消防安全设备

E. 通风照明设备

3. 智慧物流技术在仓储中的应用场景主要包括（　　　　）。

A. 智能仓库管理系统 　　　　　　　B. 自动化立体仓库

C. 实时库存管理 　　　　　　　　　D. 货物定位与追踪

E. 智能路径规划

4. 智慧物流技术在包装中的应用场景包括（　　　　）。

A. 智能包装设计 　　　　　　　　　B. 包装机器人

C. 智能包装生产线 　　　　　　　　D. 捆扎设备

E. 溯源包装

5. 信息实时监测技术包括（　　　　）。

A. 卫星定位监控技术 　　　　　　　B. 传感器网络技术

C. 视频监控技术 　　　　　　　　　D. 远程监控技术

E. 人工智能与机器学习

6. 智慧物流应用层技术的主要内容包括（　　　　）。

A. 数据存储处理 　　　　　　　　　B. 智能分析计算

C. 数据交换共享 　　　　　　　　　D. 局域无线网

E. 智能管理决策

04

C h a p t e r

智慧供应链采购与供应商管理

学习目标

素养目标
- ◢ 培养智慧供应链采购物流管理的公正公开意识
- ◢ 培养智慧供应链采购供应商的协同发展意识
- ◢ 培养智慧供应链采购物流与供应商管理的数字化意识

知识目标
- ◢ 了解采购战略实施要点和采购管理目标
- ◢ 掌握智慧供应链采购价格形成机制
- ◢ 了解智慧供应链供应商合作伙伴关系的建立与维护
- ◢ 掌握智慧供应链供应商评估与选择

技能目标
- ◢ 能够初步优化智慧供应链采购目标与流程
- ◢ 能够初步应用智能采购平台实施采购物流管理
- ◢ 能够初步实施智慧供应链供应商整合策略
- ◢ 能够初步实施智慧供应链供应商绩效考核

思维导图

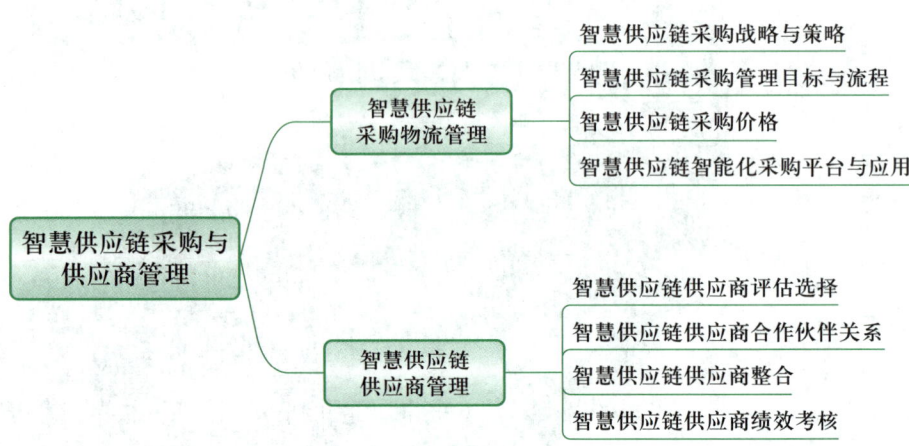

- 智慧供应链采购与供应商管理
  - 智慧供应链采购物流管理
    - 智慧供应链采购战略与策略
    - 智慧供应链采购管理目标与流程
    - 智慧供应链采购价格
    - 智慧供应链智能化采购平台与应用
  - 智慧供应链供应商管理
    - 智慧供应链供应商评估选择
    - 智慧供应链供应商合作伙伴关系
    - 智慧供应链供应商整合
    - 智慧供应链供应商绩效考核

学习计划

◢ **素养提升计划**

◢ **知识学习计划**

◢ **技能训练计划**

实数融合新视界

供应链数字化采购升级

欧冶工业品是中国宝武旗下全新工业品供应链生态平台公司，提供工业品供应链数智化平台服务，赋能生态圈各方规范、降本、增效、提质，积极探索工业品产业互联网的全新发展模式。欧冶工业品积极推动实数融合，围绕"采购信息化""采购电子化""采购平台化""采购智能化"四个阶段演进，已形成特色显著的工业品线上线下融合共享服务能力，实现了从传统采购管理向现代供应链生态平台转型，以生态共建共享为核心，以客户为导向，通过应用先进的数智化、供应链技术，创造性地打造了由集采、易购、商城、物流、链融、云库、零碳等构成的工业品供应链生态平台，实现了工业品供应链服务的专业极致、数据智能、绿色低碳和持续迭代，高效赋能供应链生态伙伴数字化转型升级。

（资料来源：上观新闻，2023-12-01）

引思明理

党的二十届三中全会指出"加快新一代信息技术全方位全链条普及应用，发展工业互联网，打造具有国际竞争力的数字产业集群"。在数字技术高速发展的时代潮流下，实数融合是高质量发展的重要途径。欧冶工业品通过实现采购行为全流程、全链路数字化改造，将传统线下服务转向线上运营，大大提高了采购效率。

第一节　智慧供应链采购物流管理

一、智慧供应链采购战略与策略

（一）智慧供应链采购战略

智慧供应链采购战略是企业为了提高采购效率、降低成本、增强市场竞争力而采用的一系列智能化、数字化的采购管理方法。智慧供应链采购战略的目标是通过技术和数据驱动的方法，实现供应链的高效运作和企业的长期发展。

1. 采购战略的重要性

采购战略隶属于企业的供应链战略并最终服务于企业顶层战略，可以为企业的采购组织提供具有指导性、全局性、长期性的纲领和规划。采购战略的重要性如图 4-1 所示。采购战略在智慧供应链管理中的重要性主要表现在以下几个方面：

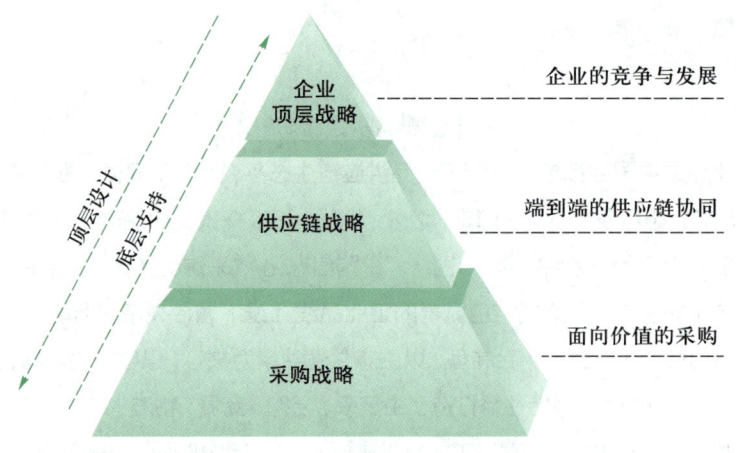

图 4-1　采购战略的重要性

（1）加快需求响应。智慧供应链强调以客户需求为导向，采购战略需要利用大数据分析等技术手段来预测市场需求，保证采购活动能够及时响应市场变化。

（2）优化资源配置。通过智能化的采购战略，企业可以更有效地整合内外部资源，实现采购与产品设计、生产、销售、服务等全过程的高效协同，提高供应链的性能。

（3）降低采购成本。智慧供应链采购战略通过算法建模和数据分析，帮助企业在保证质量和供应稳定性的前提下，实现采购成本的有效控制和降低。

（4）加强风险管理。采购战略在智慧供应链中还包括对潜在风险的评估和管理，保证供应链的稳定性和安全韧性。

2. 传统采购与战略采购

战略采购与传统采购的区别见表 4-1。传统采购主要关注"采购价格"，注重与供应商之间的单笔交易，而战略采购则关注"总成本"，更注重如何通过对市场资源的整合和协调，提升供应链的整体竞争力，实现更高的采购价值，如图 4-2 所示。

表 4-1　战略采购与传统采购的区别

差异	战略采购	传统采购
价格	追求最低总成本	追求最低采购单价
需求管理	主动管理需求	被动管理需求
供应商关系	长期的战略合作伙伴关系，双赢	短期交易，零和游戏
供应链	关注未来	关注当下
数据	注重对历史数据的挖掘和分析，持续优化	不关注数据，单纯的下单交易

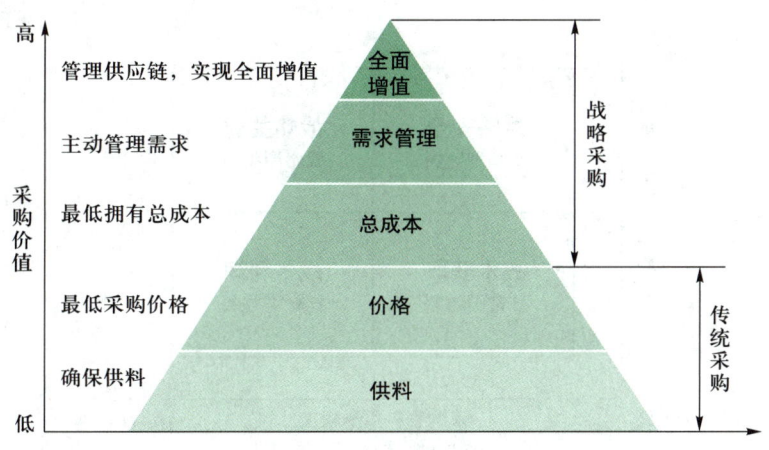

图 4-2 企业采购价值

3. 不同行业的采购战略

不同行业的采购战略会因其独特的市场动态、成本结构、技术要求和供应链复杂性而有所不同。

（1）制造业的采购战略。制造业通常追求规模经济，采购战略强调批量购买和单位采购成本降低。为了保证原材料的质量和供应稳定性，需要与关键供应商建立长期合作关系。适合采用准时制（just in time，JIT）等精细化的采购技术，以减少库存成本并提高需求响应速度。

（2）零售业的采购战略。由于市场需求多样化，零售采购战略需要灵活应对多变的消费者偏好。通过供应链可视化管理工具，零售商实现了对库存、销售和供应商的实时监控，及时调整与市场需求波动相匹配的采购量。

（3）餐饮业的采购战略。餐饮业以农产品采购为主。由于农产品的季节性、地域性、易腐性和市场波动性，采购策略必须灵活而精确，建立稳定的供应基地，并配套建设冷链物流设施。

（4）冶炼行业的采购战略。由于矿产资源的市场价格波动较大，冶炼行业的采购战略需要专注于对冲价格风险。为了保障资源的稳定供应，冶炼企业需要与供应商签订长期供应合同，同时也要加强与大宗货物物流服务供应商的紧密合作。

4. 不同物料的采购战略

根据采购物料的重要性和市场复杂程度，通常可将物料分为战略型物料、杠杆型物料、瓶颈型物料和日常型物料，如图 4-3 所示。不同品类物料的采购战略是不同的。

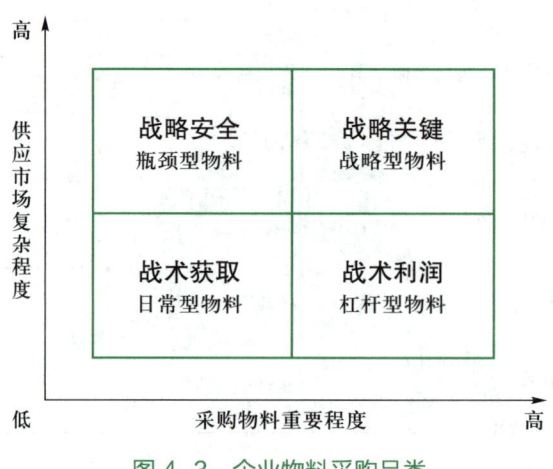

图 4-3　企业物料采购品类

（1）战略型物料。由于企业采购需求量巨大，且存在较高的市场风险，所以战略型物料的采购需要建立长期稳定的战略联盟，坚持与供应商双赢互惠。

（2）杠杆型物料。尽管供应市场风险较低，但由于企业采购量巨大，所以杠杆型物料一般需要进行全球采购，扩大可选择的供应源，刺激供应商之间的竞争。

（3）瓶颈型物料。虽然企业采购量不大，但供应市场风险高，很可能出现断供的情况，所以瓶颈型物料的采购要先稳定现有供应来源，再通过寻找替代品等手段来规避瓶颈供应源的风险。

（4）日常型物料。由于供应市场风险低，采购需求量小，对企业业务影响不大，所以日常型物料的采购应该尽量优化采购流程，减少订单频次，提高采购效率。

（二）智慧供应链采购物流策略

采购策略是企业为了保证采购的成本效益，在采购过程中制订的一系列计划和方法。智慧供应链采购是一个多维度、集成化的管理体系，不仅关注效率和成本的优化，还涉及需求预测与计划管理等多个方面。企业实施智慧供应链采购策略，可以降低采购成本，提高采购质量，实现供应链优化。

1. 常见的采购策略

常见的采购策略包括以下几方面：

（1）集中采购。即通过合并多个部门的采购需求，企业可以获得更大的议价能力，从而降低采购单价和总成本。

（2）分散采购。即企业允许各部门或地区根据自己的特定需求独立采购，以提高效率和响应速度。

（3）直接采购。即企业直接从供应商处购买所需的产品或服务。

（4）间接采购。即企业通过第三方机构或平台进行采购。

（5）多供应商采购。即企业与多个供应商建立合作关系，以降低供应中断的风险，获得更合适的采购价格和服务。

（6）单一供应商采购。即企业选择单一供应商进行长期合作，以获得成本优势和更紧密的合作关系。

（7）全球采购。即企业在全球范围内寻找供应商，以利用全球供应商的成本优势和专业技能。

（8）绿色采购。即企业在采购活动中，优先选择对环境影响较小的产品和服务，减少企业运营对环境的负面影响。

常见的采购策略优缺点比较如表 4-2 所示。

表 4-2　常见的采购策略优缺点比较

采购策略	主要优点	主要缺点
集中采购	能够减少管理费用、增加批量折扣	满足个性化需求难、协调对接工作量大
分散采购	可以更好地适应市场变化、灵活性高	成本控制困难、管理复杂度增加
直接采购	能够更好地控制采购过程和质量	需要投入更多的人力物力
间接采购	能够节省资源	可能增加采购成本和风险
多供应商采购	能够分散风险，增强供应链灵活性，保障供应	采购成本可能上升，协调难度大
单一供应商采购	能够简化采购管理，建立战略伙伴关系	依赖性风险加大，议价能力减弱
全球采购	拓展市场、降低成本	增加风险性和供应商管理难度
绿色采购	有利于保护环境、节约资源	增加采购成本、限制供应商选择

2. 智慧供应链采购策略

智慧供应链采购策略是一种高效、灵活且适应性强的采购方法，其核心在于利用数字化工具和智能化系统来提高采购过程的透明度、准确性和效率。

（1）数据驱动采购决策策略。通过收集和分析大量的市场数据、供应商信息和历史交易记录，企业可以更准确地预测需求、评估供应商绩效并制订合理的采购计划，从而减少库存积压、避免断货情况。

（2）与供应商紧密合作策略。企业与供应商之间建立紧密的合作关系，通过共享信息、技术和资源来实现共同的目标。这种合作模式可以提高供应链的响应速度和灵活性，使企业能够更好地应对市场变化和突发事件。

（3）采购风险实时控制策略。利用智能化、数字化技术和数据分析工具，对供应链中的采购环节进行实时风险识别、评估、监控和应对，提高采购环节的透明度、灵活性和响应速度，降低采购风险对供应链运营的影响。

3. 智慧供应链采购战略的实施要点

智慧供应链采购战略的实施要点如下：

（1）执行采购计划。即将采购战略转化为具体的行动计划，并分配必要的资源来执行这些计划，包括供应商选择、合同谈判、订单管理等操作。

（2）全链条采购协同。即从供应商到生产商再到最终用户，所有环节都能够实现信息共享和流程协同。在数字经济时代，企业需要实现采购业务流程数字化，这不仅有助于提升采购效率，而且能够增强企业的抗风险能力。

（3）数字化技术赋能。即利用大数据、人工智能、云计算、物联网、5G等先进技术，对供应链的各个环节进行数字化改造，提高信息的透明度和流程的自动化水平。

（4）智能决策。即依托强大的数据分析能力，实现对市场需求、库存水平、供应商绩效等方面的智能决策，优化采购计划和库存管理。

（5）智能监控和评估。即在采购实施过程中，利用采购平台对采购活动进行持续监控和评估，适时调整战略和计划，保证战略的有效执行。

二、智慧供应链采购管理目标与流程

（一）智慧供应链采购管理目标

制定采购管理目标对于企业来说不仅是成本和质量控制的手段，而且是提升供应链整体效率、增强市场竞争力的必要措施。采购管理目标的制定是一个综合考虑多种因素的过程，需要平衡企业的内外部条件，使目标既有挑战性，又能够实际执行和达成。

1. 采购管理目标的影响因素

采购管理目标包括以下影响因素：

（1）企业战略。采购目标必须与企业的战略目标相一致，以支持企业的长期发展方向。

（2）市场环境。采购目标要能够适应市场变化，考虑市场需求、竞争态势、价格波动等因素的影响。

（3）供应商能力。采购目标的实现不能超出供应商的能力范围，需要不断评估供应商的生产能力、交货能力、质量控制能力等指标。

（4）内部资源。采购目标的实现必须要有企业的资金、人才、技术等内部资源的支持。

（5）质量与成本要求。采购目标必须包含货物采购的质量要求和成本效益要求。

2. 采购管理的主要目标

采购管理的主要目标包括：

（1）降低采购成本。降低采购成本是采购管理的首要目标。企业在采购过程中，需要通过谈判、招标等方式获取最优价格和质量，并通过智能化手段优化采购流程，减少采购环节，降低库存和采购成本。

（2）提高采购效率。提高采购效率是采购管理的另一个重要目标。企业通过信息化技术建立供应商数据库，采用数字化采购等方式来提高采购效率，加强与供应商的沟通和协作，保障采购过程的顺畅和高效。

（3）保证采购质量。保证采购质量是采购管理的核心目标之一。企业通过建立供应商评估体系、严格的质量控制标准和质量检测等方式，与供应商建立长期稳定的合作关系，保证货物采购的质量。

（4）降低采购风险。降低采购风险是采购管理的重要目标之一。企业通过建立供应商风险评估体系，加强对供应商的监督和管理，制定应急预案等方式，及时调整采购策略，降低采购风险。

（5）提高供应链管理水平。提高供应链管理水平是采购管理的终极目标。企业通过建立供应链管理体系，加强与供应商的合作和协作，优化供应链流程等措施，以高质量的采购管理促进供应链管理水平的提高。

（二）智慧供应链采购管理流程与数字化转型

采购是企业供应链不可或缺的一环。采购管理流程涉及从需求识别到供应最终支付的整个过程。智慧供应链的数字化采购需要精心规划和管理，保证采购物流活动能够控制成本和风险，支持企业发展目标的实现。

1. 采购作业一般流程

采购管理要科学化，首先应规范采购作业的行为，以保证采购工作质量。采购作业的一般流程如图 4-4 所示。

图 4-4 采购作业的一般流程

（1）提出采购需求计划。采购需求计划应该严格按照销售部门和生产部门的需要，以及现有的库存量，在对品种、数量、安全库存量等因素作出全面分析后提出，并经主管部门审核批准，避免出现随意和盲目采购现象。

（2）认证供应商。选择供应商是企业采购过程的重要环节。在买方市场中，由于供大于求，市场上往往有众多可以选择的供应商，企业应该尽可能列出包含所有供应商的清单，采用科学的方法挑选合适的供应商。

（3）发出采购订单。采购订单相当于合同文本，具有相关的法律效力。企业签发采购订单时必须十分仔细，对每项采购货物的规格、数量、价格、质量标准、交货时间与地点、包装标准、运输方式、检验形式、索赔条件等进行认真审核。

（4）跟踪订单。采购订单的签发并不意味着采购工作的结束，为了保证订单顺利执行、货物按时入库，必须对订单的执行情况进行跟踪，防止货物供应不到位。当采购供应出现意外时，要立即实施应急预案，避免或减少可能带来的损失。

（5）接收货物。货物到达指定地点后，必须马上组织人员按订单内容对货物进行验收。对发现的问题要查明原因，分析责任，为索赔提供证据。只有货物验收交接完毕，才能签字认可。

（6）购后评估。对采购工作的总结评价是一次采购工作的完整结束。购后评估内容主要包括：采购部门的组织效率、采购人员的能力及责任心、供应商的供应能力、供应的及时性、紧急订单的完成情况、产品质量、供货成本等。

2. 智慧供应链采购管理数字化转型的实施步骤

智慧供应链采购管理数字化转型的实施步骤如图4-5所示。

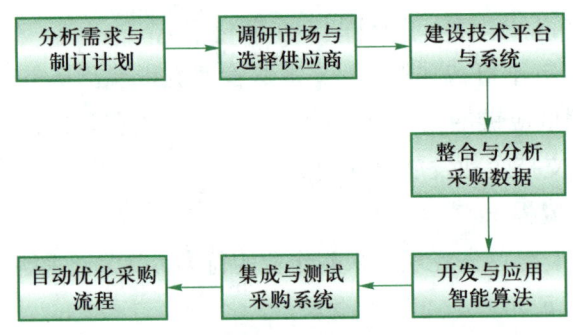

图4-5　采购管理数字化转型的实施步骤

（1）分析需求与制订计划。根据企业的内外部环境，利用现代化信息手段，明确采购品类、采购量、采购频率等采购需求，确定精准的采购目标和实施计划。

（2）调研市场与选择供应商。利用大数据技术，评估供应商的信誉、产品质量、价格竞争力等，选择合适的供应商合作伙伴。

（3）建设技术平台与系统。引用物联网、人工智能、大数据分析等技术，建设智能化采购所需的技术平台和系统。

（4）整合与分析采购数据。建立统一的数据中心，整合企业内外部数据，利用数据分析工具对数据进行处理，为采购决策提供支持。

（5）开发与应用智能算法。开发与应用机器学习、深度学习等智能算法，实现对采购数据的自动分析和处理，提高采购决策的精准度。

（6）集成与测试采购系统。将各个子系统和技术模块集成为完整的智能采购系统，并不断收集反馈信息，对系统进行调整和优化。

（7）自动优化采购流程。根据采购需求，智能采购系统自动优化传统采购流程。

3. 智能采购的作用

智能采购的作用如下：

（1）自动处理低复杂度任务。智能采购系统能够自动处理数据录入、订单处理等一些重复性高、复杂度低的任务，释放采购专业人员的时间去专注于更有价值的工作，如供应商关系管理和采购价格谈判。

（2）提高决策效率与质量。通过大数据分析和机器学习，智能采购系统可以更快识别市场需求，预测市场变化，做出精准的采购决策。

（3）增强供应链透明度。利用物联网技术，智能采购系统可以实时监控供应链的货物流动，提高供应链的透明度和可追溯性。

（4）降低风险和成本。通过对供应链数据的分析，智能采购系统自动识别潜在的风险点，及时采取措施优化采购策略，降低采购成本。

（5）提高采购效率。智能采购系统通过在线化、自动化可以加快采购申请、寻源报价、供应商管理等环节的节奏，提高采购效率。

（6）支持个性化采购。智能采购系统根据不同部门的特定需要，提供定制化采购方案，满足企业的个性化采购需求，提高最终客户的满意度。

三、智慧供应链采购价格

（一）采购价格构成与影响因素

企业采购价格受多重因素的影响，包括内部管理、市场环境、政策法规、技术发展等因素。企业在进行采购价格谈判和管理时，需要综合考虑以下因素：

1. 采购价格构成

采购价格构成是指企业在购买原材料、产品或服务时所需支付的总费用。主要包括：

（1）产品或服务的直接成本。这是采购价格中最基本的部分。

（2）产品或服务的税费。通常是根据国家政策来确定的。

（3）产品或服务的物流费。通常包括运输、仓储、配送等费用。

（4）产品或服务的利润。通常由单位产品的盈利水平决定。

（5）其他费用。如产品或服务涉及的保险费、检测费等。

2. 采购价格的影响因素

采购价格的影响因素主要包括：

（1）客户认同价值。客户对产品或服务价值的认同和支付意愿是影响采购价格的重要因素，客户认同价值越高，采购价格就越高，如图4-6所示。

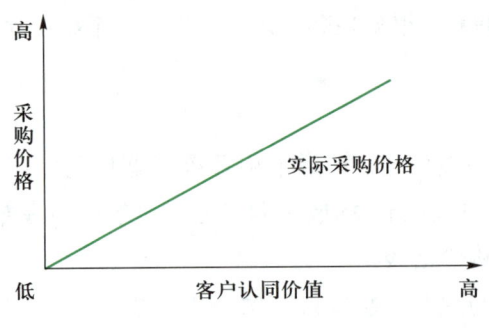

图4-6　客户认同价值与采购价格的关系

（2）供需关系。市场上货物的供应和需求关系直接影响价格。当供应量大于需求量时，采购方处于有利地位，能够获得更优惠的价格；反之，如果货物供不应求，供应商则可能提高价格。

（3）供应商成本。供应商的生产成本、人工成本，以及原材料成本等都会影响最终的采购价格。供应商成本越高，采购价格就越高，如图4-7所示。

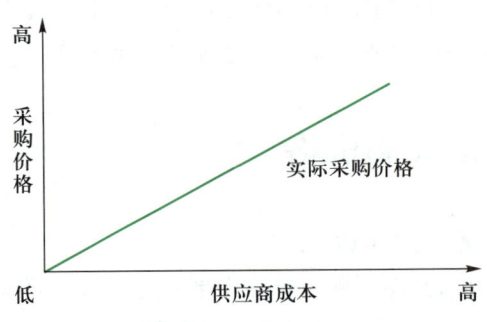

图4-7　采购价格与供应商成本的关系

（4）交易条件。采购价格受到支付方式、交货期限、物流服务、保险、售后服务、订购数量等交易条件的影响。交货时间越短，采购价格可能越高。

（5）市场环境。国内外的政治环境和经济环境（如国际市场的汇率变动、关税政策调整等），以及市场供需状况等如果出现变化，都会对采购价格产生影响。

（二）智慧供应链采购价格的形成机制
智慧供应链采购价格的制定是一个复杂的决策过程，不仅要考虑显性成本，而且要考虑隐性成本，以及如何在供应链各方之间合理分配利润和风险。随着技术的发展，数字化和智能化工具使采购价格制定更加精准和高效。

1. 供应链采购定价的原则

供应链采购定价的原则如下：

（1）成本基础原则。保本是定价的基本出发点。供应链中的每个环节都需要考虑到自身的成本，并在价格中体现出来。

（2）交易达成原则。交易双方在价格谈判时，需要找到一个双方都能接受的价格点，以促成交易。

（3）利润分享原则。供应链上的企业之间通过合理的价格分配利润，确保每个环节都能获得相应的收益。

（4）风险共担原则。价格要反映供应链上各企业所承担的风险水平，高风险通常意味着高价格，反之亦然。

（5）长期合作原则。采购价格谈判时，考虑如何建立和维护企业之间的长期合作关系非常重要。

2. 采购价格的谈判技巧

采购价格的谈判技巧如下：

（1）了解成本构成。在谈判中，不应只关注采购价格，还应该考虑货物质量、服务、交货时间等因素，寻求价格以外的其他条件的优惠，实现整体成本降低。

（2）适时启动谈判。了解市场行情和供应商的经营状况，选择在供应商可能需要订单或市场供应充足时进行谈判，可以获得更好的优惠条件。

（3）实施策略性讨价还价。如在价格谈不下来时，佯装结束谈判，迫使对方让步。

（4）利用大数据分析。即通过数据驱动的决策增强议价能力，运用历史数据、市场分析和预测模型，为价格变动提供依据。

（5）建立长期合作关系。即通过与供应商建立长期合作关系，以采购量扩大的承诺换取价格上的优惠。

（6）灵活运用电子竞价。使用电子竞价平台提高谈判效率，通过竞争性环境推动采购价格降低。

3. 数字化采购价格的智能形成

（1）数据分析定价。数字化采购系统通过收集大量的市场数据、行业信息，以及供应商的报价数据，帮助企业更准确地了解市场价格动态和供应商的定价策略，提出建议的采购价格。

（2）智能询价比价。通过应用人工智能和大数据分析技术，数字化采购系统能够自动完成询价、报价，快速有效地比较不同供应商的价格，筛选性价比高的供应商。

（3）智能确定标价。在招标采购过程中，数字化采购系统自动审核投标文件的规范性与一致性，评审各供应商报价，识别潜在的围标串标风险，提高招标采购的透明度，增强采购活动的公开性、公正性、公平性。

（4）推荐最优签约价格。数字化采购系统通过预测供应商谈判的场景和结果，推荐最优供应商和签约价格，同时自动执行供应商寻源任务，建立可预测的供应商合作模式。

四、智慧供应链智能采购

智慧供应链智能采购是借助物联网、大数据、人工智能等技术，对采购全流程进行数字化、智能化管理，实现采购需求精准预测、供应商高效管理、采购流程自动化，以提升供应链效率与效益的先进模式。

（一）供应链采购方式

供应链采购方式是指企业在供应链环境下，为满足生产经营需要，从供应商处获取货物或服务的方法与途径。

1. 传统主要采购方式

传统主要采购方式包括：

（1）公开招标。即采购人通过发布招标公告，邀请所有潜在供应商参与投标，然后根据事先约定的标准选择中标的供应商。这是一种常见的采购方式。

（2）邀请招标。即采购人根据供应商的资信和业绩，邀请特定数量的供应商参与投标，并从中选择中标的供应商。

（3）竞争性谈判。即采购人邀请多家供应商来谈判，达成交易。

（4）单一来源采购。也称直接采购，是指采购人向唯一的供应商进行采购的方式。

（5）集中采购。是指采购人将集中采购目录内的货物、工程、服务统一进行大规模采购。

一般来说，传统主要采购方式有各自不同的适用范围，如表4-3。

表4-3　传统主要采购方式的适用范围

传统采购方式	适用范围
公开招标	采购规模较大，市场竞争充分，供应商选择的时间充分
邀请招标	对供应商资质有特定要求，供应商选择有限，需要保持一定的竞争性
竞争性谈判	技术或服务要求复杂，市场供应商有限，需要通过谈判确定细节
单一来源采购	情况紧急，特定专利或技术限制，市场上仅有一个供应商
集中采购	大宗或批量货物，以及关键的零部件、原料等战略资源

2. 线上主要采购方式

线上主要采购方式包括：

（1）电子商城采购。是指企业或个人通过电子商务平台进行的商品或服务的采购活动。这种采购方式因其便捷性、成本效益性和商品选择的丰富性而受到许多企业的青睐。

（2）在线询价采购。是指利用电子采购平台基于报价比较来确定最优供应商的采购方式，适用于规格和标准统一、货源充足且价格变化幅度小的采购项目。

（3）在线竞价采购。这是一种融合招标技术和互联网技术的采购方式，是通过供应商之间的竞争性报价，以逐步降价获得采购项目。

（4）在线招标采购。这是一种利用采购平台基于竞争的采购方式。通过采购平台公开发布采购需求，吸引潜在供应商参与投标，以期获得最优价格和服务。在线招标采购通常包括发布招标公告、递交投标文件、评标与选择、签订合同四个关键步骤。

（5）在线协议采购。这是一种在特定条件下利用采购平台实施多频次、小额度的方式采购，通常包括供应商征集、签订合同、采购实施三个关键步骤。

不同的线上采购方式具有的优势也不同，如表 4-4 所示。

表 4-4　线上主要采购方式的优势

线上主要采购方式	优势
电子商城采购	（1）采购方便快捷 （2）降低采购成本 （3）货物选择余地大 （4）采购阳光透明
在线询价采购	（1）采购简单快捷 （2）采购竞争性强 （3）采购适用性强 （4）采购规范性强
在线竞价采购	（1）降低采购成本 （2）提高采购效率 （3）提高透明度高
在线招标采购	（1）增强公平性 （2）提高采购透明度 （3）增强采购竞争性
在线协议采购	（1）提高采购效率 （2）控制采购成本 （3）规范采购流程

（二）智慧供应链智能采购平台

智慧供应链智能采购平台是一种基于现代信息技术和物联网技术的创新型采购管理系统，是通过集成大数据、云计算、人工智能等先进技术，实现从采购需求生成、供应商选择、合同签订、订单执行到物流配送、仓储管理，以及售后服务的全流程智能化

微课：
智慧供应链
智能采购
平台

管理。

1. 智慧供应链智能采购平台的特点

智慧供应链智能采购平台具有以下特点：

（1）数据驱动。智能采购平台利用人工智能、大数据和流程自动化等先进技术，整合企业内外部资源，减少人为操作的参与，实现采购效率提升。

（2）实时透明。智能采购平台能够实时监控采购流程和供应链状态，提高整个供应链的透明度和可视性，及时发现潜在问题并采取应对措施。

（3）智能决策。通过收集和分析大量数据，智能采购平台能够为企业提供更精准的市场洞察和预测，帮助企业做出更正确的采购决策。

（4）协同共享。智能采购平台强调供应链各方之间的协同合作和信息共享，通过构建商业协同网络或平台，实现供需双方的高效连接。

2. 智慧供应链智能采购平台的作用

智慧供应链智能采购平台的作用如下：

（1）拓宽供应商选择范围。智能采购平台可以使企业线上通过地区、行业、规模，以及注册资金等关键词筛选合适的供应商，快速寻源，货比多家，客观公正地选择出性价比更高的供应商，降低采购成本。

（2）把控全方位的询价过程。智能采购平台全面记录采购项目发布、报价还价、再次报价、结果公示、授标审核等磋商过程的全部交易数据，方便采购部门实时跟进询价进度，掌握采购结果，促使采购业务更规范、有序、高效、透明。

（3）提高采购工作效率。智能采购平台可以使企业线上完成所有采购业务流程环节，支持多个部门同时使用，支持与供应商的联动和协同，支持自动生成多家供应商报价结果的比质比价表，消除信息孤岛。

（4）增强供应商报价的安全可靠性。智能采购平台具有供应商报价保密功能，即在报价截止时间前，所有项目相关人员不能获得供应商的报价信息，只能看到供应商是否报价，以及每个标的有多少供应商参与报价，确保供应商报价的数据安全可靠。

（5）提高采购数据统计分析的精确度。智能采购平台通过对日常询价业务管理所涉及的各项统计数据的自动收集和科学分析，实现采购报价自动汇总对比，助力企业了解过往交易数据，减少传统统计分析中的人为错误。

（6）支持采购订单的自动化生成和发送。根据预测需求和实际库存情况，系统可以自动生成采购订单，并通过电子方式发送给供应商，实现无纸化办公。这不仅减少了人为操作的错误率，而且缩短了订单处理的时间。

（7）提供一整套物流和仓储管理解决方案。通过与物流公司的系统对接，平台可以实时跟踪货物的运输状态，确保货物能够按时到达。同时，仓储管理系统可以自动记录和更新库存信息，提供库存预警功能，避免库存过多或短缺情况的发生。

中石油大庆油田物资采购创新驱动，激发乘数效应

物资采购与管理是油田重要的业务板块之一。近年来，中石油集团的大庆油田物资公司积极推进信息化建设和数字化转型发展。

1. 加强采购管理　深化价值创造

大庆油田以全链条推动实践创新，着力实现采购业务的技术提升和价值创新，不仅高标准建设招标方案模板库，提高招标方案的标准化、规范化水平，而且高水平抓好招标方案的编制，坚持"一标一策"的采购策略，持续推动由单一评价向"资质＋产品性能＋技术"的综合评价转变。2023年，大庆油田实现采购创效比2022年提升了21.3%。

2. 逐浪数字科技　推进转型升级

大庆油田物资公司数字运营中心依托29个指标管控模块、800个指标管控点，整合数据资源，深挖数据潜能，激发数据价值，构建起贯穿物资供应链、生产经营链全过程的"网格化＋数字化＋大数据"的数智物资新模式，以全场景数字应用展示、多维度智能监管预警，快速搭建起业务数据充分共享、管理数据融合统一的"大采购"和"全管控"模式，开展大数据分析和可视化展示，建立起物资地图和全生命周期运行总表，实现物资采供全业务链的数字化管理。

3. 把握工作重点　打造阳光生态

大庆油田坚持把供应商的优劣作为评判采购质量的直接尺度，大力开展供应商现场考察，全面遴选优秀供应商，实现了由新中标供应商准入考察向估算金额200万元以上招标项目的中标供应商、中标候选供应商全面考察的转变，由单一的资质考察向全方位检查资质证照、生产检测设备的复合型现场考察转变。

（资料来源：中国石油报，2023-07-13）

讨论与分享：数字化、智能化物资采购新模式对供应链优化有什么意义？

第二节　智慧供应链供应商管理

一、智慧供应链供应商评估选择

（一）供应商分类

供应商评估与选择是一个全面考虑需求、战略、成本、质量、可靠性和风险管理的系统过程，需要通过多个步骤和多种方法来选择合适的供应商，构建高效、可靠的供应链体系。

1. 按照采购对供需双方的重要性分类

按照采购对供需双方的重要性不同，可以把供应商分为四种，如图4-8所示。

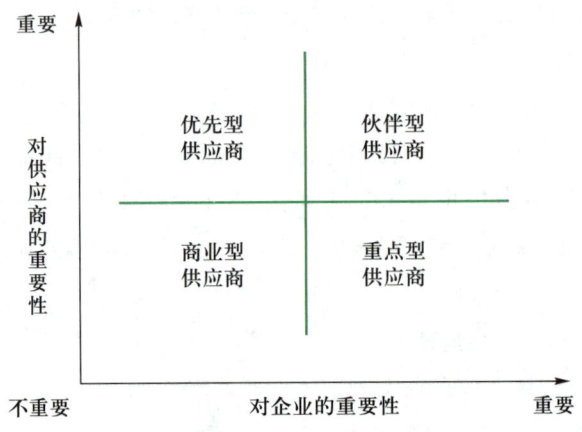

图4-8　按照采购对供需双方的重要性不同分类

（1）伙伴型供应商。如果采购业务对企业和供应商都非常重要，供应商自身又有很强的产品开发能力，那么这种采购业务对应的供应商就可以发展为伙伴型供应商。

（2）优先型供应商。如果采购业务对企业并不是十分重要，而对供应商来说非常重要，那么这种业务对应的供应商就可以发展为企业的优先型供应商。

（3）重点型供应商。如果采购业务对供应商来说无关紧要，但对企业却十分重要，那么这种采购业务对应的供应商就是重点型供应商。

（4）商业型供应商。如果采购业务对企业和供应商都不是很重要，交易对象替换很容易，那么这种采购业务对应的供应商就是商业型供应商。

2. 按照"80/20"规则分类

按照"80/20"规则，可以把供应商分为重点供应商和普通供应商。

（1）重点供应商。重点供应商是指采购金额（价值）占到全部采购金额（价值）的80%而供应商数量只占20%的供应商。对于重点供应商，应投入80%的时间和精力进行管理。这些供应商提供的货物多为企业战略物资或需集中采购的物资。如汽车厂需要采购的发动机和变速器等。

（2）普通供应商。普通供应商是指采购金额（价值）占全部采购金额（价值）的20%而供应商数量却占到80%的供应商。对于普通供应商，只需要投入20%的时间和精力进行管理。因为这类供应商所提供的货物对企业的运作成本和生产质量影响较小，如办公用品、维修备件、标准件等。

3. 按照采购业务分配的优先级分类

按照采购业务分配的优先级不同，可把供应商分为以下类别：

（1）优选供应商。供应商具有优秀的资质和绩效状况，配合意愿强烈，愿意和企业共同成长。这类供应商可以优先获得新采购项目或业务。

（2）合格供应商。供应商具有合格的资质和绩效状况，愿意配合企业发展并提供支持。这类供应商可获得新采购项目或业务。

（3）待淘汰供应商。供应商资质不符合企业的资质要求，或者过去一年评估的绩效状况一直不能改善，配合意愿不强。暂停该供应商新采购项目或业务，现有的采购业务可以继续维持。

（4）退出供应商。供应商资质严重不符合企业的要求，有重大品质或交付隐患，或者绩效状况持续恶化，配合意愿差。停止这类供应商的新采购项目或业务，现有的业务按计划转移给其他合格供应商，停止采购。

（二）智慧供应链供应商评估选择

在现代供应链管理中，通过运用先进的信息技术和数据分析手段，对潜在供应商进行全面、客观的评估，选择出合适的供应商合作伙伴，这对于确保供应链稳定性、降低成本、提高整体运作效率具有重要意义。

1. 供应商选择的评估要素

供应商选择的评估要素包括：

（1）技术水平。技术水平是指供应商提供产品的技术参数能否达到要求，是否拥有一支技术队伍去制造或供应所需要的产品，是否具有产品开发和改进能力等。选择技术水平高的供应商有利于企业的长远发展。

（2）产品质量。供应商提供的产品质量是否可靠，是一个很重要的评价指标。供应商必须有一个良好的质量控制体系，才能够持续、稳定地达到产品说明书的要求。

（3）供应能力。供应能力是指供应商保证供应企业所需数量产品的能力。这与企业的生产能力有关，意味着供应商的产能必须符合企业的采购需求。

（4）价格。供应商应该能够提供有竞争力的价格，但这并不意味着该价格必须是最低价格。

（5）地理位置。供应商的地理位置对库存量有相当大的影响。地理位置近，送货时间就少，订货提前期也可以缩短。采购方总是期望供应商离自己近一些，在当地建立有保障的库存。

（6）信誉度。企业一般都选择信誉度高、经营稳定、财务状况良好的供应商。

（7）售后服务。供应商必须具有优良的售后服务，如提供可替代的零配件，或者提供某些技术支持。

除了以上要素，有时还有一些其他方面的要素，如供货提前期、交货准确率、快速响应能力等。

2. 供应商评估选择流程

供应商评估选择流程如图4-9所示。

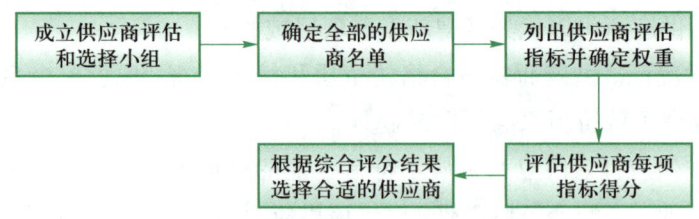

（1）成立供应商评估和选择小组。供应商选择不只是采购部门的事情，而且是整个企业都需要关注的重要决策。供应商的选择一般涉及企业的生产、技术、计划、财务、物流、市场等部门。对于技术要求高且重要的采购项目来说，特别需要设立由各部门相关人员组成的跨职能部门供应商评估和选择工作小组。

（2）确定全部的供应商名单。综合利用供应商信息数据库、采购和销售人员反馈信息、行业报告、媒体报道、互联网等多种渠道，确定全部可供选择的供应商名单，全面了解市场上能够提供企业采购所需货物的供应商。

（3）列出供应商评估指标并确定权重。确定代表供应商水平的有关因素，据此设计评估指标和影响权重。评估指标和影响权重对于不同行业产品的供应商不尽相同。

（4）评估供应商每项指标得分。为了保证评估指标得分的可靠性，应该对供应商进行调查。调查小组可由各部门相关人员组成。如技术部门的技术考察。

（5）根据综合评分选择合适的供应商。在综合考虑多方面的重要因素之后，就可以对根据综合评分结果选择合适的供应商。

3. 供应商选择的方法

供应商选择的方法如下：

（1）直观判断法。直观判断法是指通过调查、征询意见、综合分析和判断来选择供应商的一种方法。这种方法主观性较强，主要是倾听和采纳有经验的采购人员的意见，或者直接由采购人员凭经验作出判断，其质量取决于对供应商资料的掌握程度，以及决策者的分析判断能力和经验。这种方法简单、快速、方便，企业常用这种方法选择非主要的供应商。

（2）招标法。采购方作为招标方，通过平台、网站等渠道发布招标公告或者向一定数量的特定供应商、承包商发出招标邀请，公开发布招标采购信息，提出所需采购的项目及其质量、技术要求，交货或竣工期限，以及对供应商、承包商的资格要求等招标采购条件，表明将选择最能够满足采购要求的供应商。供应商向招标方书面提出自己拟提供的货物、工程或服务的报价及其他响应招标要求的条件，参加投标竞争。招标方对各投标者的报价及其他条件进行评比后，从中择优选定中标者，并与其签订采购合同。

（3）评分法。首先确定各个评估指标的权重，权重可用数字1~10的某个数值表示，也可以是小数（取0~1的一个数值，并规定全部权重之和为1）；其次对每个评估指标赋分，用 1~10 的一个数 (或 0~1 的一个数值) 表示；再次将所得分数乘以该指标的权重，综合处理后得到一个总分；最后根据每个供应商的总得分进行排序、比较和选择。

【例 4-1】某种货物可由 A、B、C 三家供应商提供，表 4-5 给出了全部的评估数值和供应商总得分。供应商总得分由高到低的排序是 B 供应商、C 供应商、A 供应商，据此可以优选 B 供应商。

表 4-5　供应商选择评分法应用

评估指标（1）	指标权重（2）	评估指标值（3）		
		A 供应商	B 供应商	C 供应商
技术水平	8	7	8	5
产品质量	9	8	9	7
供应能力	7	10	7	8
价格	7	7	6	8
地理位置	2	3	6	9
可靠性	6	4	7	7
售后服务	3	4	6	8
综合得分（2）×（3）		289	308	299

（4）业绩评估法。业绩评估法是指通过规定供应商各个重要指标 (如产品质量、价格、交货及售后服务等) 的得分标准及加权权重，根据供应商历次交易的统计资料，分别计算出各供应商的总得分。最后根据每个供应商的总得分进行排序、比较和选择。

（5）协商选择方法。即由采购方先选出供应条件较有利的几个供应商，同他们分别进行协商，再确定合适的供应商。与招标方法比较，采用协商选择方法双方能够充分协商，在商品质量、交货日期和售后服务等方面较有保证，但由于选择范围有限，不一定能得到最便宜、供应条件最有利的供应商。当采购时间紧迫，投标单位少，供应商竞争不激烈，订购货物规格和技术条件比较复杂时，协商选择方法比招标方法更合适。

（6）采购成本比较法。采购成本比较法是通过计算分析各个供应商的采购成本后，选择采购成本 (包括货物价格、运费及其他采购费用) 较低的供应商的一种方法。当产品质量、信誉、履约率及售后服务均能满足要求时，采购成本就是选择供应商的主要依据。

【例 4-2】某采购商在计划期内需购进某种货物 200 吨。甲乙两家供应商都能供货，货物质量和交付时间两项标准均能满足采购商的要求。距离采购商比较近的甲供应商，货物价格为 320 元 / 吨，运费为 5 元 / 吨，采购费用为 200 元，距离采购商比较远的乙供应商，货物价格为 300 元 / 吨，运费为 30 元 / 吨，采购费用为 500 元。试用采购成本比较法选择比较合适的供应商。

根据题干信息，计算采购商从甲、乙两家供应商采购的采购成本。

从甲供应商采购的采购成本为：

200×320+200×5+200=65 200（元）

从乙供应商采购的采购成本为：

200×300+200×30+500=66 500（元）

从甲供应商采购的采购成本比从乙供应商采购的采购成本低 1 300 元 (66 500-65 200=1 300 元)，因此甲供应商为比较合适的供应商。

4. 智能采购供应商选择的技术应用

（1）数据挖掘技术。通过收集和分析历史交易数据、供应商绩效数据、市场趋势等信息，采购方可以识别出最佳供应商。

（2）人工智能技术。利用算法和模型，如决策树、神经网络、聚类分析等，对供应商进行分类和评价，采购方可以更准确地预测潜在供应商的未来表现。

（3）数字平台技术。利用智能采购平台，结合价格、质量、交货时间、服务响应、技术能力、环境影响等定性和定量因素进行综合评分。

（4）云计算技术。利用云服务集成供应商各方信息，实现实时数据共享和协同工作，提高供应商的选择效率。

（5）可视化技术。通过仪表板和图表直观展示供应商数据和分析结果，帮助采购决策者快速理解信息。

二、智慧供应链供应商合作伙伴关系

（一）供应商合作伙伴关系的建立

供应商合作伙伴关系对企业的长期发展具有重要战略意义。建立供应链合作伙伴关系的目的在于通过提高信息共享水平，减少整个供应链产品的库存总量，提高整个供应链的运作绩效。

1. 建立供应商合作伙伴关系的意义

建立供应商合作伙伴关系的意义如下：

（1）更好地降低库存。建立供应商合作伙伴关系能够更好地加强合作，共享需求与供给信息，消除企业与供应商之间供需关系的不确定因素，减少库存。

（2）更快响应市场需求。建立供应商合作伙伴关系更能够充分发挥企业与供应商各方的优势，快速采购新产品的设计与生产制造所需的原材料和零部件，缩短市场响应时间。

（3）增强市场竞争力。建立供应商合作伙伴关系能够更好地使企业与供应商集中力量于自身的核心业务，提高企业的竞争优势和地位。

（4）促进供应链协同。建立供应商合作伙伴关系，有利于推进供应链的产品设计、产品制造、产品销售和售后服务一体化，促进供应链转型升级，改进产品和服务，提高客户满意度。

2. 建立供应商合作伙伴关系的步骤

建立供应商合作伙伴关系的步骤如图 4-10 所示。

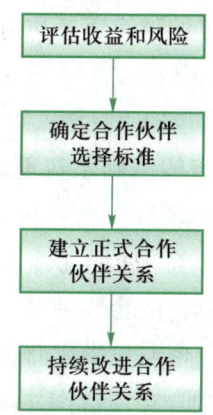

图 4-10 供应商合作伙伴关系建立步骤

（1）评估收益和风险。企业首先要对自身的供应链需求进行详细分析，明确建立合作伙伴关系的目的和预期效果，评估可能带来的潜在风险和收益，决策时权衡利弊。

（2）确定合作伙伴选择标准。企业要制定包括供应商的质量控制、交货时间、成本管理、技术水平和市场声誉等方面的合作伙伴选择标准，以更好地评估潜在供应商。

（3）建立正式合作伙伴关系。企业在评估和选择合适的合作伙伴之后，与供应商签订合作协议，明确双方的权利和义务，为后续的合作提供法律和商业基础。

（4）持续改进合作伙伴关系。利用数字化、智能化技术，通过持续的沟通和协作，定期对合作效果进行评价，并根据评价结果实施调整策略，共同探讨问题的解决方案，维护共同利益，确保合作伙伴关系长期稳定。

3. 建立供应商合作伙伴关系的制约因素

建立供应商合作伙伴关系的制约因素如下：

（1）高层态度。良好的合作伙伴关系首先必须得到最高管理层的支持和肯定。只有最高层负责人认同合作伙伴，企业之间才能保持良好的沟通，建立相互信任的关系。

（2）企业战略和文化的兼容性。企业战略和文化兼容，有利于在合作伙伴之间建立高效的协作机制，减少业务流程和管理结构上的障碍。

（3）合作伙伴实力的互补性。合作伙伴的战略定位、赢利能力、财务状况、管理水平等实力与企业的互补性越强，企业与供应商的战略合作伙伴关系就越可靠。

（4）相互之间的信任。信任是合作伙伴关系的基石。企业需要与供应商建立起坦诚相待、共生共荣的信任关系。

（5）技术水平。企业要求供应商合作伙伴具备与自己相适应的生产技术和智能化水平，增强合作互信。

（二）智慧供应链供应商合作伙伴关系的维护

维护供应商合作伙伴关系是一个持续的过程，需要综合考虑沟通、技术、信任、风险管理等多方面的因素，保持供应链的稳定运行和持续发展。

1. 供应商合作伙伴关系的维护原则

供应商合作伙伴关系的维护原则如下：

（1）高层互访原则。在高度互信的基础上实现高层的定期互访，有利于供应商合作伙伴关系在企业内部决策中得以体现。

（2）长期稳定与共同发展原则。企业要与供应商合作伙伴建立立足于长远的目标和共同面向未来的规划，维系可持续性的合作关系。

（3）平等协商与合作共赢原则。企业与供应商合作伙伴要在价格、质量、服务等方面都建立起平等互利的协商沟通机制，实现合作共赢的理念。

（4）动态管理原则。企业通过"定期评估"和"及时的信息反馈机制"，对供应商合作伙伴进行动态管理，对伙伴型供应商给予更多的资源倾斜。

2. 供应商合作伙伴关系的维护

（1）建立信息共享机制。通过智能化平台建立透明的信息共享机制，使所有合作伙伴都能够访问和分享库存水平、生产计划和市场需求等关键数据，提高供应链的可视化和协同性。

（2）加强合同的智能管理。利用自动化工具和软件来简化供应链流程，减少人工干预，使用信息化技术和智能合同技术来简化合同签订和管理过程，保证所有合作伙伴都能遵循合同条款。

（3）实施绩效评估和争议解决。使用数据分析和报告工具，定期在线评估合作伙伴的绩效，提供反馈和改进建议。采用在线协调方式解决企业与供应商之间的分歧和冲突。

（4）提供培训支持和奖励。为合作伙伴提供必要的培训和技术支持，通过优先购买等激励措施来鼓励合作伙伴积极参与智慧供应链建设。

（5）增强采购供应的安全保障。一方面不过度依赖单一供应商合作伙伴，保证有多个供应商合作伙伴可供选择。同时采取技术加密和访问控制等安全措施，确保平台的安全性和稳定性，保护合作伙伴的数据安全。

三、智慧供应链供应商整合

（一）供应链供应商整合的障碍

整合供应商是供应商管理的重要内容。由于企业在供应链中处于不同地位，面对不同的市场供需状况，整合供应商可能遇到企业内外部的各种障碍。

1. 供应商整合的外部障碍

供应商整合的外部障碍有：

（1）市场限制障碍。由于供应商垄断市场，导致供应商选择有限，缺乏竞争，企业与供应商之间的关系可能较紧张。

（2）技术限制障碍。技术标准不统一，供应商之间的信息系统不兼容，技术变革不能同频共振，都可能导致供应商整合困难。

（3）管理和文化差异障碍。企业与供应商之间管理理念和企业文化的差异，以及社会责任和道德标准的差异，可能阻碍与供应商的整合。跨国供应商整合还面临语言差异的挑战。

（4）自然灾害和政治风险障碍。地震、洪水等自然灾害，以及政治不稳定、战争或恐怖主义活动，都可能导致供应中断，影响供应链稳定性。

（5）法律法规限制障碍。跨国采购可能面临关税壁垒和非关税壁垒；环保法规可能导致某些供应商无法满足合规要求；特定行业或产品的法规限制可能阻碍供应商的选择和整合。

2. 供应商整合的内部障碍

供应商整合的内部障碍有：

（1）组织结构和文化障碍。僵化的组织结构和抵制变革的企业文化，缺乏灵活性和适应性，员工可能对新的工作方式和流程感到不适应而抵触，尤其是当整合导致职责变化或裁员时。

（2）内部沟通不畅障碍。如果内部沟通机制不健全，信息传递可能会出现延误或失真，使供应商整合进程受阻。

（3）信息系统不兼容障碍。企业内部的信息系统如果与供应商的系统不兼容，难以实现数据共享，将会增加数据交换和供应链流程的整合困难。

（4）资源不足障碍。供应商整合需要时间、人力和财力的投入。如果企业缺乏资源或无法合理分配资源，整合工作可能会因为缺乏必要的支持而停滞不前。

（5）管理层支持不足障碍。如果高层管理人员对供应商整合的重要性认识不足，可能不会提供必要的资源和政策支持，这将严重影响整合策略的实施，甚至错失整合的最佳时机。

（6）风险管理不当障碍。整合过程中可能会遇到供应中断、数据安全等风险，如果企业没有妥善的管理措施，这种风险就可能成为供应商整合的障碍。

(二) 智慧供应链供应商整合策略

智慧供应链供应商整合策略是通过运用现代信息技术和数据分析手段,对供应链中的各个环节进行深度优化和整合,其目的是提高供应链的整体效率,增强供应链响应市场变化的能力。

1. 供应商整合方式

(1) 供应商数量整合。采购方通过智能采购平台推进产品标准化,实施集中统一采购,减少供应商数量,对不同类别的供应商采用不同的管理策略,如表 4-6 所示。

表 4-6　供应商分类管理策略

供应商分类	管理策略	时间投入等级
战略型	(1) 供应链协同管理,共同制订生产计划 (2) 共享创新成果,联合开拓市场,形成利益共同体	高
一般型	(1) 保持良好关系,保障供应顺畅 (2) 激发供应商潜力,将部分一般型供应商发展成战略型供应商	中
问题型	(1) 淘汰不合格和没有潜力的供应商 (2) 帮助有潜力的供应商解决问题 (3) 寻找替代的供应商	低

(2) 供应商资源整合。采购方通过智能采购平台整合供应商资源,使供应商早期介入产品开发,缩短产品开发周期,或利用供应商的技术优势解决企业产品质量、成本、服务问题。供应商的不同供货方式直接影响供需双方的利益,如表 4-7 所示。供应商资源整合可以扬长避短,实现双赢。

表 4-7　不同供货方式对供需双方的利益影响

供货方式	适用情况	对采购方利益的影响	对供应商利益的影响
定时、定量供货	远距供货	库存风险大	批量大、成本低
准时供货	近距供货	库存低、适应性强	运输成本高
寄售库存	远距供货	资金占用少,占用仓库空间大	运输成本降低、合作关系紧密
直送工位	体大、笨重、易碎物料	资金占用少,占用仓库空间小,质量风险大	运输成本高、质量要求高
模块供货	相关性强的物料	采购业务效率高,便于供应商管理	运输成本降低、销售收入增加
采用标准工位器具供货	定型、常用、量大的物料	便于计数、减少重复劳动、提高效率	包装成本降低、服务水平提高
免检供货	质量优秀的供应商	缩短供货周期	产品质量、检测要求高

2. 供应商整合路径

（1）实现平台自动评价。通过智能采购平台事先的关键绩效指标设置，从交货质量、交货提前期、交货准时率等方面对供应商进行自动评价，并及时把评价结果反馈给供应商，与供应商共同采取改进措施。

（2）实行一体化管理。企业利用智能采购平台，在与供应商共享库存、需求等信息的基础上，根据供应情况实时调整自己的经营计划。同时，供应商根据企业库存、计划等信息，实时调整供应计划。

（3）实行准时制采购。即在恰当的时间和地点，以恰当的数量和质量采购恰当的货物。通过智能采购平台，企业首先以需求订单驱动制造订单，然后以制造订单驱动采购订单，由采购订单进一步驱动供应商准时响应客户的需求，提高物流速度和库存周转率，降低库存成本。

（4）建立战略联盟关系。供应链战略联盟是企业为共同利益所形成的联合体，其出发点是利用各方协作实现任何单独一方无法实现的目标，如表 4-8 所示。智能采购平台更有利于企业与供应商建立稳固的战略联盟关系。

表 4-8　供应商战略联盟关系与普通关系的差异比较

比较项目	普通关系	战略联盟关系
买方与卖方的关系	买卖关系	伙伴关系
订货合作期限	短	长
供货周期	长	短
供货方式	大批量送货	准时送货
质量保证	需要检验	免检
订货方式	人工订货	智能自动订货
交流频次	零星	连续
产品设计过程	先设计，再采购	共同参与，同步采购
生产数量	大批量	多品种、小批量
成本	考虑降低自身成本	考虑降低双方成本
风险	转嫁风险	风险共担

四、智慧供应链供应商绩效考核

（一）供应商绩效考核的目的与原则

利用供应商管理系统，建立供应商综合评价和反馈机制，坚持考核过程的科学性、合理性和有效性，不断优化供应商管理，提高供应链的韧性和安全性。

1. 供应商绩效考核的目的

供应商绩效考核的目的包括：

（1）提高供应链效率。通过对供应商交付能力和物流管理水平的评估，及时发现并解决交付延迟或质量问题，保证供应链的顺畅运作。

（2）降低运营风险。通过绩效考核，识别供应商的风险点，采取措施降低供应中断、价格波动等风险，保持供应链的稳定性。

（3）强化合作关系。通过绩效考核，加强与供应商的沟通和合作，建立基于绩效的合作关系，促使供应商提高供应能力和服务质量。

（4）优化供应商队伍。通过绩效考核，为淘汰不合格供应商、选择优质供应商，以及开发潜在供应商提供决策依据，建立稳定、高效的供应商队伍。

2. 供应商绩效考核的原则

供应商绩效考核的原则包括：

（1）系统性考核原则。评价考核指标要能反映整个供应链的运营情况，而不仅是单个节点企业的运营状况。

（2）公正透明原则。考核过程和结果应对所有相关方开放，避免评价的偏见和不公正，以增强供应商的信任感和合作意愿。

（3）可量化原则。绩效指标必须可以衡量供应商的业绩，如交货的准时率、产品合格率等。

（4）实时性考核原则。采用实时分析和考核的方法，及时发现问题并采取措施解决。

（5）多维度考核原则。为了全面评价供应商的绩效，坚持从价格、质量、技术、交货期等多个维度综合评价供应商。

（6）适应性考核原则。根据不同的市场竞争环境、产品特性、供应定位和采购项目，构建与之相适应的供应商绩效考核指标体系。

（7）动态性原则。随着供应链环境和市场需求的变化，不断调整供应商绩效考核的原则和指标。

（二）智慧供应链供应商绩效考核

供应商绩效考核指标是衡量供应商表现的关键因素。在智慧供应链管理中，为了保证供应商能够按照合同要求提供高质量的产品和服务，同时满足供应链的整体目标和需求，需要按流程的步骤和指标对供应商进行绩效评估。

1. 供应商绩效考核流程

供应商绩效考核流程主要包括制定绩效目标、确定绩效指标、实施绩效考核，以及反馈绩效结果四个环节，如图 4-11 所示。

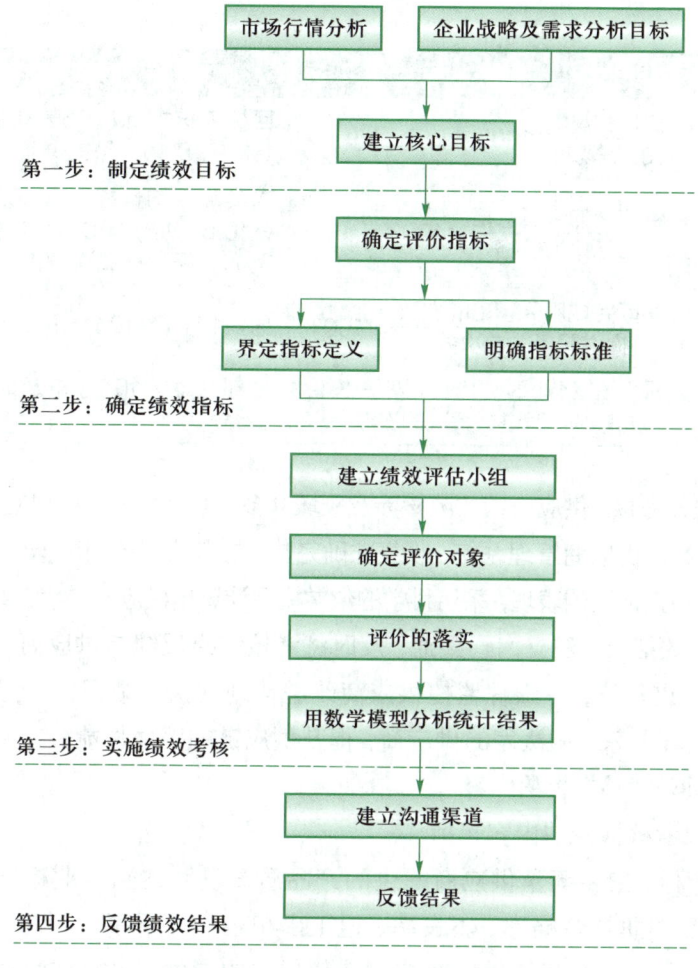

图 4-11 供应商绩效考核流程示意

（1）制定绩效目标。绩效目标源自对企业自身需求的分析，通过分析市场行情、企业战略、需求和供应水平及竞争状态，使供应商管理目标与企业战略目标保持一致，引导供应商适应供应链的发展需要。

（2）确定绩效指标。不同环境下的绩效指标设定可能差异很大，需要确定明确的评价指标，包括界定具体指标的内涵与评价标准，指标一定要可量可测，便于实施，具体如表4-9所示。

表4-9　供应商绩效考核指标评价标准

指标	定义	评价标准
产品合格率	$\dfrac{合格产品数}{产品总数}\times 100\%$	考核指标目标值达95%得9.5分。每增加1%，加0.1分；每减少1%，扣0.1分
退货率	$\dfrac{退货批次}{总交货次数}\times 100\%$	考核指标目标值达5%得9.5分。每减少1%，加0.1分；每增加1%，扣0.5分

指标	定义	评价标准
交货数量准确率	$\dfrac{交货数量}{交货总数} \times 100\%$	目标考核指标达95%得9.5分。每增加1%，加0.1分；每减少1%，扣0.5分
平均价格比率	$\dfrac{供应商的供货价格}{市场平均价格} \times 100\%$	当实际平均价格比率<0.6时，得10分；在(0.6, 0.8)，得9分；在(0.8, 1.0)，得8分；以下每升高0.1减1分
服务承诺履行度	$\dfrac{实际完成服务承诺的次数}{提供服务的总次数} \times 100\%$	达到1时，得10分；每降0.1，减1分
客户投诉未处理次数	规定在24小时之内针对客户投诉没有响应、跟进或解决的次数	全部处理为10分；未及时处理，每次扣0.5分

（3）实施绩效考核。供应商绩效考核涉及领域众多，考核实施需要建立绩效评估小组，确定评价对象。利用供应商管理系统，收集准确完整、与考核相关的数据信息并进行分析，评估供应商在各项指标上的表现，采用科学的数学模型计算出供应商的综合绩效得分。

（4）反馈绩效结果。建立沟通渠道，及时将考核结果反馈给供应商，针对供应商存在的问题提出改进建议，并跟踪监控供应商改进计划的执行情况，与优秀的供应商建立长期稳定的合作关系，淘汰差的供应商，提升供应链的整体性能。

2. 供应商绩效考核指标的内容

供应商绩效考核指标的内容包括：

（1）质量指标。主要衡量供应商提供的产品质量是否达到企业标准，包括评估供应商提供的产品的质量合格率、不良率、返工率和客户投诉率。

（2）交货指标。主要衡量供应商按时交付货物的能力，包括准时交货率、交货周期、紧急订单响应能力等。

（3）成本指标。包括与供应商合作相关的采购、运输、库存等成本。

（4）服务指标。包括供应商提供的服务满足企业需求的程度，供应商与企业沟通的效率和及时性，供应商对订单变更、紧急需求或问题解决的响应时间等。

（5）合作与发展指标。包括评估供应商在新技术应用和产品开发方面的合作能力，供应商持续改进流程和产品质量的努力程度，供应商在环境保护和社会责任方面的表现等。

（6）风险管理指标。包括评估供应商可能出现供应中断的风险，以及供应商提供的信息是否便于加强风险管理。

（7）创新与技术指标。包括评估供应商开发新产品的能力和速度，供应商在其行业内的技术领先地位等。

3. 智慧供应链供应商绩效考核方法

智慧供应链供应商绩效考核方法包括：

（1）数据驱动考核。通过对供应商的交货时间、质量、成本等关键指标进行实时数据收集、分析和利用，实时考核供应商绩效。

（2）多维度考核。利用智能技术对供应商的价格竞争力、交货能力、质量水平、服务水平等多方面的绩效实施考核。

（3）动态考核。根据市场环境和企业需求等因素的变化，对供应商绩效考核进行动态调整。

（4）技术支持。借助大数据、云计算、人工智能等先进的信息技术，实现对供应商绩效的实时监控、智能分析和预测。

智链强基　数创未来

一汽大众携手供应商共启新征程

如何携手合作伙伴立足当下、共赴未来是摆在所有汽车厂商面前最为急迫的议题。面对数字化、智能化的大势所趋，一汽大众积极推动数智互联，打通供应商与一汽大众之间的数据联通，带动供应商进一步转型，实现降本增效。

1. 立足新赛道，坚定转型

目前汽车行业的竞争其实是供应链的竞争，没有一个强大的供应体系，就不可能实现转型。一汽大众意识到汽车行业正在由油向电、由机械向智能转型，一方面加快自身经营管理转型，另一方面积极倡导整体供应链合作伙伴转型升级，寻求破局之道。已有近30年合作历史的亚普汽车部件公司（简称"亚普"）是一汽大众油箱的总配套商，在电动化方面构建了"储能系统＋热管理系统"双主业发展新格局；在智能化方面实现了"供应链协同化""研发设计数字化""试验验证模拟化""生产过程自动化""设备监控智能化""经营管理集成化""信息化安全系统化"，获评"国家汽车零部件智能制造示范工厂"称号。为一汽大众提供仪表、液晶显示屏、抬头显示器等产品的大陆汽车车身电子系统（芜湖）有限公司（简称"大陆芜湖"），紧随国内汽车市场从电动化逐渐进入智能化趋势，持续加大研发和生产线的升级换代，新建了十多条自动化及数字化生产线，生产领先的座舱产品，提升了驾驶的安全性和便捷性，为驾驶员和乘客带来愉悦的一体式用户体验，同时给座舱内饰设计带来更高的自由度。

2. 携手同行，共创未来

一汽大众经过30多年的发展，布局已覆盖东北长春、西南成都、华南佛山、华东青岛，以及华北天津，形成整车生产的"五地六厂"，加之动力总成事业部和冲压中心，构建起八大专业生产厂的全国性、集团性产业布局。在过往的30年间，一汽大众与亚普、大陆芜湖等供应商一直相互促进、相互成就，共创共赢。亚普自1995年捷达A2项目开始，已累计为一汽大众供货燃油箱总成超过2 000万只。受此推动，如今的亚普业务已遍布全球11个国家。大陆芜湖从最开始的传统仪表，到液晶显示屏及抬头显示器等，参与了一汽大众每一次迭代升级，并一直为其提供优质的解决方案，与一汽大众一起推动创新产品，把创新技术和产品带给消费者。

（资料来源：中国经济网，2023-10-13）

讨论与分享：供应商管理在供应链转型升级过程中有什么作用？

调查研究与善作善成

关于当地数字化采购情况的调查

步骤1:确定调研目标

围绕贯彻落实党的二十届三中全会"建立健全统一规范、信息共享的招标投标和政府、事业单位、国有企业采购等公共资源交易平台体系,实现项目全流程公开管理"的战略部署,结合本章学习内容,组织学生实地走访调研,了解当地的数字化采购情况,在调查研究的实践训练中巩固知识,检验学习效果,提高对供应链安全性的认识。

步骤2:设计调研方案

针对当前数字化、智能化的发展背景,聚焦数字化采购发展,根据调研目标设计可执行的调研方案。调研方案除包括调研目的、调研问题、调研假设、调研方法、调研地点与范围、数据收集方法、数据分析方法、调研预期结果、调研所需资源外,还要包括组建调研小组、明确调研过程中的安全及社交礼仪等要求。

步骤3:收集调研数据

坚持知行合一、理实结合原则,按照调研方案,选择合适的调研方法和路径,从思路、措施、问题、经验、成效等方面收集当地数字化采购发展的相关数据,以及数字化、智能化技术在供应链采购领域应用中的难点与痛点问题。

步骤4:整理分析调研数据

对收集到的数据进行整理和清洗,剔除无效或错误的数据,确保数据的质量。运用适当的统计方法和分析技巧,对整理好的数据进行分析、比较、归纳,揭示存在的问题,总结好的做法,提炼出可复制推广的经验成果。

步骤5:撰写调研报告

在调研中要把党的二十届三中全会"健全提升产业链供应链韧性和安全水平制度"的精神学深悟透,将调研过程和结论整理成书面报告,提出当地"数字化采购"平台建设的可行性建议。同时,注意报告的规范性和逻辑性,增强报告的可读性。

步骤6:呈现分享调研报告

将调研结果在班级内呈现分享,有条件的话可以通过研讨会、会议或公开发表的方式呈现给相关行业参与者、决策者和社会公众。

综合实训

实训1:线上统一招标采购模拟

步骤1:确定实训目的

招标采购是企业选择供应商的常用方式。通过模拟训练,使学生巩固本章所学知识,掌握线上招标采购方法的应用,培养学生的数字化采购能力。

步骤2：做好实训准备

（1）编写高校食堂联盟大米统一采购场景。场景示例：N市大学城入驻高校11所，在校师生超过20万人。为了保障供应，降低采购成本，该大学城各高校协商一致成立食堂联盟，组建后勤供应链，建立数字化采购平台，对各高校所需的粮油及主要副食品实行统一招标采购。根据各高校预估，该联盟的大米年需求量为3 000吨。

（2）组建实训小组，并做好小组成员分工。

（3）收集大米统一采购相关资料。

步骤3：讲解实训内容

（1）讲解招标采购流程。

（2）讲解招标文件编写要求。

（3）讲解招标公告编写要求。

（4）讲解投标文件编写要求。

（5）讲解评标原则与要求。

（6）讲解中标公告编写要求。

步骤4：完成实训任务

根据假设的模拟场景，实训小组合作完成：

（1）大米统一采购招标相关资料的收集。

（2）××高校食堂联盟大米招标文件编写。

（3）××高校食堂联盟大米招标公告编写。

（4）××高校食堂联盟大米投标文件编写。

（5）××高校食堂联盟大米采购评标模拟。

（6）××高校食堂联盟大米采购中标公告编写。

（7）实训成果全班展示分享。

步骤5：实施实训评价

教师对每个实训小组的表现进行综合评价，填写表4-10。

表4-10　线上统一招标采购模拟实训评分

组别			组员	
考评内容	××高校食堂联盟大米线上统一采购招标模拟			
考评标准	考评维度		分值	实际得分
	采购招标公正公平意识		15	
	采购招标资料收集		10	

考评标准	线上采购招标文件编写	15	
	线上采购招标公告编写	10	
	线上采购投标文件编写	15	
	线上采购招标评标模拟	10	
	线上采购招标中标公告编写	10	
	实训成果展示分享	15	
合计		100	

实训2：供应商绩效考核表设计

步骤1：确定实训目的

供应商绩效考核是供应商管理的重要内容。通过训练，使学生根据本章所学知识，做好智慧供应链供应商绩效考核工作，并进行可视化呈现，提高学生的数字素养。

步骤2：做好实训准备

（1）编写××公司对其供应商进行考核的场景。

场景示例：××公司深知供应商管理的重要性，拟基于供货质量、交货准确性、供货能力、供货成本、社会责任五大指标体系对供应商进行综合考核。

（2）组建实训小组，并做好小组成员分工。

（3）登录大型制造企业采购平台，初步收集供应商绩效考核的内容。

步骤3：讲解实训内容

（1）讲解供应商绩效考核的流程。

（2）讲解供应商绩效考核的指标体系及其含义。

（3）讲解线上供应商绩效考核的要求。

步骤4：完成实训任务

根据假设的模拟场景，实训小组合作完成以下任务：

（1）收集大型企业供应商的绩效考核具体指标。

（2）供应商绩效考核表设计。

（3）实训成果在全班展示分享。

步骤5：实施实训评价

教师对每个实训小组的表现进行综合评价，填写表4-11。

表 4-11　供应商绩效考核表设计评分

组别		组员	
考评内容	数智化采购背景下供应商绩效考核表设计		
考评标准	考评维度	分值	实际得分
	供应商考核社会责任意识	15	
	供货质量指标设计	15	
	供货准确性指标设计	15	
	供货能力指标设计	15	
	供货成本（价格）指标设计	15	
	供应商社会责任指标设计	10	
	实训成果展示分享展示	15	
合计		100	

同步测试

一、判断题

1. 采购战略隶属于企业的供应链战略并最终服务于企业顶层战略。(   )

2. 智能采购的作用不包括支持个性化采购。(   )

3. 协同共享是智能采购平台的特点之一。(   )

4. 智能采购平台赋能不包括拓宽供应商选择范围。(   )

5. 企业选择的供应商必须是能提供最低价格。(   )

6. 供应商合作伙伴关系在线维护需要建立信息共享机制。(   )

二、单选题

1. 采购战略的重要性不包括(   )。

   A. 加快需求响应   B. 优化资源配置

   C. 降低采购成本   D. 选择供应商

2. (   )通过合并多个部门的采购需求,企业可以获得更大的议价能力,从而降低采购单价和总成本。

   A. 分散采购   B. 集中采购

   C. 多供应商采购   D. 直接采购

3. 采购管理目标是多方面的,但不包括(   )。

   A. 降低采购成本   B. 提高采购效率

   C. 改善员工福利   D. 降低采购风险

4. 数字化采购价格的智能形成不包括(   )。

   A. 数据分析定价   B. 智能询价比价

   C. 智能确定标价   D. 线下讨价还价

5. 如果采购业务对企业和供应商都非常重要,供应商自身又有很强的产品开发能力,那么这种采购业务对应的供应商可以发展为(   )。

   A. 优先型供应商   B. 重点型供应商

   C. 伙伴型供应商   D. 商业型供应商

6. 供应商绩效考核的目的不包括(   )。

   A. 压低供应商价格   B. 提高供应链效率

   C. 降低运营风险   D. 强化合作关系

三、多选题

1. 线上主要采购方式包括(   )。

   A. 电子商城采购   B. 在线询价采购

C. 在线竞价采购   D. 在线招标采购

E. 在线协议采购

2. 智能采购供应商选择的技术应用包括（　　　　）。

    A. 数据挖掘技术   B. 人工智能技术

    C. 数字平台技术   D. 云计算技术

    E. 可视化技术

3. 建立供应商合作伙伴关系的制约因素包括（　　　　）。

    A. 高层态度   B. 技术水平

    C. 相互之间的信任   D. 企业战略和文化的兼容性

    E. 合作伙伴实力的互补性

4. 智慧供应链供应商合作伙伴关系的维护包括（　　　　）。

    A. 建立信息共享机制   B. 加强合同的智能管理

    C. 实施绩效评估和争议解决   D. 提供培训支持和奖励

    E. 增强采购供应的安全保障

5. 智慧供应链供应商整合的外部障碍包括（　　　　）。

    A. 商务限制障碍   B. 技术限制障碍

    C. 管理和文化差异障碍   D. 自然灾害和政治风险障碍

    E. 法律法规限制障碍

6. 供应商绩效考核流程主要包括（　　　　）。

    A. 市场需求分析   B. 制定绩效目标

    C. 确定绩效指标   D. 实施绩效考核

    E. 反馈绩效结果

第五章

智慧供应链生产物流与物料管理

学习目标

素养目标
◢ 培养生产计划制订的严谨工作态度
◢ 培养物料管理的资源节约意识
◢ 培养推动制造业数字化升级发展的意识

知识目标
◢ 了解智慧供应链企业主生产计划的内容
◢ 掌握智慧供应链企业资源计划的应用
◢ 了解智慧供应链企业物料管理的主要应用场景
◢ 掌握智慧供应链对企业物料管理的要求

技能目标
◢ 能够初步编制智慧供应链企业生产计划
◢ 能够初步编制智慧供应链企业物料需求计划
◢ 能够初步应用数字化技术控制物料库存成本
◢ 能够初步完成智慧供应链企业物料管理的任务

思维导图

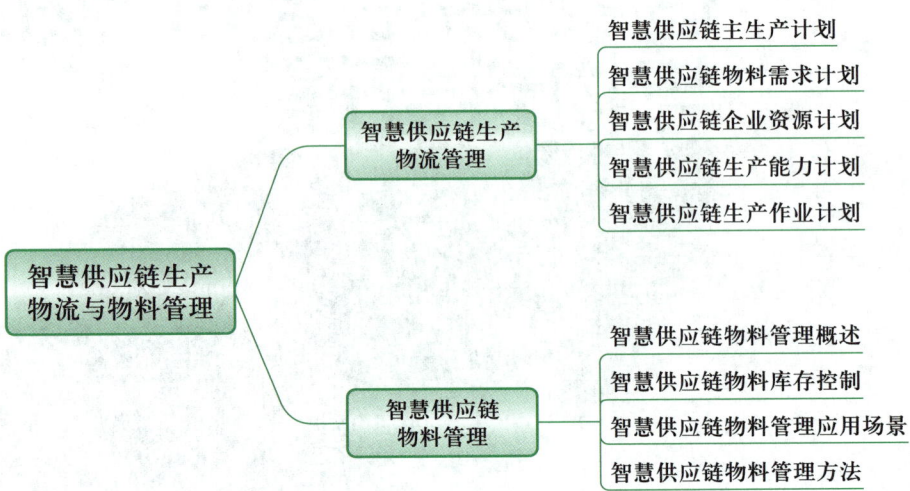

智慧供应链生产物流与物料管理
- 智慧供应链生产物流管理
  - 智慧供应链主生产计划
  - 智慧供应链物料需求计划
  - 智慧供应链企业资源计划
  - 智慧供应链生产能力计划
  - 智慧供应链生产作业计划
- 智慧供应链物料管理
  - 智慧供应链物料管理概述
  - 智慧供应链物料库存控制
  - 智慧供应链物料管理应用场景
  - 智慧供应链物料管理方法

学习计划

◢ **素养提升计划**

◢ **知识学习计划**

◢ **技能训练计划**

实数融合新视界

用中国装备造世界车

在新一轮科技革命和产业变革的推动下，中国汽车工业"换道赛车"，以巨一科技为代表的中国新能源汽车装备制造企业探索产业之路，持续突破汽车制造生产线受制于人的状况，为中国汽车工业提供系统解决方案，同时提供电驱动产品的研发、生产与全生命周期服务，赋能汽车产业深刻变革。过去近20年，巨一科技秉持创新就是生命的宗旨，坚持创新驱动发展，用中国装备造出了中国车。

公司运用互联网、云平台、物联网等技术，将信息技术与制造业深度融合，为新能源汽车智能制造和数字化工厂提供系统性解决方案。数字孪生平台通过工厂现场的数据采集，在线上打造一个数字化工厂模型，为客户提供设备搭建和远程运维解决方案，使设备交付周期缩短30%，生产效率提高30%。走进巨一科技5G+智造数字孪生创新中心，戴上VR设备，生产车间里设备运行的状况便可一览无余。

顺应经济全球化趋势，中国新能源汽车正在积极开拓海外市场。作为供应链企业的巨一科技凭借电驱动系统和汽车装备制造"双轮驱动"优势，积极投身全球新能源汽车产业转型发展浪潮。它的先进装备支撑特斯拉、大众等国际客户生产基地的新车交付和产能提升；它的产品和技术服务走进本田等国际知名车企；它的子公司在英国、德国、美国、日本相继成立，其智能装备和零部件产品出口至全球多个国家和地区。扬帆"出海"，巨一科技"用中国装备造世界车"的愿景正在照进现实。

（资料来源：新华社，2024-07-01）

引思明理

随着新一轮科技革命和产业变革的深入发展，智能制造成为全球制造业科技创新的制高点。要落实党的二十届三中全会"推动制造业高端化、智能化、绿色化发展"的精神，必须加快制造业绿色化、智能化转型升级，巨一科技公司通过将信息技术与制造业的深度融合，赋能我国新能源汽车发展。

一、智慧供应链主生产计划

（一）主生产计划

主生产计划（master production schedule, MPS）是制造企业关键的生产规划工具，如图 5-1 所示。主生产计划详细规定了一定时期内企业需要生产的具体产品数量，包括产品种类、数量、交货日期等内容。它既是企业生产活动的指导性文件，也是企业生产物流的核心组成部分。

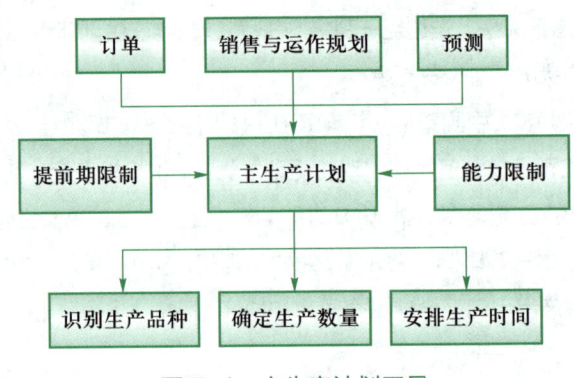

图 5-1　主生产计划工具

1. 主生产计划的内容

主生产计划包括以下内容：

（1）生产目标。即明确企业的产量、质量、成本等方面的指标。生产目标应该根据市场需求、企业资源等因素进行合理设定。

（2）生产流程。即详细规划生产流程，既保证生产的顺利进行，又尽可能提高生产效率。

（3）生产资源。即合理配置并有效利用生产所需的各种资源，包括人力资源、设备资源、物料资源等。

（4）生产时间。即对生产时间进行合理安排，包括生产周期、交货期等方面。例如，某摩托车厂 1—2 月份的生产安排如图 5-2 所示。生产时间安排既要满足市场需求，又要考虑企业的生产能力。

项目	1月				2月			
周次	1	2	3	4	1	2	3	4
50型产量/辆		250		250	100			100
100型产量/辆	200	200	200	200	300	300	300	300
150型产量/辆	100		100		100		100	
月产量/辆	1 500				1 600			

图 5-2 某摩托车厂 1-2 月份生产安排

（5）生产质量。即制定严格的质量控制标准和流程，使生产出来的产品符合质量要求。

（6）生产安全。即制定安全操作规程、培训员工等措施，确保生产过程的安全。

（7）生产环境。即明确生产环境的要求，如降尘、降噪、防泄漏等。

2. 主生产计划的作用

主生产计划具有以下作用：

（1）明确生产目标。主生产计划明确了企业在某时期内需要生产的产品的数量和种类，为企业的生产活动设定了明确的工作方向。

（2）协调资源分配。通过对生产需求的预测和分析，主生产计划帮助企业合理分配人力、物力、财力等资源，保证生产过程的顺利进行。

（3）优化生产流程。主生产计划通过对生产活动的规划和安排，改进生产流程，提高生产效率和质量。

（4）控制库存水平。主生产计划根据市场需求和企业生产能力，合理安排生产进度和库存水平，避免库存积压或断货。

（5）响应市场变化。主生产计划能够及时调整生产计划以适应市场需求的变化，增强企业的市场竞争力。

（6）促进部门协同。主生产计划作为企业内部各部门之间沟通和协作的桥梁，有助于实现各部门之间的协同工作，提高整体运营效率。

3. 主生产计划的实施过程

主生产计划的实施过程可以归纳为以下三步：

（1）数据收集与能力评估。收集关于市场需求、客户订单、生产能力等方面的数据，并根据收集到的数据评估需要达到的生产规模和现有资源能力。

（2）计划编制与计划执行。根据预测的市场需求和具备的资源能力编制详细的生产计划，并按照决策流程下达到生产部门执行。

（3）执行监控与计划更新。实时监控主生产计划的执行情况，并根据市场和企业相关部门的反馈周期性地更新计划。

(二) 智慧供应链主生产计划

智慧供应链主生产计划是指基于人工智能和大数据分析的先进工具，优化企业生产流程的计划，它可以提高生产效率，降低生产成本，保证产品质量。智慧供应链通过整合企业内外部数据资源，为企业提供全面、实时的生产计划制订和执行平台。

1. 智慧供应链对主生产计划的要求

(1) 建立高度集成的数据系统。智慧供应链要求主生产计划具备高效的数据处理能力和灵活的调整机制，能够实时收集和处理来自供应链各环节的数据，如库存水平、物流状态和客户需求等。这种数据的高度可见性和可访问性是实现有效生产计划的关键。

(2) 应用先进的智能化技术。通过物联网技术，智慧供应链可以自动收集设备状态、库存变动等关键信息，为主生产计划提供实时数据支持，提高生产决策的速度和准确性。

(3) 实施可持续发展的绿色生产。智慧供应链管理强调绿色低碳环保，制订主生产计划时必须考虑绿色环保和可持续性因素，如节能减排、废物回收等，促进企业的绿色发展。

2. 智慧供应链对主生产计划的价值

(1) 提高决策的精准性。智慧供应链通过大数据分析和人工智能技术，提供更精确的市场预测和需求分析，使主生产计划更准确地预测未来的生产需求，并根据实时数据即时调整生产计划，应对突发的市场变化或供应链中断，减少库存积压和生产过剩的风险。

(2) 增强供应链协同。智慧供应链强调各环节之间的信息共享和协作，要求主生产计划制订能更好地协调供应链的物流、销售和供应商管理等环节，使供应链的每个环节都能及时响应生产计划的变动，以提高整个供应链的反应速度和灵活性。

(3) 提升生产效率。自动化和智能化技术的引入使生产活动更加高效，主生产计划可以通过自动化系统快速调整生产线配置，以适应不同产品的生产需求；通过智能算法优化生产流程，减少浪费，实现成本控制和资源优化利用。

(4) 促进服务个性化。智慧供应链技术支持小批量多样化的生产策略，使主生产计划能够有效应对市场个性化的产品需求，调整产品设计和生产计划，满足客户需求。

(5) 推动企业创新。智慧供应链不仅能够优化现有生产流程，而且能够推动企业探索新的业务模式和服务创新，如基于数据驱动的新产品开发和市场策略。随着物联网和 AI 的深入应用，主生产计划管理将变得更加智能化，能够进行自我学习和优化，持续提高生产效率和灵活性。

二、智慧供应链物料需求计划

（一）物料需求计划

物料需求计划（material requirement planning，MRP）是根据主生产计划和库存情况，计算出各种原材料、零部件的需求数量和需求时间，如图5-3所示。物料需求计划的目的是保证生产过程中所需的物料能够按时按量供应，避免因物料短缺而导致的生产中断。

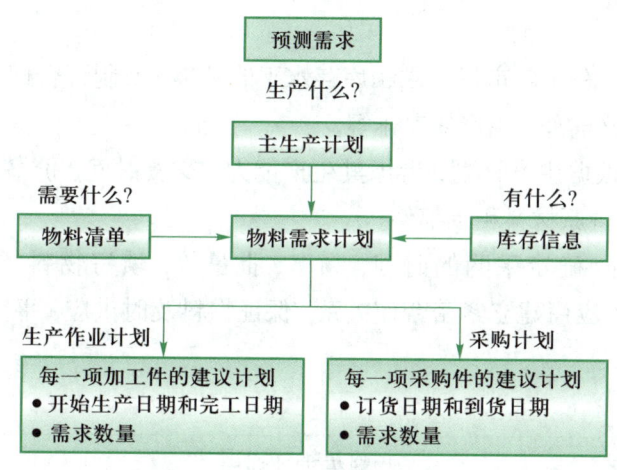

图 5-3　物料需求计划工具示意

1. 物料需求计划制订的主要内容

物料需求计划制订的主要内容包括：

（1）需求预测。通过对市场趋势、历史销售数据和客户订单的分析，预测未来一段时间内的产品需求量。

（2）主生产计划编制。根据需求预测结果，制订主生产计划，包括生产数量、生产时间等。主生产计划需要与生产能力、设备状况等因素相协调，以确保生产计划的可行性。

（3）库存分析。分析现有库存水平，保证物料和部件的供应能够满足生产计划的需求。库存分析需要平衡库存成本和缺货风险，避免库存过多或过少。

（4）物料清单编制。列出生产每个产品所需的所有物料和部件，以及它们的数量和层次关系。物料清单（bill of materials，BOM）是物料需求计划的基础，需要定期更新以反映产品设计的变更。

（5）采购计划编制。根据物料清单确定所需采购的物料和部件，并与供应商进行沟通和协商，关注供应商的交货期、价格、质量等因素。

（6）生产调度。根据主生产计划和物料供应情况，充分考虑设备的利用率、员工的工作效率和生产成本等因素，安排生产线的工作顺序和时间表。

2. 物料需求计划制订需要考虑的主要因素

物料需求计划制订是一个复杂而关键的过程，需要对市场需求、库存水平、生产计划、供应商和采购策略等多个因素进行综合考量。

（1）市场需求。制订物料需求计划需要对市场需求进行深入分析，了解产品的销售趋势、季节性波动、市场竞争格局等因素。

（2）库存水平。根据市场需求预测，评估现有库存水平是否能够满足未来一段时间的生产需求。如果库存不足，需要及时补充；如果库存过多，需要调整生产计划，避免资源浪费。

（3）生产计划。在了解市场需求和库存水平的基础上，制订合理的生产计划，包括确定生产数量、生产时间、生产线安排等。

（4）供应商。根据生产计划，考虑其生产能力、交货时间、价格、质量等因素，选择合适的供应商提供原材料和零部件。

（5）采购策略。确定采购的时间、频率、批量等，填写物料需求计划表（如图5-4所示），并与供应商建立紧密合作关系，保证物料及时供应，平衡库存成本和采购成本。

物料需求计划表

| 需求部门： | | | | | | | 日期： | | |
| 项目名称： | | | | | | | 编号： | | |

序号	物料名称	规格	单位	需求用量	采购估价		需求日期	请购原因	备注
					单价	总价			
1									
2									
3									

图5-4　物料需求计划表

（二）智慧供应链与物料需求计划

智慧供应链物料需求计划是利用人工智能、机器学习和数据挖掘等技术手段，实时监控和分析供应链环节，精准预测市场需求，掌握库存状况和供应商动态，制订更加准确灵活的物料需求计划，提高供应链效率和响应速度。

1. 智慧供应链对物料需求计划的要求

智慧供应链对物料需求计划的要求如下：

（1）准确。智慧供应链要求物料需求计划必须准确无误，以保证生产流程顺利进行。任何错误的需求预测都可能导致生产中断或库存积压。

（2）实时。智慧供应链需要实时更新物料需求计划，对市场需求快速响应，及时调整生产和采购策略。

（3）灵活。智慧供应链要求物料需求计划能够适应市场变化和生产需求的变动，需要具有一定的弹性，能够在必要时进行调整。

（4）集成。智慧供应链需要将物料需求计划与供应链其他环节（如采购、生产、销售等）紧密集成，以实现整个供应链的优化。

（5）可预测。智慧供应链要求物料需求计划具有一定的预测性，能够预见未来的市场趋势和生产需求，以便提前做好生产和采购准备。

（6）可持续。智慧供应链要求物料需求计划符合可持续发展原则，充分考虑环保、社会责任等因素，以实现供应链的长期稳定发展。

2. 智慧供应链对物料需求计划的价值

智慧供应链对物料需求计划的价值如下：

（1）提高预测精确度。随着大数据和分析工具的应用，智慧供应链利用实时数据和历史数据精准预测需求，提高物料需求计划决策的合理性。

（2）增强计划灵活性。面对突发的供应链变动或市场需求的变化，智慧供应链能够快速重新配置资源并调整生产优先级，使物料需求计划具备高度的灵活性和动态的调整能力。

（3）优化采购决策。智慧供应链通过改善与供应商的信息共享和沟通，分析不同采购选项的成本效益，加强供应链协同，选择更有效的采购策略，优化物料需求计划的供货周期和批量，减少库存持有成本和风险。

（4）提高生产效率。智慧供应链通过优化生产批次大小、排程和序列，自动识别生产中的瓶颈问题，完善物料需求计划，减少生产过程中的物料等待时间，实现生产效率最大化。

三、智慧供应链企业资源计划

（一）企业资源计划

企业资源计划（enterprise resource planning，ERP）是一种集成的信息系统，将企业的财务、人力资源、生产、销售、采购等各个部门的业务数据整合到一个统一的平台，如图5-5所示，帮助企业管理和优化内部业务流程，实现信息共享和流程协同。

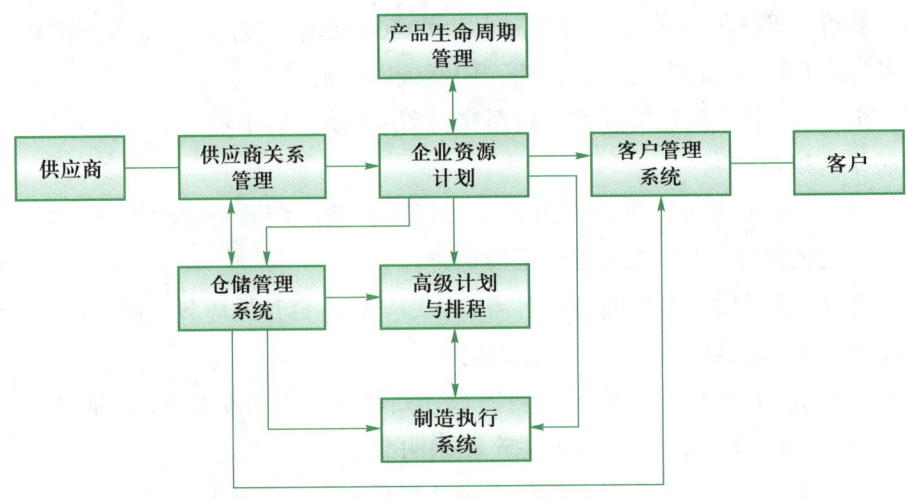

图 5-5　企业资源计划系统

1. 企业资源计划的主要构成

企业资源计划的主要构成如下：

（1）数据库管理系统。ERP 系统的核心是一个集中的数据库，用于存储和管理企业的各种数据，如财务信息、库存数据、客户信息等。这个数据库管理系统保证了数据的一致性和准确性，并支持跨部门的信息共享和分析。

（2）模块和功能。ERP 系统通常包含多个模块，每个模块负责管理特定的业务领域或流程。常见的模块包括财务管理、供应链管理、销售和市场营销管理、人力资源管理、生产计划和控制等。这些模块相互关联，共同协作，以满足企业的不同需求。

（3）用户界面和交互。ERP 系统提供了一个用户友好的界面，使员工能够轻松地访问和使用系统功能，如图形化的用户界面、报表生成工具、数据分析工具等。

（4）功能集成和定制。ERP 系统通常具有强大的集成能力，可以与企业现有的软件和硬件系统无缝连接。此外，许多 ERP 系统还提供了定制功能，允许企业根据自己的特定需求进行配置和定制，以实现更好的适应性和灵活性。

（5）数据安全和合规。随着企业对数据安全和合规性的日益重视，ERP 系统也必须具备相应的安全措施和合规性功能，如数据加密、访问控制、审计跟踪等。

2. 企业资源计划在供应链管理中的作用

企业资源计划在供应链管理中的作用如下：

（1）实现供应链管理集成。企业资源计划系统实现了从原材料采购到产品生产再到销售分销整个流程的信息集成与管理，不仅提高了供应链的透明度，而且增强了企业对市场需求变化的响应速度。

（2）增强供应链协同性。通过企业资源计划系统，供应链上的各个成员能够实现信息共享与工作协同，避免出现信息孤岛现象，提高供应链的运作效率。

（3）控制供应链成本。企业资源计划系统提供了强大的财务管理功能，使企业能够实时监控和分析供应链各个环节的成本，有效降低供应链成本，提高利润率。

（4）加强供应链风险管理。企业资源计划系统能够帮助企业识别供应链风险，如供应商风险、物流风险等。通过对这些风险的及时响应和处理，保持供应链的稳定性和连续性。

（5）提供供应链决策支持。企业资源计划系统提供了丰富的数据和分析工具，帮助企业做出更明智的供应链管理决策。

（二）智慧供应链企业资源计划转型

智慧供应链与企业资源计划之间存在着密切联系。一方面，智慧供应链可以为企业资源计划系统提供实时、准确的数据来源，使得企业资源计划系统能够更好地反映市场变化和企业经营状况。另一方面，企业资源计划系统可以为智慧供应链提供强大的数据处理和分析能力，帮助企业更好地理解和应对供应链中的各种问题。

1. 智慧供应链企业资源计划的功能提升

（1）建立全面的供应链信息平台。通过集成各个部门和供应商的信息，实现信息的共享和流通，提高信息的透明度和准确性。

（2）优化供应链流程。通过对供应链中各个环节的分析和评估，发现潜在的瓶颈和问题，并采取相应的改进措施，如引入自动化设备和智能化技术。

（3）强化供应链风险管理。通过建立风险管理体系，及时识别和评估市场波动、供应中断、自然灾害等风险，采取相应的应对措施，如建立灵活的生产计划。

（4）加强供应链协同合作。通过建立有效的沟通机制和合作模式，促进信息和资源共享，提高整个供应链的协同效应。

2. 智慧供应链企业资源计划的转型要求

智慧供应链企业资源计划的转型要求如下：

（1）数据集成共享。智慧供应链要求企业资源计划系统实现数据的集成共享，将企业内部各个部门的数据进行整合，形成统一的数据平台，保证数据的一致性和准确性。

（2）实时且可视化。智慧供应链要求企业资源计划系统具备实时性和可视化的特点，能够实时收集、处理和分析数据，以便及时响应市场变化和客户需求。同时，通过可视化界面展示数据和分析结果，帮助企业管理者更好地理解和掌握供应链的运行情况。

（3）灵活可扩展。智慧供应链要求企业资源计划系统具备灵活性和可扩展性，能够适应企业和市场需求的变化，能够与其他系统集成，形成更加完善的供应链管理体系。

（4）供应链协同合作。智慧供应链要求企业资源计划系统能够实现供应链中的供应商、生产商、分销商等主体之间的信息共享，共同应对市场和客户需求变化，提高供应链的整体竞争力。

四、智慧供应链生产能力计划

（一）生产能力计划

能力需求计划（capacity requirements planning，CRP）是根据主生产计划和企业的生产能力，制订出生产能力的分配和调度计划。生产能力计划的目的是保证企业的生产能力能够满足生产计划的需求，避免因生产能力不足而导致生产延误。生产能力计划与其他计划的联系如图5-6所示。

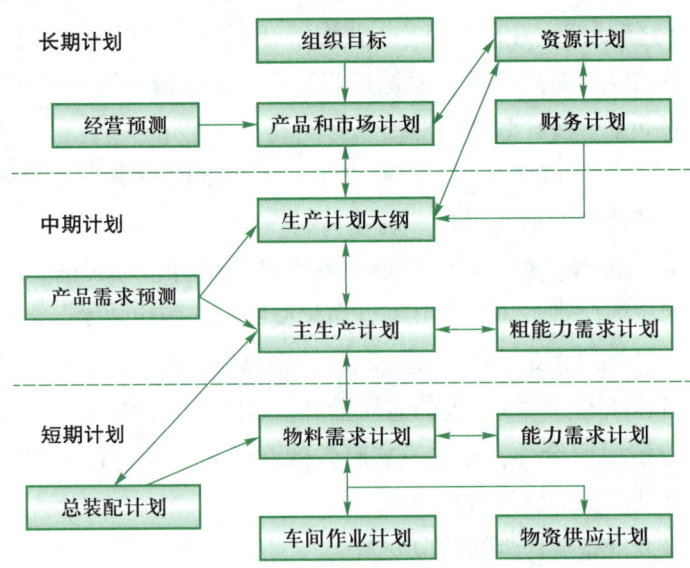

图5-6　生产能力计划与其他计划的联系

1. 影响生产能力计划的主要因素

影响生产能力计划的主要因素包括：

（1）市场需求。企业需要根据市场需求的变化来调整生产计划，如果市场需求增加，企业可能需要增加生产能力以满足需求；相反，如果市场需求减少，企业可能需要减少生产能力以避免过剩。

（2）生产资源。生产资源包括原材料、设备、劳动力等。企业需要确保有足够的生产资源来支持生产计划的执行。如果生产资源不足，企业可能需要调整生产计划，以适应资源的可用性。

（3）技术水平。技术进步可以提高生产效率和产品质量，增加生产能力。企业需要不断引进新技术和新设备，提高生产自动化程度，以提高生产能力。

（4）管理水平。良好的管理可以优化生产流程，提高生产效率，增加生产能力。

（5）外部环境。外部环境包括政策法规、经济环境、竞争对手等。企业需要密切关注外部环境的变化，及时调整生产计划。

2. 生产能力计划制订的主要步骤

生产能力计划制订的主要步骤如下：

（1）预测需求。企业通过大量的市场数据分析，考虑季节性因素、市场趋势、经济环境，以及竞争对手等因素，预测未来的产品需求量、需求时间，以及需求地点等。

（2）评估资源。企业通过评估现有的生产资源，包括设备的生产能力、原材料的可获得性、人力资源的可用性、生产设施的效率，以及运输和物流的能力等，确定当前资源是否足以满足预测的需求。

（3）制订计划。根据需求预测和资源评估的结果，企业制订具体的生产计划，包括供应商的选择、新技术或设备引入、生产工艺改进、物流路线优化等策略。

（4）执行计划。计划制订完成后，企业就要保持生产、采购和销售等部门的紧密协作，确保计划全面执行。

（5）监控计划实施。计划实施后，必须对生产过程进行持续的监控和评估，追踪产品质量、生产效率、物流时效、库存水平、成本控制，以及客户满意度等，确保计划的有效执行。

（6）优化调整计划。根据监控结果、市场条件、资源状况、技术进步等企业内外部环境的变化，调整更新其生产能力计划，维持最优运营效果。

（二）供应链生产能力计划数字化转型

供应链生产能力计划数字化转型是指企业或组织在面对市场变化和竞争压力时，对供应链中的生产能力进行重新规划和调整的过程。智慧供应链通过实时监控、数据分析和智能决策，帮助企业更好地应对市场变化，提高生产效率，降低生产成本，增强企业的生产计划能力。

1. 生产能力计划制订的内容

生产能力计划制订的内容包括：

（1）生产能力的评估。企业需要对现有的生产能力进行评估，了解当前的生产水平、设备状况、人力资源配置等，明确自身的生产潜力和限制因素。

（2）生产需求预测。根据市场趋势、历史销售数据和未来销售预测来预估未来一段时间内的生产需求，帮助企业提前做好生产准备，避免因市场需求变化而导致的生产不足或过剩。

（3）生产资源规划。根据生产需求预测，企业需要规划所需的生产资源，包括原材料、生产设备、人力资源等，保证生产过程中的资源供应充足，避免因资源短缺而影响生产进度。

（4）生产流程优化。企业需要对生产流程进行优化，包括改进生产工艺、引入自动化设备、培训员工等，提高生产效率，降低生产成本。

（5）生产调度安排。企业需要制订合理的生产调度计划，如合理安排生产任务，协调各部门之间合作，监控生产进度等，保证生产过程的顺利进行。

（6）质量安全管理。在生产过程中，企业需要关注产品质量和生产安全，如制定严格的质量控制标准，加强生产过程中的监督和检查，提高员工的安全意识等。

2. 生产能力计划数字化转型的主要功能

生产能力计划数字化转型的主要功能包括：

（1）生产数据实时采集分析。通过智能化数据采集系统，实时收集设备运行状态、生产进度、产品质量等生产过程中的各种数据，并对数据进行深入分析，为生产能力优化提供支持。

（2）生产智能调度。通过建立智能调度系统，根据生产任务、设备状态、原材料供应等因素，自动调整生产计划，保证生产过程的高效运行。

（3）计划动态调整。数字化转型要求生产能力计划能够根据实时数据和市场需求的变化进行快速调整，实现生产的灵活性和及时响应性。

（4）生产设备远程监控维护。通过数字化设备管理系统，实现对设备的远程监控、故障预警和维修指导，降低设备故障率，延长设备使用寿命。

五、智慧供应链生产作业计划

（一）生产作业计划

生产作业计划（production activity control，PAC）是企业为了保证生产效率和产品质量，对生产过程中的各项作业进行合理安排和调度的一种管理手段。它涉及生产任务的分配、生产线的组织、设备的使用以及人员的安排等多个方面，是企业生产管理的重要内容。

1. 生产作业计划的主要内容

生产作业计划的主要内容包括：

（1）生产作业目标设定。根据主生产计划、物料需求计划和生产能力计划，企业确定某时期应生产的产品品种、数量、质量等方面的要求，以及生产时间的进度安排，包括每个工序开始和结束的时间等。

（2）生产工艺流程设计。根据产品的特点和生产工艺的要求，设计合理的生产工艺流程，包括原材料准备、加工工序和方式确定、产品质量检验等环节的安排，以保证生产过程的顺畅和产品质量的稳定。

（3）设备与人员配置。根据生产工艺流程的需要，合理配置生产设备和人员，包括设备的选型、数量和布局，以及人员的培训、分配和调度等，保证设备和人员的合理配置。

（4）物料供应与库存管理。根据生产作业的时间进度要求，合理安排物料的供应和库存，保证供应，减少存货。

（5）生产进度监控与调整。根据生产作业计划的要求，对生产过程进行监督和调整。

（6）生产作业成本预算。预估生产作业成本，包括直接材料、直接人工和制造费用等，将生产成本控制在合理范围内。

2. 生产作业计划的制订步骤

生产作业计划的制订步骤包括：

（1）确定生产作业目标。包括产品的种类、数量、质量标准等。

（2）分析生产能力。即评估生产线、设备、人力资源等方面的能力是否能够满足生产目标的要求。如果生产能力不足，需要考虑增加资源或调整生产作业计划。

（3）制订生产作业计划。即制订详细的生产作业计划，包括确定生产顺序、生产时间、生产数量等。

（4）分配资源。根据生产作业计划，合理分配生产线、设备和人力资源，保证每个生产环节都有足够的资源支持，避免生产过程中的瓶颈和延误。

（5）编制生产作业指导书。包括产品的生产工艺、操作步骤、质量标准等。

（6）监控生产过程。即对生产进度、产品质量等方面进行监控和控制。

（7）调整生产作业计划。即为了应对经营环境变化，保证生产过程的灵活性和适应性，必要时对生产顺序、生产数量、资源分配等进行调整。

（8）评估生产效果。完成生产作业后，从产品质量、生产效率、资源利用率等方面对生产效果进行评估，以改进和优化生产作业计划。

（二）生产作业计划的数字化转型

生产作业计划涵盖了目标设定、资源分配、流程设计、质量控制、时间管理、风险管理、成本控制、人员安排、持续改进，以及环境与安全等多个方面。通过对这些内容的综合考虑和精心规划，企业能够确保生产过程的高效性和产品的高质量，同时满足客户需求和市场变化。生产作业计划数字化转型可以提供更准确的数据和信息支持，更好地指导生产过程。

1. 生产作业计划数字化转型的主要要求

生产作业计划数字化转型的主要要求有：

（1）精准预测需求。智慧供应链需要精准预测市场需求，以便合理安排生产作业计划。

（2）灵活调整生产作业计划。智慧供应链需要具备快速响应市场变化的能力，以便在需求发生变化时及时调整生产作业计划。

（3）优化库存管理。智慧供应链需要对库存进行精细化管理，保证生产作业计划与库存管理相辅相成，以降低库存成本并提高库存周转率。

（4）提高生产效率。智慧供应链需要通过引入先进的生产技术和设备，优化生产流程，提高员工技能等手段，实现生产作业计划的高效执行。

（5）强化供应链协同合作。智慧供应链需要加强与供应商、客户等合作伙伴之间的协同合作，建立信息共享机制，以实现生产作业计划的顺利实施。

（6）持续改进生产作业计划。建立反馈机制，收集生产过程中的数据和员工意见，不断评估和改进生产作业计划，提升生产性能，适应市场变化。

2. 生产作业计划数字化转型的主要措施

生产作业计划数字化转型的主要措施有：

（1）引入先进的数字化技术。通过采用物联网、大数据分析、人工智能等先进技术，实现对生产作业计划的实时监控和智能优化。

（2）建立数字化生产作业计划平台。构建一个集成化的平台，实时获取生产数据，将各个生产环节的数据进行整合和分析，提供决策支持，更好地管理生产作业计划。

（3）优化生产作业流程。利用数字化技术对生产作业流程进行优化，实现生产过程的自动化和智能化，保证产品的快速交付。

（4）提升员工技能和培训。培养员工的数字技能，提供相关的培训和学习机会，使员工能够熟练运用数字化工具和系统，提高工作效率和质量。

（5）加强数据安全和隐私保护。在数字化转型过程中，企业应建立健全数据安全体系，保证生产作业计划数据的机密性和完整性。

（6）推动跨部门合作和信息共享。数字化转型需要建立跨部门的沟通机制和共享平台，促进各部门之间的协同工作，提高生产作业计划的效率和准确性。

数智赋能　提质增效

科技创新赋能我国智能制造

从"手工作坊"到智能制造全自动工厂，从"零基础"攻关到助力大国智造，智能制造作为新一轮科技革命和产业变革的核心技术和建设现代化产业体系的新动能，使我国智能生产的应用场景更加丰富。在大数据、云计算、人工智能等新一代数字技术全面赋能的当下，科技成果的落地转化，多样性、差异化的经济生态，正在成为我国经济韧性的重要保障。

1. "5G+工业互联网"赋能产业发展

走进宁德时代"灯塔工厂"生产车间，中央智慧工艺感知控制系统配合人工智能自动管理，实现涂布参数实时调整；增强现实专家系统如同"千里眼"，技术人员佩戴AR/VR眼镜，生产操作现场与指挥后台实现实时同步交互；"超高速运动全量视频流AI质量检测+JIT物流技术"应用，实现无延迟采集传输，劳动生产率提高了75%，年均能源消耗量降低10%。

2.智能科技引领现代化产业体系转型升级

在泉州晋江的盼盼食品智能车间内，面包原材料在进入搅拌机后，就开始了一段"自动生产之旅"，从和面、成型、烘焙、冷却到最终包装，5G系统和硬件设备赋能传统工厂实现了全流程环境智能管控。在安溪铁观音的5G智慧茶园里，几十个传感器实时监测茶园内的气压、光辐射总量、茶树长势等数据，智能系统经过快速计算和分析，将实时数据可视化回传至监控室大屏。

3."产学研用"融通创新助力关键技术应用创新

福耀玻璃工业集团联合多所高校共同开展数字智能制造合作项目，推进汽车玻璃智能制造技术创新研发，实现核心技术100％的自主可控，成功解决了行业的13项"卡脖子"技术难题。

（资料来源：人民网，2024-07-01）

讨论与分享：智能制造对生产物流有什么要求？

第二节　智慧供应链物料管理

一、智慧供应链物料管理概述

（一）物料概述

物料是指用于生产过程的所有物理材料，包括原材料、辅助材料、半成品和成品。物料涵盖了从原材料到最终产品之间所有流转的材料和部件。物料是生产物流的主要对象。

1.物料的主要来源与主要作用

（1）物料的主要来源。物料可以来自企业内部，如自制半成品或零部件，也可以来自外部供应商，包括原材料、辅助材料等。物料的来源直接影响物料的成本、质量和供应稳定性。

（2）物料的主要作用。物料对于保障生产的连续性、提高产品质量和控制成本具有至关重要的作用。物料管理不仅关系到生产效率和产品质量，而且直接影响企业的成本控制和市场竞争力。

2.物料的主要类型

物料的主要类型包括：

（1）原材料。原材料是生产产品的基础，也是生产过程的起点，通常是指直接从自然界中提取或经过初步加工的物质。例如，金属矿石、木材、石油、棉花等。

（2）半成品。半成品是指在生产过程中已经经过一定加工，但尚未完成所有生产步骤的物品。这些物品通常需要进一步加工或组装才能成为最终产品。例如，汽车零部件在装配成整车之前，就可以被视为半成品。

（3）辅助材料。这类材料在生产过程中起到辅助作用，不直接转化为产品的一部分，但对于生产过程的顺利进行至关重要。例如，润滑油、清洁剂、催化剂等。

（4）包装材料。这类材料用于保护、存储和运输产品，以保证产品在到达客户手中之前保持完好。例如，纸盒、塑料薄膜、泡沫填充物等。

（二）智慧供应链对物料管理的要求

物料作为供应链中的基本元素，其管理在智慧供应链中具有非常重要的地位。智慧供应链对物料管理的要求是全面的，不仅包括物料的质量、数量、价格，而且包括供应商的服务和交货时间等。

1. 物料在智慧供应链中的地位

（1）物料是供应链运作的基础。无论是生产型企业还是服务型企业，都需要通过采购、存储、运输等环节来获取和使用物料。物料的质量和数量直接影响企业的生产效率和产品质量。

（2）物料管理是智慧供应链的重要组成部分。通过对物料的有效管理，可以降低库存成本，提高资金周转率和企业的整体运营效率。同时，通过对物料流动的实时监控，可以及时发现并解决供应问题，保证供应链的稳定运行。

（3）物料是智慧供应链创新的重要领域。通过引入物联网技术，可以实现对物料的实时追踪和定位，大大提高物料管理的精度和效率。通过大数据和人工智能技术，可以对物料需求进行精准预测，优化采购计划，降低库存风险。

2. 智慧供应链对物料管理的要求

（1）质量要求。智慧供应链要求供应商提供的物料必须符合质量标准，不能有任何质量问题。

（2）时间要求。智慧供应链要求供应商必须在规定时间内提供所需的物料，以保证生产的顺利进行。

（3）数量要求。智慧供应链要求供应商必须按照订单数量提供物料，既不能多也不能少。

（4）价格要求。智慧供应链要求供应商提供的物料价格必须合理，不能过高或过低，同时要求保证物料的价格稳定。

（5）服务要求。智慧供应链要求供应商不仅要提供高质量的物料，而且要提供良好的服务，包括及时交货、快速响应、优良售后等。

二、智慧供应链物料库存控制

(一) 物料库存控制

物料库存控制是对企业生产所需的原材料、半成品和辅助资料等进行有效管理的重要举措。物料库存控制是企业管理的重要组成部分，对于保障生产、降低成本、提高竞争力具有重要意义。企业应根据实际情况，建立完善的物料库存管理系统，制定合理的库存策略，加强与供应商的合作，定期进行库存分析，以实现物料库存的有效控制。

1. 物料库存管理系统功能

物料库存管理系统是专门用于管理和监控企业内部物料存储和使用的系统，包括对物料的分类、编码、入库、出库、盘点等作业，主要目标是保证物料的供应能够满足生产或运营的需求，同时避免过量库存导致的资金浪费。物料库存管理系统通常包括以下主要功能：

（1）库存记录。系统会记录所有物料的入库、在库和出库情况，包括物料的数量、类型、位置等信息。

（2）库存监控。系统可以实时监控库存变化，当库存达到预设的高低阈值时，系统会自动报警。

（3）库存分析。系统可以分析历史数据，预测未来的库存需求，帮助企业做出更好的采购决策。

（4）库存优化。系统可以通过分析库存数据，提出优化建议，如调整库存水平、改进物料动线等。

（5）库存报告。系统可以生成各种库存报告，供管理层参考和决策。

2. 物料库存管理的主要策略

（1）安全库存管理策略。安全库存是指为了避免因供应中断或需求波动而导致的生产或销售损失，企业所需要保持的一定数量的库存。设置安全库存是企业在面对不确定性时的一种风险管理策略。通过合理确定安全库存水平、建立有效的库存监控机制、考虑季节性需求变化，以及与整体供应链管理的协调，企业可以更好地应对不确定性和供应中断风险，保障生产和运营的顺利进行。安全库存数量通常基于历史数据和预测来确定，同时要考虑供应商的可靠性、交货时间，以及历史需求波动等因素。

（2）零库存管理策略。零库存是一种追求最小化库存水平的生产和库存管理策略，旨在通过减少或消除库存来提高企业的运营效率和降低成本。零库存管理策略的核心思想是保证物料供应与需求之间的平衡，实现物料的即时供应和消耗。为此，企业必须与供应商建立紧密的合作关系，对物料需求进行准确预测，实施严格的物料控制和监控，并具备灵活的生产和供应链管理能力。

（3）供应商管理库存策略。供应商管理库存是将库存管理的责任从制造商转移到供应商。在这种模式下，供应商负责监控和维持其客户的库存水平，确保物料在需要时可用。供应商管理库存的核心思想是供应商与企业之间的紧密合作。供应商需要具备高效的库存管理系统和灵活的生产、配送能力，通过实时数据共享和信息交流，了解企业的生产需要，并基于这些信息及时补货，避免过度库存或缺货的情况发生。

（4）库存定期分析策略。指在一定时间间隔内，对仓库中的物料库存进行系统性审查和评估。为了保证物料库存水平与实际需求相匹配，避免库存过剩或不足的情况发生，物料库存定期分析策略需要确定合适的分析周期（如一个月或一个季度），收集物料的进货量、使用量、库存量，以及库存周转率等数据，并进行深入分析，及时发现库存问题并提出解决方案。

（二）物料库存管理数字化转型

物料库存管理数字化转型是指将传统物料库存管理方式通过引入先进的数字化技术进行升级改造，以实现更高效、精准和智能的库存管理。在当今快速发展的商业环境中，企业面临着日益激烈的竞争和不断变化的市场需求。为了保持竞争力并实现可持续发展，许多企业开始寻求创新的数字化管理方法和技术。

1. 物料库存管理数字化转型的必要性

（1）可以提高物料库存管理的效率和准确性。传统的库存管理方式通常依赖于人工记录和统计，容易出现错误和遗漏。而数字化转型通过引入先进的信息技术和自动化工具，可以实现对库存数据的实时监控和分析，减少人为错误的发生，提高数据的准确性和可靠性。

（2）可以优化库存水平并降低库存成本。通过数字技术，企业可以更好地预测市场需求和销售趋势，合理规划库存水平，提高库存周转率，降低库存成本，提高盈利能力。

（3）可以增强供应链的透明度和可追溯性。通过数字化平台，企业可以实时获取供应链各环节的信息，包括供应商的交货情况、物流运输状态等，提高供应链的可视化程度和响应速度，保证供应链的稳定性和可靠性。

（4）可以为企业提供更多的商业机会和创新空间。通过数字技术，企业可以收集和分析大量数据，发现潜在的市场机会和客户需求，开发出更具竞争力的产品和服务，促进企业内部创新和协作，提高团队的工作效率和创新能力。

2. 物料库存管理数字化转型的主要路径

（1）建立完整的数据采集系统。通过引入传感器等物联网技术，实现对物料的数量、位置、状态等信息的实时监测和数据采集，为后续的分析和决策提供基础数据支持。

（2）运用大数据技术分析。通过对采集到的数据进行处理和分析，准确预测物料的需求趋势，提前做好库存补充和调整，避免库存积压或短缺的情况发生。

（3）引入人工智能和机器学习技术。建立智能算法模型，根据历史数据和实时数据进行物料库存预测和需求匹配，实现库存优化和智能调度，自动调整物料库存水平，提高库存周转率和利用率，并与供应商保持协同配合，提高供应链的效率和灵活性。

（4）建立完善的信息系统平台。整合物料采购、使用各环节的数据和流程，实现数据的集中存储和统一管理。提供统一的界面和操作方式，并与其他系统集成，实现数据的共享和流通，方便管理人员进行物料库存的监控和决策。

三、智慧供应链物料管理应用场景

（一）物料管理系统

物料管理系统主要用于管理和控制企业内部物料流动，通常包括库存管理、采购管理、生产计划和物料需求计划等多个功能模块，旨在保证物料的有效利用和及时供应，以支持生产和运营活动的正常进行。

1. 物料管理系统的作用

（1）提高生产效率。物料管理系统通过有效的物料管理，保证生产所需的原材料、零部件等物料的及时供应，避免因物料短缺而导致的生产中断或延误，减少生产过程中的浪费和重复劳动。

（2）降低库存成本。物料管理系统可以帮助企业实现对库存的有效控制，避免过多的库存积压，并通过对物料需求的准确预测和合理的采购计划，减少不必要的库存，提高资金周转率。

（3）保证产品质量。物料管理系统涉及物料的采购、验收、储存、配送等环节，这些环节的质量控制直接影响最终产品的质量。

（4）优化供应链管理。物料管理是供应链管理的重要组成部分。物料管理系统通过对物料的有效管理，实现供应链各环节的协同和优化，降低供应链的成本和风险，提高供应链的响应速度。

2. 物料管理系统的主要应用场景

（1）生产计划。在生产计划场景中，物料管理系统协助企业制订合理的生产计划，保证生产过程中所需的物料能够按时供应，避免因物料短缺而导致的生产中断或延误。

（2）库存控制。在库存控制场景中，物料管理系统帮助企业实时监控库存水平，根据生产和销售需求自动调整库存策略，降低库存成本，提高资金周转率。

（3）采购管理。在采购管理场景中，物料管理系统协助企业完成供应商选择、采购订单生成和跟踪等工作，保证物料按时到货。

（4）供应链协同。在供应链协同场景中，物料管理系统实现企业与供应商、客户之间的信息共享和协同工作，实时了解供应商的供货进度和库存情况，及时调整生产计划和采购策略，并通过系统向供应商及时提供需求信息和技术支持。

（5）质量控制。在质量控制场景中，物料管理系统帮助企业实现对物料质量的全程监控，记录物料的检验结果并追溯信息，为企业提供质量数据分析和改进建议，提高产品质量，降低不良品率。

（6）成本核算。在成本核算场景中，物料管理系统帮助企业记录物料的采购成本、库存成本和使用成本，提供成本分析和优化建议，促进生产成本的降低。

（二）供应链物料管理数字化转型

供应链物料管理数字化转型是指将传统的物料管理方式与现代信息技术相结合，实现物料管理的数字化、智能化和自动化。通过数字化转型可以改善传统物料管理方式存在的效率低下、信息不畅、资源浪费等问题，提高物料管理的效率和准确性，降低企业的成本和风险。

1. 物料管理数字化转型的主要意义

（1）效率提高。引入物联网技术，通过自动化和智能化等技术手段的升级，可以减少人工作业的环节，提高物料管理效率。

（2）准确性提升。引入大数据分析技术，通过数据收集和分析的数字化升级，可以提高物料管理的准确性。

（3）成本降低。通过优化物料管理流程和资源配置的数字化升级可以降低企业的运营成本。例如，通过对物料信息的集中管理和共享，避免了信息孤岛和重复采购的问题。

（4）可视化增强。通过可视化技术的引入，可以提供直观的物料管理界面和报表，方便管理人员进行决策和监控。

2. 物料管理数字化转型的主要路径

（1）引入物联网技术实现对物料的实时监控和管理。通过在物料上安装传感器和标签，可以实时收集物料状态信息，并将这些信息传输到云端或数据中心进行分析和处理。

（2）引入大数据分析技术实现对物料的精细化管理。通过对大量物料数据进行挖掘和分析，可以发现物料的使用规律和趋势，从而优化物料的采购、存储和使用策略。

（3）引入人工智能技术实现对物料的智能化管理。通过训练机器学习模型，可以实现对物料的自动分类、识别和追踪，也可以实现最优存储和运输路径规划，降低物料损耗和运输成本。

（4）引入区块链技术实现对物料的透明化管理。通过将物料信息记录在区块链上，可以实现物料信息的不可篡改性和可追溯性，在供应链各方之间共享信息，避免因物料问题而导致的产品质量风险。

四、智慧供应链物料管理方法

（一）物料管理的任务与方法

物料管理的任务是保证企业在生产过程中所需的各种原材料、零部件和半成品的有效控制和合理使用，具体包括物料需求计划的制订、物料采购、验收与存储、物料配送和使用等。物料管理方法是企业为了提高物料利用效率、降低成本并提升整个供应链的性能，用于控制和优化物料流动的一系列技术和流程。

微课：
智慧供应链
物料管理

1. 物料管理的主要内容

（1）物料需求计划制订。物料管理从对一个企业所需物料的准确预测开始，即根据企业的生产计划和市场需求制订物料需求计划。

（2）物料采购。基于物料需求计划，物料管理部门必须组织好货源，选择合适的供应商进行准确采购。

（3）物料存储保管。企业收到物料后需要先进行严格的质量检查和数量核对，确保物料符合要求；之后再将物料妥善存储，等待生产调度。

（4）物料搬运配送。物料管理部门根据生产计划和进度，及时将物料搬运并配送到相应的生产线或作业站点，保证生产环节及时获得所需物料。

（5）物料成本控制。物料管理部门需要对物料成本进行有效控制，通过分析采购价格、库存成本、运输费用等，找出降低成本的途径。

（6）物料信息管理。物料管理部门需要集成现代信息技术手段，如 ERP 系统、MRP 系统等，实现物料管理的自动化和信息化，提高工作效率和准确性。

2. 改善物料管理的主要方法

（1）加强物料分类编码。企业通过建立一套标准化的物料编码系统，对物料进行分类，如按照材料类型、用途或者在生产中的重要程度进行区分，方便对物料进行快速检索和高效追踪。

（2）优化供应链流程。采用先进的供应链管理软件，实时跟踪物料需求和供应状态，及时调整采购计划和库存水平，提高物料的到货速度和供应效率，减少库存积压现象。

（3）实施协同作业。利用 ERP 系统、CRM 系统等信息技术，实现跨部门、跨企业的信息共享，提升整个供应链的透明度和协同效应。

（4）实施准时制管理。通过预测未来的物料需求，提前制定物料采购和使用计划，实施准时制库存管理和按需生产等动态库存管理策略，提高库存周转率，避免资金沉淀和库存积压。

（5）实施业务外包。将非核心的物料管理工作外包给专业公司，集中资源于核心竞争力的提升，与供应商建立紧密的合作关系，实施零库存生产方式，物料由供应商按需及时提供，最大限度减少库存成本和企业资金占用。

（二）智慧供应链物料管理的特点与技术

智慧供应链中的物料管理普遍应用物联网、大数据分析、云计算、人工智能、区块链等技术，使得物料管理更加智能化、高效化和可靠化，具有实时性、透明性、预测性、灵活性、可持续性等特点。

1. 智慧供应链对物料管理的要求

（1）高质量标准。智慧供应链利用大数据分析和人工智能技术手段，实现对物料质量的精准控制，要求物料必须符合更高的质量标准，满足系统对数据准确性和一致性的要求。物料的高质量是保证最终产品质量的基础，也是智慧供应链有效运营的前提。

（2）高度可追溯性。在智慧供应链中，物料的全程可视化是基本要求之一，包括物料从采购运输到生产投入，再到产品产出，每一个环节都能够被记录和监控。

（3）高度共享性。物料作为供应链的重要元素，其管理和流转需要实现高度互联互通。这不仅涉及企业内部物料管理系统的集成，而且包括与供应商、物流服务提供商等外部合作伙伴的信息共享。

（4）高度灵活性。智慧供应链要求物料管理必须具备足够的灵活性，以适应产品设计的变更、生产工艺的调整，以及市场需求的变化。物料管理的灵活性不仅体现在类型和规格的多样性上，而且包括不同生产环节的适配能力和转换效率。

（5）高度准确性。通过数字孪生技术，企业可以在虚拟环境中模拟物料的流动和加工过程，在产前预测和解决可能出现的问题，提高物料处理的效率和准确性，减少人为错误。

2. 智慧供应链物料管理的特点

（1）实时性。智慧供应链的物料管理能够实现实时监控和跟踪，保证物料供应与需求之间的平衡，快速响应市场变化和生产需求。

（2）透明性。通过建立统一的信息平台，各环节的企业和企业内部共享物料的采购、运输、库存和配送等信息，提高了整个供应链的透明度和协同效率。

（3）预测性。通过对历史数据的分析、市场趋势的研究，以及人工智能算法的应用，企业可以准确预测未来的物料需求，提前做好采购和库存准备，降低库存成本和缺货风险。

（4）灵活性。在面对市场需求变化、供应商变动或突发事件时，企业能够快速调整物料管理策略，如改变采购渠道、调整库存水平或优化配送路线等。

（5）可持续性。通过优化物料的采购、生产和配送过程，企业可以减少能源消耗和废弃物产生，降低对环境的影响，推动供应链的可持续发展。

3. 智慧供应链物料管理的关键技术

（1）物联网技术。物联网技术是智慧供应链中物料管理的基础，它将物理世界中的物品与互联网连接起来，以实现物料的智能化识别、定位、跟踪、监控和管理。

（2）大数据技术。大数据技术可以处理和分析海量的物料信息，帮助企业更准确地预测物料需求，优化库存管理，降低运营成本。

（3）人工智能技术。人工智能技术可以通过机器学习和深度学习等方法，自动分析和处理复杂的物料信息，提高物料管理的效率和准确性。

（4）区块链技术。区块链技术可以实现物料信息的透明化和去中心化，保证物料信息的安全性和可靠性。

智链强基　数创未来

中水物资携手京东工业保障中国大唐供应链稳定

中国水利电力物资北京有限公司（以下简称"中水物资"）是中国大唐集团所属中国水利电力物资集团有限公司的全资子公司。它通过与京东工业合作，借助数字化供应链，全力以赴保障大唐集团全国电厂的生产物资供应，为电厂安全生产、安稳度过夏季用电高峰提供支持。

1. 以商品数字化快速匹配物资供需

中水物资作为负责管理和运营大唐集团的电子超市，承担着电厂生产长协物资保供的重任，服务大唐集团千余家用户，涉及备品备件、油脂化工等数十万件商品，品类齐全，规模庞大，其物资体系不仅种类繁多，而且专业度要求极高。以常见的螺栓螺母等紧固件为例，大唐集团常用的紧固件多达上千种，在采购时每一种的规格、参数都要严格匹配。中水物资与京东工业密切合作，通过发展商品数字化和建设信息化平台丰富商品种类，实现复杂物资需求的快速寻源和及时响应，在全国范围内实现各地电厂标准统一的商品管理，确保交付质量，满足电厂复杂的物资采购需求。

2. 用履约数字化提升物资交付时效

由于电厂多位于市郊或偏远地区，交通极为不便，物资配送往往需要通过大量环节流转，履约交付效率对于电厂的物资保供至关重要。在同中水物资的合作中，京东工业打造了一套覆盖发货、物流配送、"最后一公里"交付的数字化履约管理体系，来提升履约交付效率。在发货端，京东工业的供应商协同系统对供应商的发货时效进行定期考核，确保发货速度。在物流端，京东工业的B端物流承运平台根据电厂的配送地址自动匹配具备服务能力的承运商，并制定统一的揽收/派送服务标准，通过揽收及时率、中转及时率等多项参数指标将服务规范化、标准化。在"最后一公里"的交付中，京东工业为中水物资量身建设企配中心，将不同订单多品类、多物流渠道的分散包裹进行集中整合，由专人专车定时定点统一配送，实现"万单合一"，并基于大唐集团不同电厂的入库管理流程，设计全新的定制化物资验收单，补充商品信息、采购申请单号、渠道订单编号等信息，大幅优化入库效率。

（资料来源：中国工业报，2023-07-31）

讨论与分享：物料管理数字化升级在保障供应链稳定中发挥哪些作用？

调查研究与善作善成

关于当地智能制造情况调查

步骤 1：确定调研目标

围绕贯彻落实党的二十届三中全会"加快推进新型工业化，培育壮大先进制造业集群，推动制造业高端化、智能化、绿色化发展"的战略部署，结合本章学习内容，组织学生实地走访调研，了解当地智能制造业集群的发展情况及对生产物流管理要求，在调查研究实践训练中巩固知识，检验学习效果。

步骤 2：设计调研方案

围绕当前数字化、智能化发展的时代背景，聚焦智能制造发展，根据调研目标，设计可执行的调研方案。调研方案除包括调研目的、调研问题、调研假设、调研方法、调研地点与范围、数据收集方法、数据分析方法、调研预期结果、调研所需资源外，还要包括组建调查研究小组、明确调研过程中的安全及社交礼仪等要求。

步骤 3：收集调研数据

坚持知行合一、理实结合的原则，按照调研方案，选择合适的调研方法和路径，从思路、措施、问题、经验、成效等方面收集当地智能制造集群发展的相关数据，以及反映数字化、智能化技术在生产物流领域中应用的难点与痛点问题。

步骤 4：整理分析调研数据

对收集到的数据进行整理和清洗，剔除无效或错误的数据，确保数据质量。运用适当的统计方法和分析技巧，对整理好的数据进行分析、比较、归纳，揭示存在的问题，总结好的做法，提炼出可复制推广的经验成果。

步骤 5：撰写调研报告

在调研中要把党的二十届三中全会"培育壮大先进制造业集群，推动制造业高端化、智能化、绿色化发展"的精神学深悟透，将调研过程和结论整理成书面报告，提出"利用数字化、智能化技术发展供应链生产物流"的可行性建议，并注意报告的规范性和逻辑性，增强报告的可读性。

步骤 6：呈现分享调研报告

将调查结果在班级呈现分享，有条件的话可以通过研讨会、会议或公开发表的方式呈现给相关的行业参与者、决策者和社会公众。

实训 1：生产计划编制

步骤 1：确定实训目的

通过实训，使学生根据本章所学知识，做好生产计划编制，培养学生智慧供应链生产管理的应用能力。

步骤 2：做好实训准备

（1）组建实训小组。

（2）构建生产计划编制的模拟场景。

场景示例：某电器公司主营空调和冰箱产品，2月份销售出库计划如表5-1所示，空调、冰箱的最大日产能和生产提前期如表5-2所示。请编制合理的生产计划，既要满足销售订单的发货需求，又要使产品的日平均库存尽可能小。

表 5-1　2月份销售出库计划

订单编号	产品名称	预计出库日期	预计出库发货量 / 台
001	空调	2月5日	1 200
002	冰箱	2月5日	1 300
003	冰箱	2月10日	1 100
004	空调	2月11日	1 500
005	冰箱	2月15日	1 400
006	空调	2月15日	1 600
007	冰箱	2月18日	1 250
008	空调	2月19日	1 350
009	冰箱	2月21日	1 150
010	空调	2月23日	1 450
011	空调	2月26日	1 550
012	冰箱	2月27日	1 300

表 5-2　空调、冰箱的最大日产能和生产提前期

产品名称	最大日产能 / 台	生产提前期 / 天
空调	400	1
冰箱	300	1

（3）复习生产物流管理相关理论知识。

步骤3：讲解实训内容

（1）讲解生产计划编制的方法。

（2）讲解产品销售订单满足率的含义。

（3）讲解产品库存水平的含义。

步骤4：完成实训任务

根据假设的模拟场景，实训小组合作完成：

（1）××电器公司2月份生产计划的编制。

（2）××电器公司生产计划编制说明。

（3）实训成果在全班展示分享。

步骤5：实施实训评价

教师对每个实训小组的表现进行综合评价，填写表5-3。

表5-3　生产计划编制实训评分表

组别		组员	
考评内容	××电器公司2月份生产计划编制		
考评标准	考评维度	分值	实际得分
	计划编制的严谨态度	15	
	生产计划编制内容	55	
	生产计划编制说明	15	
	实训成果展示分享	15	
合计		100	

实训2：新增物料编码流程设计

步骤1：确定实训目的

通过实训，使学生根据本章所学知识，做好新增物料编码流程设计，并进行可视化呈现，培养学生智慧供应链物料管理的应用能力。

步骤2：做好实训准备

（1）组建实训小组。

（2）编写物料品质控制的模拟场景。

场景示例：S公司是家制造企业，非常重视物料管理的信息化建设。该公司在新增物料编码管理上通常涉及信息部、研发中心、采购部、生产中心等部门，S公司物料编码管理职责分工如表5-4所示。据此，请为S公司设计新增物料编码申请、审批、使用流程，以提高物料编码的信息化管理水平。

表 5-4 S 公司物料编码管理职责分工

部门	职责
信息部	制定编码规则，提供编码申请模板，审核物料编码信息，录入物料编码到主数据平台
研发中心	编制新增物料编码
采购部	申请新增物料编码
仓管部	按编码管理新增物料的仓储
生产部	按编码领用新增物料

（3）复习物料管理相关理论知识。

步骤 3：讲解实训内容

（1）讲解物料编码管理的意义。

（2）讲解物料信息管理原理。

（3）讲解物料编码规则。

步骤 4：完成实训任务

根据假设的模拟场景，实训小组合作完成：

（1）S 公司新增物料编码的流程设计。

（2）S 公司新增物料编码流程设计的说明。

（3）实训成果在全班展示分享。

步骤 5：实施实训评价

教师对每个实训小组的表现进行综合评价，填写表 5-5。

表 5-5 新增物料编码流程设计实训评分表

组别		组员	
考评内容	S 公司新增物料编码流程设计		
考评标准	考评维度	分值	实际得分
	物料管理信息化意识	15	
	新增物料编码流程设计	40	
	新增物料编码流程设计说明	30	
	实训成果展示分享	15	
	合计	100	

同步测试

一、判断题

1. 主生产计划既是企业生产活动的指导性文件，也是企业生产物流的核心组成部分。（ ）

2. 物料需求计划的目的是避免生产中断而保持充足库存。（ ）

3. 企业资源计划（ERP）是一种集成的信息系统，帮助企业管理和优化外部业务流程。（ ）

4. 物料是生产物流的主要对象。（ ）

5. 安全库存管理策略是物料库存管理的主要策略之一。（ ）

6. 引入大数据分析技术实现对物料的精细化管理是物料管理数字化转型的主要路径之一。（ ）

二、单选题

1. （ ）是物料需求计划的基础。

   A. 生产计划　　　　　　　　　　B. 物料清单

   C. 库存控制　　　　　　　　　　D. 采购计划

2. 评估资源是（ ）制定的主要步骤。

   A. 主生产计划　　　　　　　　　B. 物料需求计划

   C. 企业资源计划　　　　　　　　D. 生产能力计划

3. 分配资源是（ ）制定的主要步骤。

   A. 主生产计划　　　　　　　　　B. 生产作业计划

   C. 企业资源计划　　　　　　　　D. 生产能力计划

4. 物料是指用于生产过程的所有物理材料，不包括（ ）。

   A. 原材料　　　　　　　　　　　B. 辅助材料

   C. 半成品　　　　　　　　　　　D. 管理系统

5. （ ）的核心思想是保证物料供应与需求之间的平衡，实现物料的即时供应和消耗。

   A. 零库存管理策略　　　　　　　B. 库存定期分析策略

   C. 供应商管理库存策略　　　　　D. 安全库存管理策略

6. 物料管理数字化转型的主要意义不包括（ ）。

   A. 效率提高　　　　　　　　　　B. 准确性提升

   C. 成本降低　　　　　　　　　　D. 人员增加

三、多选题

1. 智慧供应链对主生产计划的价值包括（ ）。

   A. 提高决策的精准性　　　　　　B. 增强供应链协同

   C. 提升生产效率　　　　　　　　D. 促进服务个性化

   E. 推动企业的创新

2. 智慧供应链对物料需求计划的要求包括（　　　　　）等。

A. 准确 　　　　　　　　　　　　B. 实时

C. 灵活 　　　　　　　　　　　　D. 集成

E. 可预测

3. 物料库存管理系统通常包括（　　　　　）等功能。

A. 库存记录 　　　　　　　　　　B. 库存监控

C. 库存分析 　　　　　　　　　　D. 库存优化

E. 库存报告

4. 物料管理系统的主要应用场景包括（　　　　　）等。

A. 生产计划 　　　　　　　　　　B. 库存控制

C. 采购管理 　　　　　　　　　　D. 供应链协同

E. 成本核算

5. 智慧供应链物料管理的特点包括（　　　　　）。

A. 实时性 　　　　　　　　　　　B. 透明性

C. 预测性 　　　　　　　　　　　D. 灵活性

E. 可持续性

6. 智慧供应链对物料管理的要求包括（　　　　　）。

A. 高质量标准 　　　　　　　　　B. 高度可追溯性

C. 高度共享性 　　　　　　　　　D. 高度灵活性

E. 高度准确性

06

第六章

智慧供应链销售与逆向物流管理

学习目标

素养目标
- ◀ 培养销售物流客户至上的服务意识
- ◀ 培养绿色低碳的可持续发展意识
- ◀ 培养智慧供应链销售物流助力乡村振兴的意识

知识目标
- ◀ 熟悉智慧供应链销售物流需求的预测方法
- ◀ 掌握智慧供应链销售客户管理的内容
- ◀ 熟悉循环经济发展对智慧供应链逆向物流的要求
- ◀ 了解智慧供应链逆向物流发展的机遇与挑战

技能目标
- ◀ 能够初步设计智慧供应链销售物流规划方案
- ◀ 能够初步设计智慧供应链销售物流外包方案
- ◀ 能够初步设计智慧供应链回收物品处理方案
- ◀ 能够初步设计智慧供应链逆向物流库存优化方案

思维导图

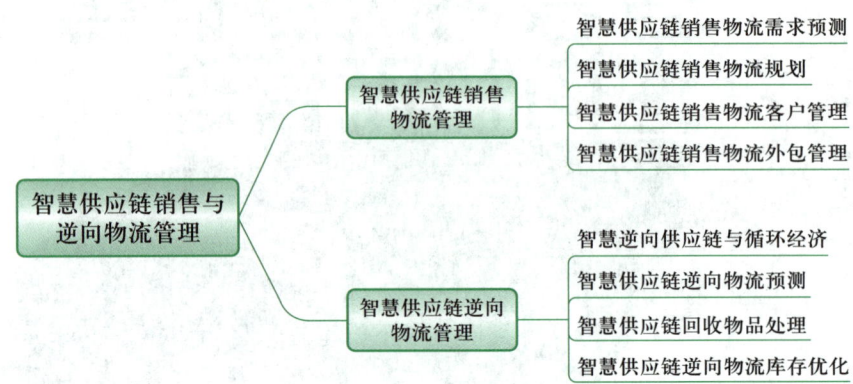

学习计划

◢ **素养提升计划**

◢ **知识学习计划**

◢ **技能训练计划**

第一节　智慧供应链销售物流管理

一、智慧供应链销售物流需求预测

（一）智慧供应链销售物流需求的预测方法

销售物流是企业供应链的最后一个环节，是企业物流与社会物流的一个衔接点，与企业销售系统相配合，共同完成企业产品的销售任务。智慧供应链销售物流需求预测是利用大数据、人工智能等技术对供应链中的销售数据进行深入分析，预测未来的市场需求和销售物流趋势，帮助企业制订更加科学、合理的销售计划和决策。智慧供应链销售物流需求的预测方法主要包括定量预测和定性预测。

1. 定量预测

定量预测法是根据历史统计资料，运用各种数学模型对市场未来的发展趋势作出定量的计算，求得预测结果。定量预测方法主要有时间序列分析法和回归分析法。

（1）时间序列分析法。时间序列分析法是运用一系列变数值，在相同的时间间隔里，衡量这些数字的变化，包含趋势型、季节型和噪声三种模式，如图6-1所示。该方法主要应用于资料与时间两者具有某种关联性的预测上，如产品销售。

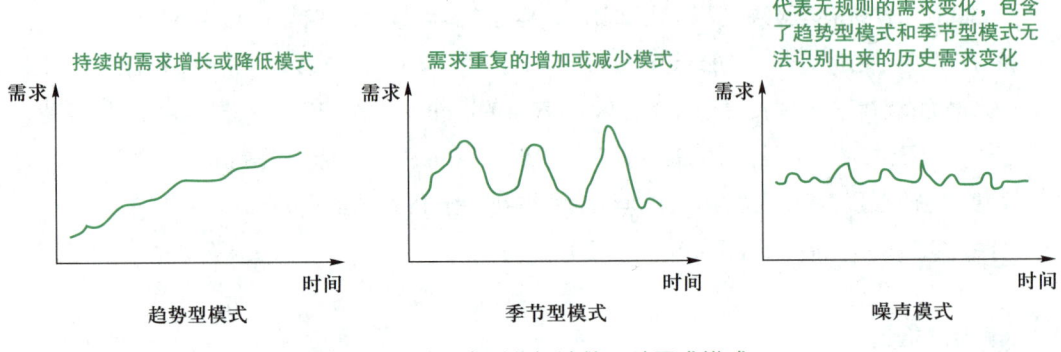

图6-1　时间序列分析法的三种需求模式

① 朴素预测法。将邻近一段时间的数据作为未来同等时间段的预测结果。例如，1月实际需求量为50，则2、3、4、5月预测均为50；等到2月过后，2月实际需求为60，则3、4、5月预测均与2月相同，为60。这种方法因为没有考虑趋势、季节和噪声，误差很大，很少采用。

② 简单平均法。把过去不同时期的数据资料加总后，除以时间总数，算出每个时期的相关数据资料。例如，把一年每个月的销售数据加总后除以12，以此获得每个月的需求数量。

③ 移动平均法。移动平均法与简单平均法类似，不同的地方在于它先进行不同阶段的加总平均。再把分阶段的平均数据加总后取平均值。

【例6-1】现从京东平台销售预测业务系统中调取M公司最近5个月某型号智能手机的实际销量，如表6-1所示。试采用移动平均法预测第6个月的销量。

表6-1　M公司某型号智能手机的销售数据

月份	1	2	3	4	5	6
实际销量 / 部	101	98	80	85	95	?

解：当预测周期 $n=3$ 时，

$F_6 =$ （80+85+95）/3 ≈ 87（部）

当预测周期 $n=4$ 时，

$F_6=$（98+80+85+95）$/4 \approx 90$（部）

④ 指数平滑法。指数平滑法是一种加权移动平均的预测技术。这里的"加权"就是它的平滑常数。运用此方法越接近现在的资料，加权越大；越远离现在的资料，加权越小。具体算法如下：

$$S_{t+1}=\alpha Y_t+(1-\alpha)S_t$$

其中，

S_{t+1} : $t+1$ 期的预测值。

Y_t : t 期的实际值。

S_t : t 期的预测值。

α：0 到 1 之间的权重，设定近期需求所占的比例，如果近期需求巨变，则调大权重。

【例 6-2】假设京东平台某产品销售的平均系数为 0.10，2025 年该产品的实际销售量为 20 万件，前期京东平台使用预测系统预测该产品的销售量是 21 万件。请利用指数平均法预测该产品 2026 年的销售量。

解：2026 年的预测值可计算如下：

$S_{2026}=0.10\times20+(1-0.10)\times21=20.9$（万件）

（2）回归分析法。时间序列分析法适合随着时间变化周期性重复的需求模式，但如果还有除时间之外的因素对需求数据造成影响时，一般会采用回归分析法进行预测。回归分析法是因果预测的分析方法，主要是根据因变数与自变数之间的因果关系来预测未来的数据。将假设的影响因素作为自变量，把需求作为因变量，从中找到需求发展趋势，如图 6-2 所示。

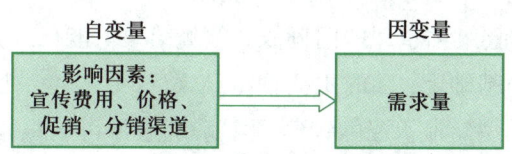

图 6-2　回归分析法的自变量与因变量

2. 定性预测

（1）定性预测的适用情况。定性预测是指预测者依靠熟悉业务知识、具有丰富经验和综合分析能力的人员与专家，根据已掌握的历史资料和直观材料，先运用个人经验和分析判断能力，对事物的未来发展做出性质和程度上的判断，再通过一定形式综合各方面的意见，作为未来的预测结果。目前主要有以下三种情况适合定性分析：

① 新品上市，没有历史数据可参考。

② 一些新情况的出现改变了现有需求模式。例如，如果由于市场波动、政策、外部环境等原因严重影响了某些产品的销量，就不能只通过定量分析看历史数据。

③ 历史需求数据与未来预测相关性不大的产品。例如，项目型或定制型产品。

（2）定性预测方法。定性预测方法包括：

① 管理人员群体意见法。即不同部门的管理者一起开会预测。这种预测效率比较高，但有一定的风险，因为预测结果会受最有权力的部门成员的影响，且管理人员各有业务指标，很容易演变为由计划驱动预测，导致预测结果偏离。

② 德尔菲法。以一定顺序的问卷询问一组专家，将一个问卷的回答用来制作下一个问卷。这样，仅由某些专家掌握的信息就会传递给其他专家，使得所有专家都掌握预测信息。该方法剔除了跟随多数意见的跟风效应。德尔菲法得出的结果比较客观可信，但过程较为复杂，周期较长。

③ 销售人员估计法。预测时征求销售人员的意见。因为销售人员接近客户，能很好地估计客户需求，但销售人员可能为减轻销售压力，故意压低预测值。

3. 智能销售预测

智能销售预测是指利用系统的先进算法和大数据分析技术，通过对历史销售数据、市场趋势、客户行为等进行综合分析，预测未来的销售情况和市场发展趋势。

（1）数据驱动的智能销售预测。智能销售预测系统的核心是数据驱动。通过收集、整理和分析大量历史销售数据，系统识别出潜在的销售趋势和规律。这些数据的来源包括但不限于销售额、客户订单、市场需求、产品销量等方面。智能预测系统通过深度学习、机器学习等先进算法，实现对数据的准确预测。

（2）实时数据分析与监测。智能销售预测系统具备实时数据分析与监测能力。在传统预测中，由于数据收集和整理的时间长，预测结果可能已经过时。而智能预测系统可以在实时收集数据的基础上，随时更新预测结果。

（3）个性化预测模型定制。智能销售预测系统通常可以根据企业的特定需求定制预测模型。不同行业、不同产品、不同地区的销售特点各异，通用的预测模型往往不能满足所有企业的需求。智能预测系统能够根据企业的销售数据特点和预测目标，定制适合的预测模型，提高预测的精度和准度。

（二）智慧供应链销售物流需求预测流程

智慧供应链通过对市场及客户需求的分析和预测，帮助企业制订合理的生产计划和采购计划，从而降低库存成本并增加销售收益。规范销售物流需求预测流程如图6-3所示，对提高智慧供应链销售物流需求预测结果的准确性非常重要。

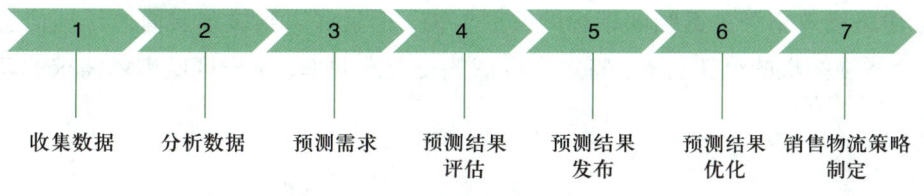

图6-3 销售物流需求预测流程

1. 销售物流需求预测流程

（1）收集数据。企业首先需要收集相关的历史销售数据、竞争对手、客户需求、季节性变化数据等，并对数据进行整理和清洗，保证数据的准确性和完整性。

（2）分析数据。企业通过对收集到的数据进行探索性分析，以了解数据的基本特征、变化趋势和潜在规律，发现销售物流趋势、季节性波动、促销效果等因素，并利用这些信息制定出相应的销售物流需求预测模型。

（3）预测需求。企业选择合适的预测方法和算法（如时间序列分析法、回归分析、机器学习等），确定影响销售物流需求的因素及其权重，将历史数据和各种影响因素结合起来，对未来的销售物流需求进行精准预测。

（4）预测结果评估。企业在得到预测结果后，通过对比预测结果和实际销售数据，对预测结果进行评估和验证，以保证预测的准确性和可靠性。如果预测结果与实际数据相差较大，则需要对模型进行调整和优化。

（5）预测结果发布。经过评估和验证的预测结果需要发布给相关人员，以支持销售物流决策和供应链管理。预测结果可以通过报告、图表和仪表板等形式发布，同时，与相关部门和人员进行有效的沟通和协作。

（6）预测结果优化。市场和客户需求随时会发生变化，企业需要不断调整销售物流计划，不断提高智慧供应链的销售需求预测能力。

（7）销售物流策略制定。基于销售物流需求预测结果，企业可以制定更加科学有效的销售物流方案，如产品销售的物流网络优化，提高销售效率和客户满意度，增强市场竞争力。

2. 智慧供应链销售物流需求预测的关键

（1）明确预测的目的、内容和时间范围。首先需要明确预测的目的，即了解未来的趋势，如月末库存金额、运费是否超出预算，逾期订单数量是否会降低等。其次要确定预测的内容，通常包括产品的销售量、需求、库存等。最后要定义预测的时间范围，根据预测的目的选择合适的时间单位，如小时、天、周、月或年等。

（2）利用AI技术进行实时数据整合与可视化。AI赋能的供应链管理系统能够实时整合多方数据，实现端到端的供应链可视化，促进上下游企业间的高效协作，快速响应市场变化。这种可视化不仅体现在宏观层面的监控，如全局库存水平、订单履行周期、运输路线效率等关键绩效指标的实时监控，而且深入到微观层面的详细信息查询（如单个货物批次的流转轨迹、特定供应商的交货准时率、某一区域市场需求的动态变化等）。

二、智慧供应链销售物流规划

(一) 智慧供应链销售物流规划的内容

随着客户端线上线下的融合，销售渠道变得多元，商品销售特征变得越来越复杂，需求的波动性和不确定性增大，传统销售物流模式很难再做好对未来市场的把控。对企业来说，如何利用数字技术做好销售物流规划是一个重要挑战。

1. 销售物流规划的主要内容

销售物流规划主要涉及以下六个方面的内容。

（1）需求预测。基于历史销售数据、市场趋势、季节性变化等因素，预测未来的产品需求。

（2）库存管理。确定合适的库存水平，在满足需求预测要求的基础上保持库存成本最小化。

（3）仓库配送规划。合理布局规划仓库或配送中心，优化存储空间利用率，减少搬运时间，提高拣选效率和配送速度。

（4）运输方案设计。选择合适的运输方式和运输服务商，实现成本效益与送货时效性的平衡。

（5）信息技术系统规划。集成仓储管理系统（WMS）、运输管理系统（TMS）和企业资源规划（ERP）系统等先进的信息技术系统，实现订单处理、库存管理和运输调度的智能化。

（6）合作伙伴关系。与分销商、物流服务提供商建立紧密的合作伙伴关系，提高供应链的协同性和效率。

2. 智慧供应链销售物流规划的主要方法

（1）建立集成的信息平台。该平台能够实时收集和分析来自销售环节的数据。这些数据包括但不限于订单信息、库存水平、运输状态、市场需求预测等。通过对这些数据的综合分析，企业可以更准确地预测市场需求，提前做好库存准备，避免过剩或缺货的情况发生。

（2）加强跨部门、跨企业的协同合作。企业内部的销售、生产、物流等部门需要紧密配合，共同制订和执行物流计划。同时与供应商、物流公司等外部合作伙伴建立良好的合作关系，确保整个供应链的顺畅运作。

（3）运用先进的物流技术和设备。通过使用自动化仓储系统和智能运输工具，提高物流效率，降低人工成本。利用物联网技术对货物进行实时追踪，可以确保货物安全并及时交付给客户。

（4）优化和调整规划。定期评估和调整销售物流规划，适应市场环境和客户需求的不断变化。

（二）智慧供应链销售物流管理理念与策略

销售物流管理利用数据分析、云计算、物联网等智能化技术，构建更加高效的供应链销售物流管理体系，提升供应链销售物流环节的效率，降低销售物流成本并增强客户满意度。

1. 智慧供应链销售物流管理理念

（1）客户导向理念。始终以客户需求为导向，提供定制化的物流服务方案，提高客户满意度和忠诚度。

（2）数据驱动理念。利用大数据分析工具，对市场趋势、客户需求进行深入分析，提高供应链销售物流环节的决策水平。

（3）协同共享理念。通过高度的数字化、智能化手段，实现信息流、物流、资金流的无缝对接和协同共享，提高供应链的效率和响应速度。

（4）持续改进理念。基于数据分析和反馈，不断优化销售物流流程，调整销售物流策略，满足客户不断变化的需求。

2. 智慧供应链销售物流管理策略

（1）需求驱动库存管理策略。通过精准的需求预测和实时库存监控，促使库存水平与市场需求相匹配。

（2）物流功能智能管理策略。利用自动化和机器人技术，提高运输、仓配作业的效率和准确性，优化运输、仓配作业流程，降低物流成本。

（3）销售物流业务集中策略。通过建立中央仓库、实施区域分拨、优化运输线路等措施，将物流业务集中到物流中心平台，实现销售物流规模化。

（4）销售物流业务外包策略。企业将其销售物流业务的部分或全部环节交由专业的第三方物流公司来承担，以专注于自己的核心业务，利用社会物流资源，提高竞争力。

三、智慧供应链销售物流客户管理

（一）销售物流客户管理的意义与内容

销售物流客户管理利用相关技术，协调企业与客户在销售物流服务上的交互，实现对客户需求、订单执行和服务质量的精细化管理，以提高客户满意度和忠诚度。

构建智能、高效的销售物流客户管理体系，帮助企业在激烈的市场竞争中获得更多优势。

1. 销售物流客户管理的意义

（1）提高客户满意度。通过精准的需求预测、个性化服务和高效的订单处理，促使客户获得满意的物流体验。

（2）增强客户忠诚度。建立长期稳定的客户关系，提供优质的售后服务，增强客户对企业的信任和依赖。

（3）提升企业形象。准时、可靠、个性化的销售物流服务有助于提升企业的专业形象和市场竞争力。

（4）促进业务增长。满足客户需求并提供优质的物流服务，有助于促进销售量增长和市场份额提高。

（5）应对市场变化。利用数据分析和智能预测，及时应对市场变化，保持业务的灵活性和稳定性。

2. 销售物流客户管理的主要内容

（1）客户信息管理。收集和整理客户的基本信息、购买历史和偏好，以更好地了解和服务客户的物流需求。

（2）客户数据分析。利用客户数据进行分析和挖掘，了解客户行为和需求，为客户提供更加精准的物流服务。

（3）客户服务策略制定。根据客户的需求和偏好，制定精准的客户服务策略，如特定时间段配送、特殊包装、投诉问题处理等。

（4）客户订单管理。通过智能化的管理系统，实现对客户订单的快速处理和实时跟踪，确保订单执行的准确性和及时性。

（5）客户关系维护。定期与客户进行沟通和互动，了解客户的需求变化和反馈，通过积分、优惠券、会员特权等方式，维护与客户的长期合作关系。

（二）智慧供应链销售物流客户关系管理

在智慧供应链发展背景下，销售物流客户关系管理需要利用先进的技术和数据分析手段，对客户需求、行为和体验进行深入分析和管理，提供更加个性化、自动化和协同化的客户关系管理服务，促进客户满意度和忠诚度提高。

1. 销售物流客户管理步骤

销售物流客户管理主要分为以下五个步骤：

（1）客户分级与细分。根据客户的不同特征、价值和需求，将客户分为不同的群体。

（2）服务设计与优化。根据客户需求设计个性化的物流服务策略，如特殊包装、快速配送、实时跟踪等，优化物流流程，减少延误和错误，提高效率。

（3）客户沟通与互动。使用客户服务智能化平台，保持与客户的持续沟通，提供透明的订单信息和物流状态查询服务。

（4）售后服务与支持。提供高效的售后服务，定期跟进客户，快速响应客户投诉，持续改进销售物流服务质量。

（5）客户关系维护。利用客户关系管理系统，管理好客户信息，通过定期的客户访问、客户满意度调查等活动，维护与客户的长期关系，不断改进物流服务策略。

2. 销售物流客户管理数字化转型的方法

（1）制定数字化战略规划。企业应制定明确的数字化战略规划，明确数字化转型的目标、路径和时间表，保证数字化转型的顺利进行。

（2）建立数字化销售平台。企业通过建立数字化销售平台，实现线上销售渠道的拓展，提高销售产品的车货匹配效率。

（3）引入智能物流系统。企业通过引入智能物流系统，实现产品销售物流的实时追踪、库存管理、运输优化等，提高物流效率，降低物流成本。

（4）客户关系管理系统升级。对现有的销售物流客户关系管理系统进行升级，实现客户信息的集中管理、客户需求的精准把握、客户物流服务的个性化定制等，提高客户满意度和忠诚度。

（5）分析和挖掘客户数据。通过对销售、物流和客户数据的收集、整合和分析，发现潜在的商业价值和市场机会，为企业决策提供有力支持。

（6）培养专业人才和建设专业团队。加强数字化人才的培养和引进，建立具有数字化思维和技能的团队，为销售物流数字化转型提供人力资源保障。

（7）加强合作伙伴关系。与数字化服务提供商、技术合作伙伴等建立紧密的合作关系，共同推进数字化转型。

四、智慧供应链销售物流外包管理

微课：
智慧供应链
销售物流外
包管理

（一）物流外包概述

物流外包是指企业将其部分或全部物流业务交由专业的物流公司完成的物流运作模式。这种模式使企业能够专注于其核心业务，增强灵活性和响应能力，同时利用外部资源来提高物流效率、降低物流成本。

1. 物流外包与物流自营

物流外包与物流自营是企业在管理物流活动时可以选择的两种不同模式。每种模式都有其优势和劣势，其比较如表6-2所示。企业需要基于对自身资源的评估和对市场环境的分析，选择合适的物流模式。

表 6-2　物流外包与物流自营的优劣势比较

项目	物流外包	物流自营
成本控制	直接运营成本较低，间接管理成本较高	直接运营成本较高，间接管理成本相对较低
服务质量	物流服务专业性高，但服务质量依赖外包，长期不易控制	服务质量易于控制，但可能缺乏专业性
灵活性和响应速度	受限于合同和物流服务供应商的能力，对市场变化响应速度较慢	对市场变化的反应速度较快，调整更加灵活
核心竞争力	企业可以专注于其核心业务，增强核心竞争力	分散企业对核心业务的关注和资源配置
风险管理	风险转嫁给第三方，但存在依赖第三方的风险	风险由企业内部控制并自行承担
投资和资本占用	减少了对物流设施设备的投资，资金占用比例较低	物流设施设备需要较大的初始投资和资金
长期合作关系	与物流服务供应商保持紧密的合作伙伴关系	与物流服务供应商保持一般的商业合作关系
技术和创新	利用第三方物流企业优势，技术实力强，创新速度快	完全依赖自己投资，技术实力弱，创新速度慢

2. 选择物流外包的决定性因素

选择物流外包的决定性因素包括：

（1）企业发展战略。企业的战略目标是决定是否进行物流外包的根本指导方针。如果企业的长期规划中包括对物流效率的提高或者对物流成本的降低，那么外包物流服务可能是一个合适的选择。企业高层对物流外包的认识和重视程度也会影响这一决策。

（2）企业核心竞争力。核心竞争力是企业生存和发展的基础。如果物流不是企业的核心竞争力所在，那么将物流活动外包给专业的物流公司可能会更加有利于企业资源的优化配置和核心业务的发展。

（3）物流经济效益。企业会通过比较自营和外包物流的经济效益来决定是否外包。如果外部市场有成熟的物流服务提供商，且外包能够带来明显的成本节约和效率提升，则企业会更倾向于选择外包。

在考虑物流外包时，企业还需要评估内部对物流外包的接受程度，以及外包后如何保证物流服务的质量和稳定性。同时，企业还需要考虑市场环境、法律法规、技术发展等外部环境因素。

3. 物流外包的主要内容

物流外包的主要内容有：

（1）订单处理。包括订单接收、处理、确认和状态跟踪。

（2）库存管理。包括库存控制、补货、盘点、仓储布局优化等。

（3）包装和分拣。根据产品特性和配送要求进行定制化包装和分拣服务。

（4）运输管理。运输管理包括运输规划、车辆调度、货物跟踪和线路优化。

（5）清关。清关即委托处理进出口货物的相关手续，确保货物顺利通关。

（6）货运保险。即为在途货物提供保险服务，降低货物损失的风险。

（7）退货和逆向物流。管理退货活动，包括接收、检查、修复、再分销或处置退回的货物。

（8）客户服务。提供客户咨询、投诉处理、售后服务等客户关系管理的支持活动。

（9）信息技术支持。提供仓库管理、运输管理、客户关系管理等系统的数据分析和报告等。

（10）增值服务。增值服务包括产品装配、代收货款、物流融资等。

（二）智慧供应链销售物流外包与管理升级

在智慧供应链中，销售物流作为连接生产商和消费者的关键环节，其外包管理策略对于提高供应链的运作效率具有重要意义。物流企业通过引入物联网、大数据分析、人工智能等先进的管理技术，对传统的供应链销售物流外包服务进行优化和改进，以提高供应链运作效率。

1. 智慧供应链销售物流外包的流程

智慧供应链的发展给销售物流外包带来了新机遇和新挑战，企业需要对销售物流外包流程进行不断优化。具体流程如下：

（1）需求分析。企业需要明确自身的物流需求，包括服务范围、预算、期望的服务水平等，缩小潜在物流服务供应商的选择范围。

（2）市场调研。利用信息化技术，收集、整理市场上物流服务供应商的数据，分析物流服务供应商的服务能力、技术实力、信誉等信息。

（3）供应商筛选。根据数据分析结果，筛选出企业需求和预算范围内的，具有较好信誉和技术能力的物流服务供应商作为潜在合作伙伴。

（4）邀请投标。企业提供一些物流外包的基本信息和要求，向筛选出的供应商发出邀请，帮助供应商更好地理解需求，并要求供应商提供详细的物流服务方案和报价。

（5）评估和比较。收到供应商的物流服务方案和报价后，采用评分表、成本效益分析等方法来评估和比较各个方案的优劣。

（6）谈判和合同签订。在选定合适的供应商后，双方就服务范围、价格、服务水平、责任划分等进行谈判，达成一致意见后签订正式合作合同。

（7）系统集成。集成物流服务供应商系统，包括应用程序编程接口（API）、数据格式等方面的协调，保证数据和信息的顺畅流动。

（8）人员培训和沟通。为了确保物流外包顺利过渡，企业应对内部员工进行培训，以了解新的物流流程和操作方式。同时，建立有效的沟通机制，加强与供应商之间的协调和信息共享。

（9）试运行和监控。在正式切换到新的物流模式之前，企业需要进行试运行，以检查是否存在问题或瓶颈。在试运行期间，企业要对供应商服务进行监控和评估，确保服务质量达到预期。

（10）正式运营。试运营成功后，正式切换到新的物流模式。在正式运营期间，持续监控和评估供应商的服务表现，并根据需要进行优化和调整。

（11）绩效评估和反馈。定期对物流服务供应商的绩效进行评估，并提供反馈，以维护良好的合作关系，并确保服务质量持续提升。

2. 智慧供应链对销售物流外包管理的要求

智慧供应链对销售物流外包管理的要求如下：

（1）高效的信息处理。智慧供应链要求销售物流外包管理具备强大的信息技术支持，能够高效地处理和传递信息，包括订单信息、库存信息、运输信息等，以实现供应链高效运作。

（2）精准的需求预测。智慧供应链要求销售物流外包管理具备良好的数据分析能力，能够精准地预测市场需求，以便及时调整物流策略，满足市场变化。

（3）灵活的物流策略。智慧供应链要求销售物流外包管理具备良好的策略制定和执行能力，能够根据市场需求的变化，灵活调整物流策略，包括运输方式、路线选择、配送时间等，快速响应市场变化，实现物流的灵活运作。

（4）严格的质量控制。智慧供应链要求销售物流外包管理具备严格的质量控制体系，能够对物流过程进行全面监控和管理，保证物流服务质量，确保产品在运输、仓储和配送过程中的安全。

（5）优秀的服务能力。智慧供应链要求销售物流外包管理具备先进的服务理念和优秀的服务能力，能够提供优质的物流服务，包括较快的响应速度、准确的交货时间、良好的服务态度等，以赢得客户的满意和信任。

3. 智慧供应链销售物流外包管理策略

智慧供应链销售物流外包管理策略如下：

（1）选择合适的外包合作伙伴。在选择销售物流外包合作伙伴时，企业应充分了解合作伙伴的服务质量、价格水平、信誉度等方面的情况，确保合作伙伴能够满足企业销售物流的需求。同时，企业还应与合作伙伴建立长期稳定的合作关系，共同应对市场变化。

（2）签订合理的外包合同。企业在与外包合作伙伴签订合同时，应明确双方的权利和义务，包括服务范围、服务质量、费用结算等内容，确保合同的公平性和合理性。此外，企业还应定期对合同进行审查和调整，以适应市场环境的变化。

（3）加强信息共享和沟通。在销售物流外包过程中，企业应与外包合作伙伴建立良好的信息共享和沟通机制，保证双方能够及时获取和传递相关信息。

（4）监控和评估外包效果。企业应建立一套完善的销售物流外包效果监控和评估体系，定期对外包合作伙伴的服务效果进行评估，使外包合作伙伴能够持续提供高质量的销售物流服务。

（5）优化销售物流流程。企业要求物流服务供应商能够根据市场变化和企业发展需求，利用物联网、大数据分析等智能化技术，不断优化销售物流的订单处理、库存管理、运输配送等作业流程，提高销售物流的效率和准确性。

⚙ 数智赋能　提质增效

"智能合单"让中国包裹加速"飞"抵全球

"一带一路"交通基础设施的互联互通，使得国与国之间的物流运输更加便捷。近年来，跨境电商高速发展，让人们足不出户就能够买到全球好产品。随着数字化赋能和智慧供应链物流体系的搭建，远在万里之外的海外消费者，不用额外多花运费，就能更快地收到来自中国包裹。在浙江杭州，一个2万多平方米的跨境集运仓库堆满了即将运往海外市场的小商品，分拣机正在日夜高速运转，在各大电商平台的促销季，平均每天处理的跨境包裹高达100万单，可以发往全球十几个国家和地区。

1. 智能合单，统一发运，省钱又高效

把同一客户在不同城市购买的小包裹拼成一个大包裹，统一发运出去，在业内被叫作"智能合单"。物流集团根据航班、距离等大数据，计算出1~3天可以合单升级服务的包裹。"智能合单"后的包裹，从全国各地的仓储中心运送到物流集团华东集运仓，经过机器分拣后，再分门别类地存储在不同的格子里，等到其他合单包裹到齐后就打包成一个大包裹，统一发运。如果包裹货值达到一定标准，就可以从原来的平邮升级为航空特快。客户不用额外支付运费就能更快收到包裹。智能合单不仅能让跨境包裹更快抵达，而且能够分析出该准备哪些货，要如何提高效率。

2. 智慧供应链管理系统，国际快递实现"数字化可视"

基于智慧供应链管理系统，可以使国际快递实现"数字化可视"。商品在从国内仓出库到送达客户手中的过程中，不仅客户可以随时查询物流信息，商家也可以通过实时后台查看物流进展。2023年以来，我国快递业整合海陆空铁多种运力资源，加快出海通道建设，印度尼西亚雅加达智慧物流枢纽、美国达拉斯和芝加哥分拨中心等相继投入运营，对东南亚、北美地区的物流辐射能力进一步增强。

（资料来源：央视新闻，2023-09-06）

讨论与分享：数字化赋能供应链销售物流具有哪些效应？

一、智慧逆向供应链与循环经济

(一) 逆向供应链智慧升级

逆向供应链是指企业为了从客户手中回收使用过的产品所必需的一系列活动，如图 6-4 所示。逆向供应链智慧升级是指借助先进的信息技术和管理理念，对逆向供应链中的产品回收、再利用、再制造、废弃物处理等环节进行优化和创新，以实现更高效、更环保、更具经济效益的逆向物流运作。

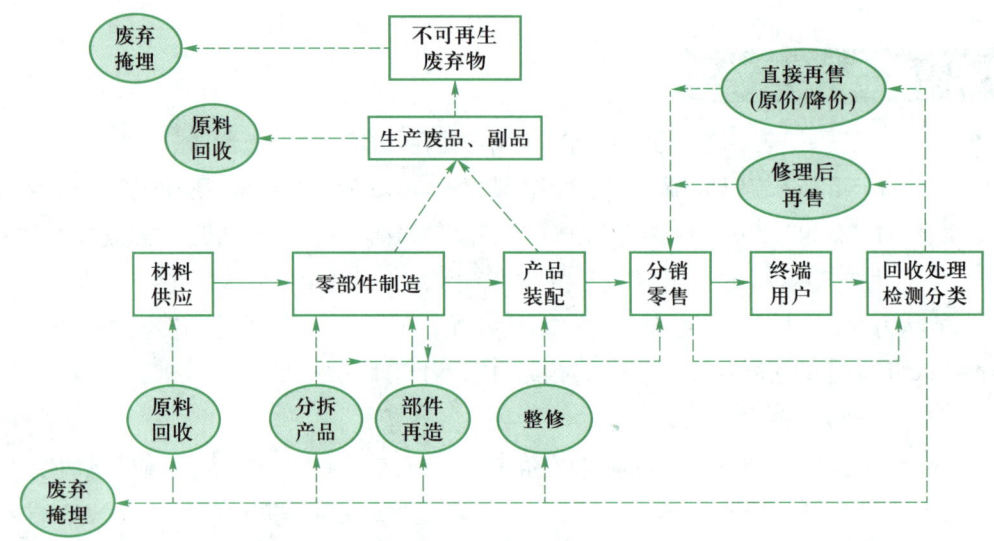

图 6-4　逆向供应链示意图

1. 逆向供应链的主要业务

逆向供应链的主要业务包括：

（1）产品回收。产品回收是逆向供应链的起点，包括从客户手中收回已售出的产品。

（2）逆向物流。为了重新获取使用价值或正确处置废弃产品，需要把相关的原材料、半成品、成品及信息从供应链下游返回到上游。

（3）回收品分类和处理。回收来的产品需要分类并评估其再利用的可能性，包括到产品的清洁、修复、翻新或者拆分成零件。

（4）回收品再制造和再销售。对于可以重复使用的产品或零部件，逆向供应链会将其重新制造为可用状态，然后再次销售。

（5）材料回收。对于那些不能直接再利用的回收品，通过材料回收的方式提取出价值，如塑料回收和金属回收。

（6）废物处置。对于那些无回收再利用价值的材料，逆向供应链需要确保它们以环保方式得到妥善处理。

2. 逆向供应链智慧升级的内容

逆向供应链智慧升级的内容如下：

（1）智能化回收网络。利用物联网技术和大数据分析，优化回收点布局，提高回收效率。通过智能传感器和定位技术，实时跟踪回收产品的运输和存储状态，确保回收过程的可视化和可控性。

（2）自动化检测与分类。采用人工智能和机器视觉技术，对回收产品进行快速、准确的检测和分类。自动识别产品型号、损坏程度等信息，为后续处理提供依据，提高处理效率和准确性。

（3）再制造与翻新。引入先进的制造技术和工艺，对回收产品进行再制造和翻新，使其达到或接近新产品的性能和质量标准。通过智能化的生产管理系统，优化再制造流程，降低成本，提高产品的市场竞争力。

（4）数据驱动决策。成本、产品质量等通过数据分析，预测回收产品的流量和质量，优化资源配置，制定更科学的逆向供应链策略。

（二）智慧逆向供应链与循环经济的相互作用

智慧逆向供应链是一种运用先进技术和智能管理理念，对产品回收、再利用、废弃物处理等逆向物流环节进行优化与创新的供应链模式。循环经济是一种以资源的高效利用和循环利用为核心，以"减量化、再利用、资源化"为原则，以低消耗、低排放、高效率为基本特征，符合可持续发展理念的经济增长模式。

1. 智慧逆向供应链对循环经济的推动作用

智慧逆向供应链对循环经济的推动作用如下：

（1）资源循环利用。将回收产品中的零部件、原材料等进行再制造或再加工，使其重新进入生产环节，实现资源的循环利用，提高资源利用率，减少对原生资源的开采。

（2）降低废弃物排放。借助智能废弃物处理系统，智慧逆向供应链可以对无法再利用的废弃物进行无害化处理，降低其对环境的污染。同时，通过优化逆向物流流程，减少产品在逆向过程中的损耗和浪费，进一步降低废弃物的产生量。

（3）促进产业协同。智慧逆向供应链整合了供应链上各个环节的企业，包括供应商、制造商、回收商、零售商等，通过信息共享和协同合作，形成一个闭合的循环产业体系，推动循环经济产业链的完善和发展。

2. 循环经济对智慧逆向供应链的促进作用

循环经济对智慧逆向供应链的促进作用如下：

（1）提供政策支持和市场需求。循环经济的发展得到了政府的高度重视，相关政策的出台为智慧逆向供应链的发展提供了有力支持。同时，随着消费者环保意识的提高，对循环利用产品的市场需求也在不断增加，为智慧逆向供应链的发展创造了良好的市场环境。

（2）推动技术创新和发展。循环经济理念促使企业不断探索和应用新的技术和工艺，以提高资源的循环利用效率并降低成本。这为智慧逆向供应链提供了技术创新的动力和方向，推动了物联网、大数据、人工智能等技术在逆向供应链中的应用和发展。

二、智慧供应链逆向物流预测

微课：
智慧供应链
逆向物流
预测

（一）逆向物流概述

逆向物流又称反向物流，是指为了恢复货物价值或循环利用货物或合理处置货物，对原材料、零部件、在制品及产成品从供应链下游节点向上游节点反向流动，或按照特定渠道、方式归集到指定地点所进行的物流活动。

1. 逆向物流的功能

逆向物流的功能如下：

（1）回收品收集。这是逆向物流的基本功能，指收集从客户退回到供应链"上游"（包括零售商、配送中心、制造商和供应商）的产品。

（2）回收品检测分类。供应链上各节点对于接收的回收品，首先要进行检验。回收物品种类繁多，在每个检验过程中，都需要对其进行有效分类，以便进行后续处理。分类后的物品可能会继续出售，也可能返回制造商进行削价处理或再加工。

（3）回收品再加工。部分物品在分类后进入再加工过程。制造商先对可维修产品进行维修，再进行销售。对不可维修产品、回收报废产品及零部件、生产中的报废零部件和边角料，通过分拆、整理，重新进入原料供应系统。对召回产品通过分拆、更换零部件或技术升级等补救措施重塑产品价值。对于分解后不再利用的零部件，采取填埋、机械处理等环保方式处置。

（4）回收品再配送。逆向物流的输出物品多样化，需要统一配送以提高效率，并尽可能利用原有的正向物流方式进行运输。

2. 逆向物流与正向物流的区别

产品全供应链包括正向物流和逆向物流，如图6-5所示。正向物流基于利润和成本优化，服务于正向供应链。逆向物流基于环境意识原则和法律，以及利润和成本的优化，服务于逆向供应链。正向物流与逆向物流的主要差异见表6-3。

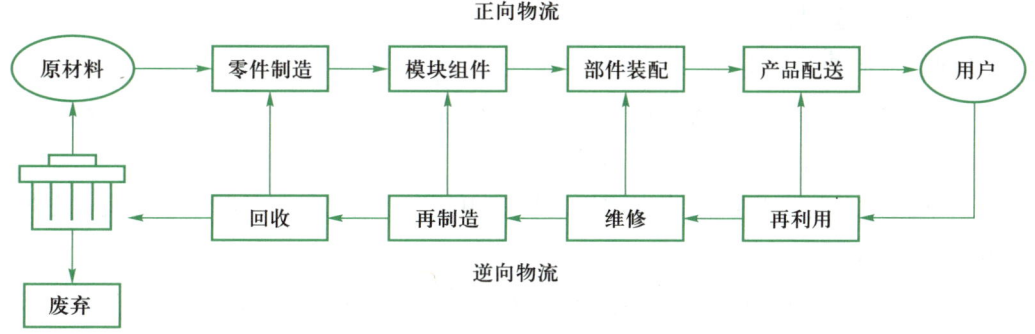

图 6-5　正向物流与逆向物流

表 6-3　正向物流与逆向物流的主要差异

比较内容	正向物流	逆向物流
预测	比较简易	比较困难
分销和运输模式	一对多	多对一
产品质量	统一	不统一，差异大
产品包装	统一	不统一，差异较大
运输目的地/路由	明确	不明确，依产品而定
价格	相对一致	不一致，取决于某种因素
服务速度/时效的重要性	广泛重视	常常不受重视
分销成本	相对透明，可由财务系统监控	多为隐性的
库存管理	统一	不统一
产品生命周期	可控的	比较复杂，不易控制
供应链上的各方协商	比较直接和容易	比较困难
营销方式	有现成模式	没有现成模式，受多种因素影响
运营流程	较透明，便于控制	透明度较低，不便控制
运营网络设计	复杂但明确	更复杂，受多种不明确因素影响
体量	大	小
跟踪物品	自动化信息系统跟踪	自动和手动化信息系统跟踪
循环时间	短	较长
产品价值	高	中低

3. 逆向物流的特点

逆向物流的特点如下：

（1）不确定性。由于退货和回收的货物往往是不可预测的，与正向物流相比，逆向物流在时间和数量上具有更大的不确定性。

（2）复杂性。逆向物流的流程比正向物流更复杂，包括产品的检验、分类、处理和再利用等多个步骤。

（3）分散性。逆向物流产生的地点、时间、质量和数量是难以预见的，可能产生于生产领域、流通领域或生活领域。

（4）高成本性。由于逆向物流的复杂性和不确定性，通常需要更高的作业成本，特别是在处理退货和回收物品时。

（5）缓慢性。由于需要额外的步骤来检查和处理退回的物品，逆向物流的处理时间通常比正向物流更长。

4. 逆向物流的作用

逆向物流的作用如下：

（1）提高顾客满意度。逆向物流有助于提高顾客对产品或服务的满意度，从而增加企业的竞争优势。

（2）保护环境。逆向物流有助于减少废物产生和污染物排放，提高产品的可回收利用率，减少资源消耗和环境污染。

（3）提高品质管理。退货暴露出的产品品质问题可以促进企业不断改善产品质量。

（4）增强供应链韧性。逆向物流包括召回系统，可以快速、低成本地召回不合格物品，增强供应链应对不确定性和抗风险的能力。

（二）智慧供应链逆向物流预测的挑战与方法

与正向物流相比，逆向物流预测面临着诸多挑战，需要通过技术与方法创新，不断提高逆向物流预测的准确性。通过准确的预测和合理的资源管理，企业可以提高逆向物流效率，降低逆向物流成本，促进资源循环利用。

1. 逆向物流预测面临的挑战

逆向物流预测面临的挑战如下：

（1）数据不足。逆向物流涉及退货、回收、再利用等多个环节，这些环节的数据往往难以获取或者不够准确。

（2）影响因素不确定。逆向物流的流程和数量受到多种因素的影响，如产品质量、消费者行为、政策法规等，这些因素的变化具有很大的不确定性。

（3）关系复杂。逆向物流涉及多个环节和参与方，如供应商、制造商、分销商、消费者等。众多环节和参与方之间的关系错综复杂。

（4）政策法规限制多。逆向物流涉及环保、资源循环利用等方面，受到政府法规和政策的影响较大。政策变动可能会对逆向物流预测产生重大影响，增加预测难度。

（5）成本压力大。逆向物流预测需要在有限资源下进行，如何在保证预测准确性的同时降低成本，是逆向物流预测面临的一个重要挑战。

2. 智慧供应链逆向物流的预测方法

智慧供应链逆向物流的预测方法如下：

（1）数据驱动的预测方法。这种方法主要依赖大量的历史数据和实时数据，通过数据挖掘和机器学习等技术，对逆向物流的需求进行预测。例如，通过分析产品销售数据、退货率、维修率等指标，预测未来的逆向物流需求。

（2）模型驱动的预测方法。这种方法主要依赖于建立数学模型或者仿真模型，通过对模型的求解或者模拟，预测逆向物流需求。例如，建立基于时间序列的预测模型，对逆向物流的需求进行预测。

（3）规则驱动的预测方法。这种方法主要依赖于专家的经验和知识，通过制定一系列规则，预测逆向物流的需求。例如，根据产品生命周期、季节性因素、市场趋势等因素，制定预测规则。

（4）混合驱动的预测方法。这种方法结合了数据驱动、模型驱动和规则驱动的优点，通过综合运用多种方法，提高逆向物流需求的预测准确性。例如，先用数据驱动的方法初步预测逆向物流需求，再用模型驱动的方法进一步优化预测结果，最后用规则驱动的方法调整预测结果。

三、智慧供应链回收物品处理

（一）回收物品处理概述

回收物品处理是指将不再需要的物品进行分类、清洗、修复和再利用的过程。这个过程不仅有助于减少废物的产生，而且还能节约资源，保护环境，这也直接影响到企业的经济效益和社会形象。

回收物品物流是指不合格物品的返修，以及周转使用的包装容器从需方返回到供方所形成的物品实体流动。回收物品物流是逆向物流的重要构成部分。企业在生产、供应、销售的活动中，总会产生各种边角余料和废料，这些边角余料和废料的回收需要正确处理。

1. 回收物品分类

（1）按照回收物流材料的物理属性不同，可划分为金属制品回收、塑料制品回收、木制品回收、玻璃制品回收等。

（2）按照回收物流的成因、途径和处置方式及其产业形态不同，可划分为投诉退回、终端使用退回、商业退回、维修退回、生产报废与副品退回，以及包装物退回六大类别，如表6-4所示。

微课：
智慧供应链
回收物品
处理

表6-4　按成因、途径和处置方式划分的回收物流分类

回收原因	驱动因素	处理方式	举例
投诉退回	市场营销	检查确认，退换货补货	电子消费品
终端使用退回	成本收益 市场营销 法律法规 资产恢复	再生产 再循环处理	电子设备再生产 家用电器回收
商业退回	市场营销	再使用 再生产 再循环处理	零售商积压库存 时装 化妆品
维修退回	市场营销 法律法规	维修处理	有缺陷的家电
生产报废和副品退回	经济法律法规	再生产 再循环	金属制品
包装物退回	经济法律法规	再使用 再循环	托盘 周转箱 包装袋

（3）根据回收产品的来源不同，可划分为来自消费者的回收品和来自中间分销商（如批发商、代理商、经销商、零售商等）的回收品。其中，来自消费者的回收品主要有：①消费者退还未使用的产品，如退还不合格产品。②消费者退还使用过的产品，如旧汽车回收。③消费者退还可再用的包装物，如玻璃水瓶、易拉罐等。此外，中间商会因为商品缺陷、营销回流、商品过时或过量库存等原因而把商品退回给制造商。

（4）根据回收产品用途不同，可划分为边角余料回收品、零部件回收品、包装回收品、制造备件回收品和废弃处理品。

2. 产品回收管理

产品回收管理是指对已售出的产品进行回收、处理和再利用的过程。这个过程涉及多个环节，包括回收渠道的建立、回收产品的分类、处理方式的选择，以及再利用的途径等。一体化供应链中的产品回收物流系统模型如图6-6所示。

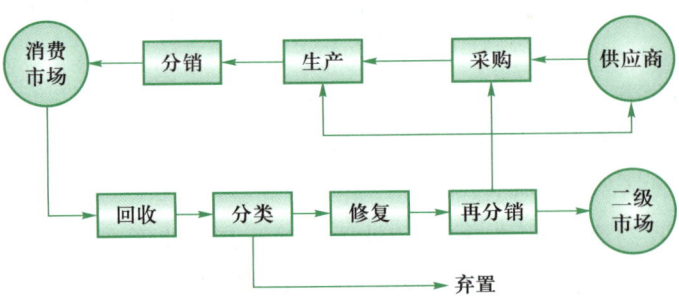

图6-6　一体化供应链中的产品回收物流系统模型

（1）包装物回收管理。所有再用回收品中最重要的是可再用包装，包括玻璃、塑料瓶、纸箱、托盘和集装箱等。可再用包装回收的主要流程是：预处理（包括清洗、检测、归集和分类等工作）、运输、最终处理（包括重新利用、整修、回收物料、循环利用、贱卖等形式）。

（2）零部件回收管理。零部件回收管理是指对回收的零部件经过分拣、测试后，把有价值的零部件拆解、修复或再加工后重新用于产品的装配或者修理失效部件或弃之不用的回收过程。零部件回收一般包括收集、分拣、运输、测试、拆卸/装配、复原/再制造、配送等业务流程，如图6-7所示。

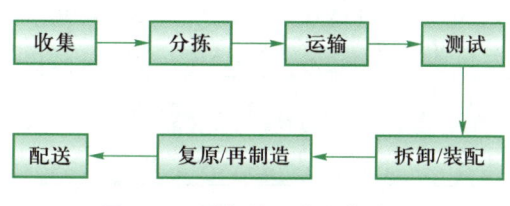

图6-7　零部件回收业务流程

（3）再生资源回收管理。在人类的生产、流通和消费过程中，必然要排放各种排放物（或称废料），其中，可回收再生利用的部分称为再生资源，基本上或完全失去再利用价值的废料称为废弃物。再生资源包括金属材料、玻璃材料、木质材料、纸质材料、塑料材料、畜牧材料等。

（4）废弃物品处理。废弃物品处理是指将经济活动或人民生活中失去原有使用价值的物品，根据实际需要进行收集、运输、分类、加工、包装、搬运、储存等作业，并分送到专门处理场所的物流活动。这种物流活动的作用不在于创造多少经济价值，而在于创造社会效益，即从环境保护出发，将废弃物焚化，进行化学处理或运到特定地点堆放、掩埋。废弃物品处理流程包括收集、预处理、运输、最终处理，如图6-8所示。

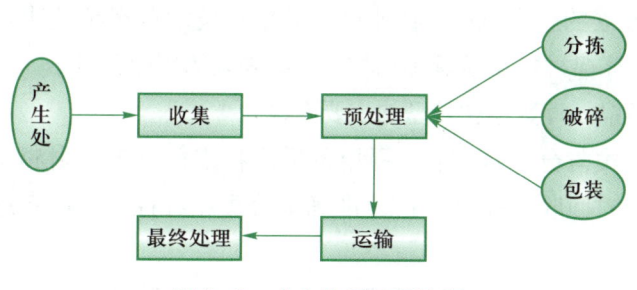

图6-8　废弃物品处理流程

（二）供应链回收品处理数字化转型

供应链回收品处理数字化转型是通过引入先进的数字化技术和工具，对传统的回收品处理流程进行优化和改进。这种转型不仅提高了处理效率，降低了成本，而且增强了可持续性。

1. 供应链回收品数字化处理与传统处理的区别

供应链回收品数字化处理与传统处理的区别主要体现在数字化程度、协同程度、技术渗透性和信息集成度不一样，如表 6-5 所示。

表 6-5　供应链回收品数字化处理与传统处理的区别

区别	回收品数字化处理	回收品传统处理
数字化程度	高	低
协同程度	高	低
技术渗透性	强	弱
信息集成度	高	低

2. 供应链回收品处理数字化转型的措施

（1）搭建数字化平台。企业通过建立专门的数字化平台，如 App、小程序和公众号等，建立回收品信息数据库，提供一站式服务，从回收需求的提交到物品的回收处理，全流程在线完成，以提高回收品的处理效率和用户体验。

（2）整合资源。企业通过整合全国范围内的回收终端、专卖店、服务人员和物流配送中心，形成覆盖广泛的回收网络，与供应商、生产商和零售商等环节的数据共享和互通，实现逆向供应链协同，提高回收服务的可达性和响应速度。

（3）实施智能化管理。企业利用人工智能、大数据分析等技术，通过数字化手段，对回收过程中产生的大量数据进行分析和处理，优化决策过程，减少人为错误，缩短处理时间，提高资源利用率和逆向供应链的可追溯性。

（4）支持可持续发展。数字化技术有助于实现资源的最大化利用和循环再生，支持环保和可持续发展的企业战略。企业借助数字化技术在产品设计阶段就考虑回收和再利用需求，采用环保材料和易拆卸结构，方便未来的回收处理。

3. 供应链回收品处理数字化转型的主要内容

（1）回收品分类与分拣数字化。利用条形码扫描、RFID（射频识别）和图像识别等自动识别技术，对回收物品进行快速准确地分类和分拣，为后续的处理和再利用作好准备。

（2）回收品质量检测数字化。通过自动化测试设备和智能检测系统，对回收物品进行质量检测，确定回收品是否适合再销售、修理、再制造或回收。

（3）回收品管理数字化。建立强大的数据管理系统，跟踪回收物品的来源、类型、数量、状态和处理结果，提高透明度和效率。根据回收物品的类型和数量，合理分配资源，包括人力、设备和空间等。

（4）回收品流程优化数字化。通过数据分析和模拟技术，不断优化处理流程，减少不必要的步骤和时间延误，提高整体效率。通过可视化和在线预约等方式，提升用户在回收过程中的体验，使整个过程更加便捷高效。

四、智慧供应链逆向物流库存优化

（一）逆向物流库存认知

逆向物流库存是指企业在处理退货、返修、换货等逆向物流过程中所涉及的库存管理。逆向物流库存管理是企业逆向供应链管理中的一个重要组成部分，是保证产品从终端用户回到仓库或制造商流程中的必然一环。

1. 逆向物流库存与正向物流库存的区别

（1）管理方法和流程不一样。正向物流库存主要处理良品库存，包括采购或生产入库、仓库管理和出库配送等环节。逆向物流库存是处理非良品库存，包括退货的收集、储存、回收和翻新等。两者在库存管理上有着本质不同，需要采取不同的策略和方法。

（2）可预测性不一样。在正向物流中，企业通常能够预测未来的市场需求，使得整个供应链具有较强的可预测性。在逆向物流中，由于产品返回的时间和数量往往具有较大的不确定性，使得需求预测变得复杂且困难。

（3）衔接的运输方式不一样。正向物流通常是将产品从生产商分销到多个客户，即"一对多"的移动模式。逆向物流是将从多个起点返回的产品集中到一个中心地点，如返品处理中心，即"多对一"的移动模式。这种差异直接影响物流的运营管理策略和方法。

2. 影响供应链逆向物流库存的主要因素

（1）产品质量。产品质量是影响逆向物流的关键因素。高质量的货物意味着更少的缺陷和退货，从而减少逆向物流的需求。企业应重视质量管理，杜绝缺陷产品的产生，以降低逆向物流的成本和复杂性。

（2）产品设计。易于维修和回收的产品设计可以减少逆向物流中的资源浪费。设计时应考虑到产品的整个生命周期，包括最终的回收和再利用。

（3）市场供求。市场供求的波动会影响产品的销售和退货率。企业需要通过市场分析和预测来调整生产和库存策略，以减少过剩库存和潜在退货。

（4）物流效率。物流效率直接影响到产品退货的处理速度和成本。高效的物流系统可以快速处理退货，减少库存积压。

（5）客户服务政策。宽松的退货政策可能会导致更高的产品回流率。企业需要在提供良好客户服务和控制逆向物流成本之间找到平衡点。

（6）信息技术。信息技术的应用可以提高逆向物流的效率。通过实时数据分析帮助企业更好地管理库存和预测产品回流。

（7）再制造提前期。这是指从决定进行再制造到再制造产品交付顾客的时间，包括了再制造过程中的所有环节，如拆解、清洗、检测、修复、组装等。再制造提前期较长的产品需要更多的安全库存来保证供应链的顺畅运作。

（二）智慧供应链逆向物流库存优化

智慧供应链逆向物流库存优化是指通过运用先进的信息技术、数据分析和智能算法，对逆向物流过程中的库存进行有效管理和优化，包括退货、维修、再制造产品等的存储和处理，主要目标是实现更高的资源效率、更低的环境影响和更强的市场竞争力。

1. 智慧供应链逆向物流库存管理优化的内容

（1）数据整合与分析。收集和分析回收物品的数量、类型、来源等数据，预测回收趋势，为后续的库存管理和补货策略提供依据。

（2）智能感知与追踪。利用物联网技术（如 RFID 标签和传感器），实现对回收物品的实时监控和追踪，提高回收过程中的透明度，确保库存信息的准确性。

（3）自动化处理。引入自动化分拣系统和机器人技术，减少人工操作，提高回收物品的处理速度和准确性，降低人工成本，同时提高处理效率。

（4）精益管理。采用精益理念，优化废旧物资的处置流程，缩短报废流程，提升处置效能，减少不必要的时间和资源浪费，提高整体效率。

（5）资源配置。根据回收物品的类型和数量，合理安排存储空间和运输资源，避免资源浪费和积压。

（6）合规与安全。确保回收物品处理符合相关法律法规要求，同时保护消费者的隐私和企业信息安全，避免潜在的法律风险和信誉损失。

2. 逆向物流库存管理不足的主要表现

（1）信息系统不完善。由于缺少逆向物流库存信息系统的有效支持，逆向物流库存的信息传递可能出现错漏，进而引起退货积压和回收品处理效率降低。

（2）供给不确定。逆向物流库存的一个显著特征是供给的高度不确定性。由于回收物品的数量和时间难以预测，使得库存管理变得更加复杂。

（3）业务操作不规范。逆向物流库存的复杂性、实施的风险性，以及企业商品信息化标准体系建设存在不足，可能导致业务操作不规范和程序不合理的现象。

（4）技术应用不足。与正向物流库存相比，逆向物流库存的大数据分析、物联网和自动化等先进技术应用不足，难以充分发挥逆向物流库存管理的潜在价值。

（5）与客户期待不匹配。客户对于退换货流程的便捷性和速度有越来越高的期望。如果逆向物流库存管理不善，可能导致客户满意度下降。

3. 智慧供应链逆向物流库存管理优化措施

（1）增强信息可视化与透明度。通过企业资源规划（ERP）和供应链管理（SCM）等信息管理系统建设，使用物联网等技术，实时跟踪回收品流动，提高库存的可见性和准确性，与供应链上下游合作伙伴共享信息，协同减少逆向物流库存。逆向物流库存管理的一般框架如图6-9所示。

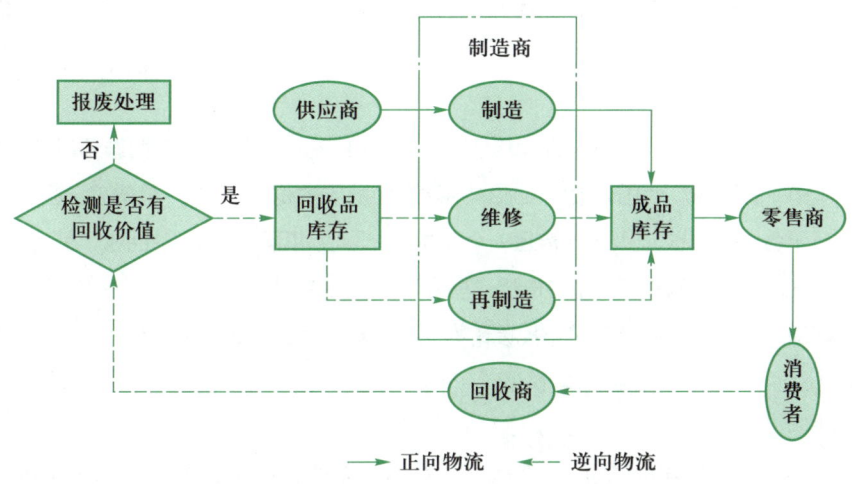

图6-9　逆向物流库存管理的一般框架

（2）加强数据分析与预测。利用大数据分析和机器学习算法对历史数据进行分析，预测未来的产品回流趋势。通过对销售和退货数据的集成分析，优化库存水平。

（3）提高自动化水平。引入物流机器人和智能化拣选系统等人工智能和自动化技术与设备，建立有效的退货政策，并与合作伙伴一起制定明确的退货流程，提高回收物品自动入库、分类、包装等工作的处理效率。

（4）实施灵活的库存管理策略。利用大数据技术，采用模块化设计，使其易于拆解、修复和再利用，方便更换产品部件。根据产品的回收概率和可再售性调整库存缓冲。对于高价值或维修成本较低的货物，优先考虑再制造和再利用。

🖳 智链强基　数创未来

提供绿色新引擎，走好循环新赛道

　　无论是扎实落实"以旧换新"政策，还是全力以赴服务"双碳"目标，广西循环集团自成立以来，始终服务党和国家战略大局，将绿色转型与自我发展紧密结合，在全新的循环产业赛道上向"绿"而行，凭借"数智化"回收方式，有效破除"换新+回收"的"梗阻"，畅通以旧换新"大动脉"，打造广西废旧物资回收体系。

1. 时光更迭，初心不改

循环产业是一个朝阳产业，对推动"双碳"目标的实现和生态文明建设有重大的意义。作为广西现代物流集团旗下传承了70余年绿色发展基因的子公司，广西循环集团快速响应国家号召，承担着广西可再生资源循环利用主力军的光荣使命，坚持市场化运作，持续推动循环产业布局优化，促进产业化、集约化、规模化，形成可再生资源产业集聚效应，构建循环产业生态圈，现已成为广西循环产业的龙头企业，彰显出巨大的活力。其中，"反向开票"业务的推出，有效解决了掣肘再生资源行业发展的"票源缺失"难题。

2. 深耕主业，奋进有为

广西循环集团以"一条主线、两网并行"为战略蓝图，有规划、有步骤地推进广西循环产业的发展。"一条主线"是以"1+14+nX"的广西固体废物回收体系建设为发展主线，即建立1个覆盖全区的"邕易收"固体废物回收信息平台，在14个地级市各构建一个固体废物回收利用网络体系，回收"n"种废旧物资品类，延伸"X"条产业链。"两网并行"则是构建"邕易收"废旧物资回收"一张网"和广西危废收运"一张网"。如今，广西循环集团建设并储备了一批废矿物油、新能源电池、废塑料、废纺织物等可再生利用处置和服务项目，打造了一个又一个的经济增长极。

3. 智慧赋能，创新图强

为了让传统的可再生行业拥有更智慧的"超强大脑"，实现破茧成蝶的全新改变。广西循环集团充分利用互联网先进技术，打造了"邕易收"大数据平台、维云物联网大数据系统、新能源动力电池全生命周期管理系统等数据平台，像管理快递一样管理废旧物资，精确掌握每一吨废旧物资的流向。开放共享的"互联网+"废旧物资回收利用信息平台，与政府部门、环保企业、产废企业、回收主体等紧密衔接。目前，"邕易收"小程序注册用户超过11万人，创新的商业模式和持续增加的用户流量，为循环再生行业带来了更多的发展空间和无限潜能。

（资料来源：人民资讯，2024-06-27）

讨论与分享：逆向物流数字化经营对绿色经济发展有哪些效应？

📖 调查研究与善作善成

关于当地智慧供应链逆向物流发展情况调查

步骤1：确定调研目标

围绕贯彻落实党的二十届三中全会"积极稳妥推进碳达峰碳中和"的战略部署，结合本章学习内容，组织学生实地走访调研，了解当地智慧供应链逆向物流的发展情况，在调查研究的实践训练中巩固知识，检验学习效果。

步骤 2：设计调研方案

围绕当前数字化、智能化发展的时代背景，聚焦当前推动绿色发展，促进人与自然和谐共生的背景，根据调研目标设计可执行的调研方案。调研方案除包括调研目的、调研问题、调研假设、调研方法、调研地点与范围、数据收集方法、数据分析方法、调研预期结果、调研所需资源外，还要包括组建调查研究小组、明确调研过程中的安全及社交礼仪等要求。

步骤 3：收集调研数据

坚持知行合一、理实结合的原则，按照调研方案，选择合适的调研方法和路径，从思路、措施、问题、经验、成效等方面收集当地生态供应链、物流绿色发展、绿色消费的相关数据，以及反映数字化、智能化技术在逆向物流领域应用的痛点与难点问题。

步骤 4：整理分析调研数据

对收集到的数据进行整理和清洗，剔除无效或错误数据，确保数据质量。运用适当的统计方法和分析技巧，对整理好的数据进行分析、比较、归纳，揭示存在的问题，总结好的做法，提炼出可复制推广的经验成果。

步骤 5：撰写调研报告

在调研中，要把党的二十届三中全会"促进绿色低碳循环发展经济体系建设"的精神学深悟透，将调研过程和结论整理成书面报告，提出利用数字化、智能化技术发展逆向供应链物流的可行性建议。同时，注意报告的规范性和逻辑性，增强报告的可读性。

步骤 6：呈现分享调研报告

将调查结果在班级呈现分享，有条件的话可以通过研讨会、会议或公开发表的方式呈现给相关行业参与者、决策者和社会公众。

综合实训

实训 1：销售客户分类与物流服务策略设计

步骤 1：确定实训目的

通过设计训练，使学生根据本章所学知识，分析某企业产品销售物流所面临的困难，提出合理的决策建议，培养学生智慧供应链销售物流规划的能力。

步骤 2：做好实训准备

（1）组建实训小组，并做好成员分工。

（2）编写产品经营和销售物流规划的模拟场景。

场景示例：××合作社主要经营生鲜农产品的收购加工和销售，合作社的客户逐年递增，表6-6为该合作社近1个月的客户订单。据此对该合作社现有的客户进行分类，并针对不同类型的客户制定销售物流服务策略。

表 6-6　××合作社近 1 个月收到的客户订单

客户	下单时间	订单金额 / 万元	客户	下单时间	订单金额 / 万元
客户 1	7 月 8 日	55.3	客户 5	7 月 3 日	22.5
	7 月 17 日	43.4		7 月 11 日	54.5
	7 月 29 日	51.5		7 月 23 日	15.4
客户 2	7 月 5 日	47.5	客户 6	7 月 4 日	41.8
	7 月 11 日	23.8		7 月 16 日	23.7
	7 月 16 日	27.7		7 月 21 日	47.6
	7 月 29 日	14.3	客户 7	7 月 5 日	21.1
客户 3	7 月 7 日	36		7 月 9 日	41.8
	7 月 11 日	50.7		7 月 17 日	45.4
	7 月 29 日	11.9		7 月 23 日	10.8
客户 4	7 月 5 日	53.7		7 月 27 日	26.1
	7 月 13 日	50.3	客户 8	7 月 3 日	28
	7 月 16 日	32.7		7 月 18 日	16.7
	7 月 29 日	29.7		7 月 30 日	38.5

（3）复习智慧供应链销售物流管理相关理论知识。

步骤 3：讲解实训内容

（1）讲解销售物流的客户分类方法。

（2）讲解销售物流服务的主要策略。

（3）讲解销售物流客户分析的主要技术。

步骤 4：完成实训任务

根据假设的模拟场景，实训小组合作完成：

（1）××合作社 8 月份的客户分类。

（2）××合作社不同类型客户的物流服务策略设计。

（3）客户分析新技术应用说明。

（4）实训成果全班展示分享。

步骤 5：实施实训评价

教师对每个实训小组的表现进行综合评价，填写表 6-7。

表 6-7　销售客户分类与物流服务策略设计实训评分表

组别		组员	
考评内容	××合作社销售客户分类与物流服务策略制定		
考评标准	考评维度	分值	实际得分
	乡村振兴和客户服务意识	15	
	销售客户分类	30	
	物流服务策略制定	30	
	客户分析的新技术应用说明	10	
	实训成果展示分享	15	
	合计	100	

实训 2：逆向物流库存管理转型方案设计

步骤 1：确定实训目的

通过设计训练，使学生根据本章所学知识，通过电子产品退换货库存管理转型设计和可视化呈现，培养学生智慧逆向供应链管理能力。

步骤 2：做好实训准备

（1）组建实训小组，并做好成员分工。

（2）编写某企业逆向物流库存管理转型的模拟场景。

场景示例：H公司以生产销售电子产品为主营业务，由于电子产品更新换代迅速，消费者对于新产品的需求越来越高。该公司一旦推出新款电子产品，旧款电子产品的退换货问题就会大量涌现。但是该公司逆向物流非常薄弱，仅使用电子制表软件和传统的库存管理软件已不能满足日益增长的客户需求。该公司迫切需要建立起高效、智能的逆向物流体系，实现逆向物流管理转型升级，即需要对旧款产品回收、维修、再利用的逆向物流的每个业务环节进行优化，建立起完整的信息化系统，实现退换货库存信息的全面性、可追溯性和可信任性。

（3）浏览相关公司网站，收集电子产品逆向物流的作业流程。

（4）复习智慧逆向供应链相关理论知识。

步骤 3：讲解实训内容

（1）讲解逆向物流库存管理信息采集的现代技术。

（2）讲解逆向物流库存产品的分类处理方法。

（3）讲解逆向物流库存管理系统设计框架。

（4）讲解逆向物流库存管理过程与效果的可视化。

步骤 4：完成实训任务

根据假设的模拟场景，实训小组合作完成：

（1）分析H公司电子产品逆向物流的作业流程。

（2）H公司逆向物流库存管理转型方案设计。

（3）H公司逆向物流库存管理转型的可视化分析。

（4）实训成果全班展示分享。

步骤 5：实施实训评价

教师对每个实训小组的表现进行综合评价，填写表6-8。

表 6-8　逆向物流库存管理转型方案设计实训评分表

组别		组员	
考评内容	H公司电子产品逆向物流库存管理转型方案设计		
考评标准	考评维度	分值	实际得分
	绿色物流发展意识	15	
	逆向物流库存管理分析	15	
	逆向物流库存管理转型方案	40	
	逆向物流库存管理可视化分析	15	
	分享展示效果	15	
合计		100	

一、判断题

1. 销售物流是企业供应链的第一个环节。(   )

2. 对企业来说，如何利用数字技术做好销售物流规划是一个重要挑战。(   )

3. 物流外包是指企业将其部分或全部物流业务交由专业的物流公司完成的物流运作模式。(   )

4. 逆向供应链是指企业为了从客户手中回收使用过的产品所必需的一系列活动。(   )

5. 与正向物流相比，逆向物流预测面临的挑战更少。(   )

6. 产品质量是影响逆向物流的关键因素。(   )

二、单选题

1. 销售物流需求预测的时间序列分析法不包括（   ）。

   A. 简单平均法   B. 移动平均法

   C. 指数平滑法   D. 回归分析法

2. （   ）理念不是智慧供应链销售物流管理理念。

   A. 产品导向   B. 客户导向

   C. 数据驱动   D. 协同共享

3. 选择物流外包的决定性因素不包括（   ）。

   A. 企业发展战略   B. 物流经济效益

   C. 竞争对手策略   D. 企业核心竞争力

4. （   ）是逆向供应链的起点。

   A. 产品回收   B. 产品生产

   C. 产品销售   D. 废物处置

5. 逆向物流的功能不包括回收品（   ）。

   A. 收集   B. 检测分类

   C. 赔偿   D. 再配送

6. 影响供应链逆向物流库存的主要因素不包括（   ）。

   A. 产品质量   B. 产品设计

   C. 市场供求   D. 社会公众

三、多选题

1. 销售物流需求预测流程包括（   ）等。

   A. 收集数据   B. 分析数据

   C. 预测需求   D. 预测结果评估

   E. 销售物流策略制定

2. 销售物流规划的主要内容包括（　　　　　）等。

A. 需求预测　　　　　　　　　　B. 库存管理

C. 运输方案设计　　　　　　　　D. 仓库配送规划

E. 供应商服务

3. 销售物流客户管理的主要内容包括（　　　　　）。

A. 客户信息管理　　　　　　　　B. 客户数据分析

C. 客户服务策略制定　　　　　　D. 客户订单管理

E. 客户关系维护

4. 智慧供应链对销售物流外包管理的要求包括（　　　　　）。

A. 高效的信息处理　　　　　　　B. 精准的需求预测

C. 灵活的物流策略　　　　　　　D. 严格的质量控制

E. 优秀的服务能力

5. 逆向物流的特点包括（　　　　　）。

A. 不确定性　　　　　　　　　　B. 复杂性

C. 分散性　　　　　　　　　　　D. 缓慢性

E. 高成本性

6. 供应链回收品处理数字化转型的措施包括（　　　　　）。

A. 搭建数字化平台　　　　　　　B. 整合资源

C. 实施智能化管理　　　　　　　D. 支持可持续发展

E. 实施外包管理

07

第七章

智慧物流与供应链成本管理

学习目标

素养目标
◢ 培养智慧物流与供应链成本控制的系统观念
◢ 培养智慧物流与供应链降本增效的创新思维

知识目标
◢ 了解智慧物流成本的主要构成
◢ 掌握智慧物流成本的分析控制方法
◢ 熟悉智慧供应链成本的主要构成
◢ 掌握智慧供应链成本的分析控制方法

技能目标
◢ 能够初步分析智慧物流的成本影响因素
◢ 能够初步提出智慧物流成本的控制方案
◢ 能够初步分析智慧供应链成本的影响因素
◢ 能够初步提出智慧供应链成本的控制方案

思维导图

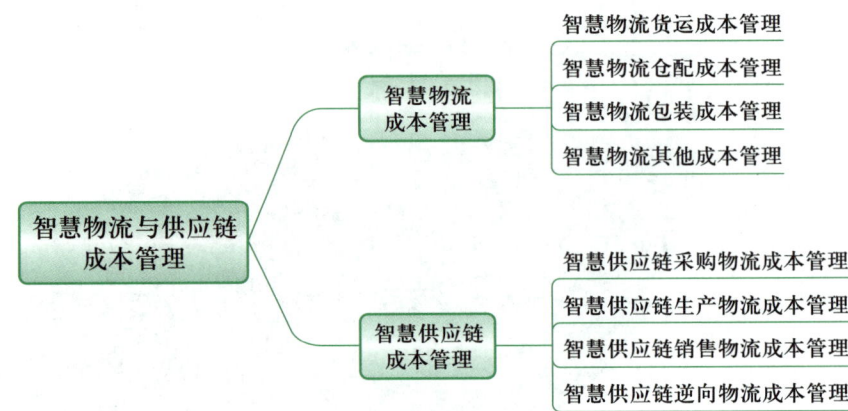

学习计划

◢ **素养提升计划**

◢ **知识学习计划**

◢ **技能训练计划**

实数融合新视界

深化物流降本增效，稳固经济运行底盘

现代物流在国民经济中的产业地位持续提升，进入了新的发展阶段，我国已经成为全球需求规模最大的物流市场。2024年5月13日，国家发展改革委员会等四部门发布了《关于做好2024年降成本重点工作的通知》，就"推进物流提质增效降本"提出三项任务。

1. 实施降低物流成本行动

中共中央办公厅、国务院办公厅研究制定了《有效降低全社会物流成本行动方案》，强化政策协同和工作合力，有力推动降低全社会物流成本，增强企业和实体经济的竞争力。

2. 完善现代物流体系

稳步推进国家物流枢纽、国家骨干冷链物流基地建设，促进现代物流高质量发展。新增支持一批城市开展国家综合货运枢纽补链强链，推动跨运输方式一体化融合。继续实施县域商业建设行动，支持建设改造县级物流配送中心和乡镇快递物流站点，完善仓储、运输、配送等设施，加快补齐农村商业设施短板，健全县乡村物流配送体系。

3. 调整优化运输结构

大力发展多式联运，支持引导多式联运"一单制""一箱制"发展。加快推进港口、物流园区等铁路专用线建设，大力推动大宗货物和中长距离货物运输"公转水""公转铁"，提高运输组织效率，促进港口集装箱铁水联运量保持较快增长，推动港口、物流园区、工矿企业大宗货物绿色集疏运比例稳步提升。

（资料来源：人民网，2024-05-29）

引思明理

物流业是实体经济循环畅通的重要支撑，连接生产和消费、内贸和外贸，提质降本增效始终是智慧物流与供应链高质量发展的主线。党的二十届三中全会作出"完善流通体制，加快发展物联网，健全一体衔接的流通规则和标准，降低全社会物流成本"的战略部署。物流的提质、增效、降本将支持制造业、商贸业等产业扩大辐射范围，促进产业链融合，推动业态模式创新，提高实体经济的价值链位势，培育新质生产力。

第一节　智慧物流成本管理

一、智慧物流运输成本管理

（一）货物运输成本的构成与核算

货物运输成本是指将货物从一个地点运输到另一个地点所需的费用。在现代经济中，货物运输是供应链管理的重要组成部分，合理核算货物运输成本对于控制货物运输成本具有重要意义。

1. 货物运输成本的主要构成

货物运输成本的主要构成包括：

（1）燃料费。这是货物运输成本中最重要的一项，主要包括车辆行驶所需的汽油、柴油、电力等燃料或能源费用。该费用的高低取决于运输距离、车辆类型和能源价格等因素。

（2）人员工资费用。包括司机、装卸工人、管理人员等员工的薪酬、福利和培训费用，其高低取决于员工数量、工资水平和用工政策等因素。

（3）车辆折旧与维修费用。车辆的价值随着时间的推移而逐渐降低，需要对车辆提取折旧费用。车辆在运输过程中也会逐渐磨损，需要定期进行维修和保养。车辆折旧与维修费用的高低取决于车辆总价、使用频率和维护费用水平等因素。

（4）路桥等通行费。在货物运输过程中，车辆通常需要通过高速公路、桥梁、隧道等设施，交纳一定的费用。路桥费与通行费的高低取决于运输路线、收费标准和收费政策等因素。

（5）保险费。为了降低运输过程中可能发生的意外风险，运输企业需要为车辆和货物购买保险。保险费的高低取决于保险种类、险种价格等因素。

（6）管理费用。管理费用包括运输企业的办公场地租金、水电费、办公用品等日常运营费用。管理费用的高低取决于企业规模、管理水平和地区物价等因素。

（7）其他费用。其他费用包括货物运输过程中可能产生的一些额外费用，如临时停车费、罚款、包装费等。这些费用的高低取决于运输过程中的具体情况。

2. 货物运输成本核算

货物运输成本核算是指对货物运输过程中所产生的各项费用进行详细计算和分析的过程，包括了对运输工具的购置、维护、能源消耗、司机工资、保险费用、路桥费等各项费用的核算。货物运输成本核算作业流程如图7-1所示。

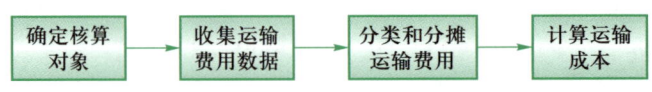

图7-1　货物运输成本核算作业流程

（1）确定核算对象。在进行货物运输成本核算时，首先需要明确核算的对象，即运输的货物种类、数量、重量等基本信息。

（2）收集运输费用数据。收集与货物运输相关的各种费用数据，包括运输工具的使用费、动力费、人工费、保险费、维修费等。

（3）分类和分摊运输费用。根据不同的运输方式、运输距离、货物种类等因素，将收集到的费用数据进行分类和分摊。

（4）计算运输成本。根据分类和分摊后的费用数据，计算出货物运输的总成本。

（二）货物运输成本智能分析与控制

货物运输成本智能分析与控制是企业在现代商业环境中提升竞争力的重要手段。通过运用先进的数据分析技术和智能化工具，企业能够更精准地评估和管理运输成本，实现成本优化和效率提升。

1. 货物运输成本智能分析的主要技术

货物运输成本智能分析的主要技术包括：

（1）大数据分析技术。收集并整合历史运输记录、实时路况信息、天气预报等大量的运输相关数据，通过深度挖掘和分析，揭示运输成本与各种因素之间的关联性和规律性，为后续的决策提供依据。

（2）人工智能算法。利用机器学习和深度学习，对收集到的数据进行建模和预测。通过训练模型，预测不同运输方案下的成本情况，为企业选择最优的运输方案提供科学依据。

（3）可视化技术。将复杂的数据分析结果按权限以图表、报告等形式呈现给货物运输参与者，使其更直观地了解成本构成和变化趋势，及时发现问题并进行优化。例如，大宗货物运输成本构成分析可见图 7-2。

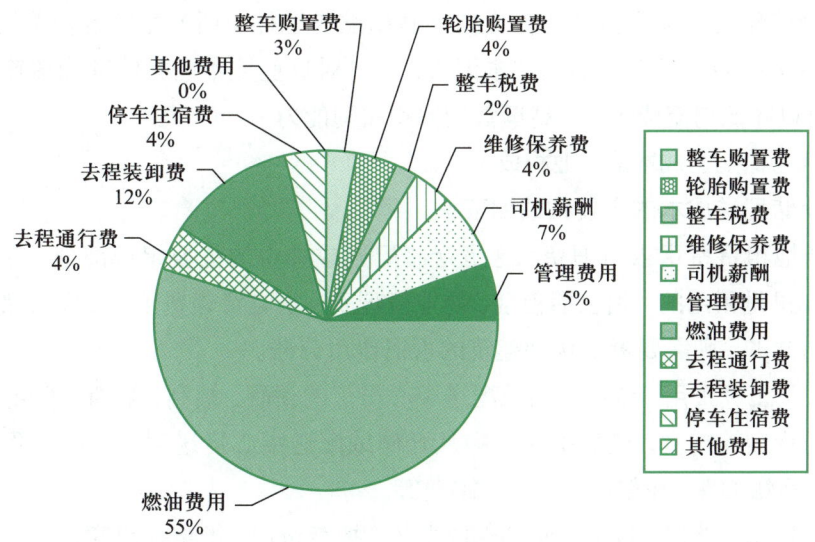

图 7-2　大宗货物运输成本构成分析

2. 货物运输成本智能化控制的主要措施

货物运输成本智能化控制的主要措施包括：

（1）建立数字货运平台。创建数字货运平台，提供车辆与货源信息的匹配服务，通过信息技术的应用，降低信息搜寻费用，减少货运交易成本。

（2）采用先进的信息技术。利用互联网、大数据、云计算等技术，使用导航追踪系统、物联网设备和智能分析工具来优化运输路线和调度计划，实时监控和管理货物运输状态，提高运行效率。

（3）构建数字货运生态系统。构建一个统一标准的数字化商业生态系统，可以畅通经营者之间信息沟通的渠道，通过标准化流程和数据格式，以数字化工具和解决方案，提高跨部门和跨企业货物的运输协同效率。

（4）应用智能调度系统。利用人工智能和机器学习算法，可以分析历史数据和实时交通信息，预测最佳运输时间和路线，优化货物配送路线和调度计划，减少无效行驶和等待时间。

（5）加强车辆追踪与管理。使用导航和物联网技术实时监控车辆位置，确保司机驾驶遵循的预定路线。通过车载传感器收集的数据，进行车辆维护的预测性管理，降低车辆故障率和维护成本。

（6）实施动态定价和合同管理，根据市场供需关系和实时数据，采用动态定价策略，优化成本收益管理。使用智能合同管理工具，确保合同条款的合规性和有效执行性。

二、智慧物流仓配成本管理

（一）货物仓储配送成本的构成与核算

货物仓储配送成本是指企业在货物存储和配送过程中所产生的各种费用。货物仓储配送成本构成涉及多个方面的成本因素，通过对这些成本因素的准确核算和合理控制，企业可以降低物流成本，提高运营效率和盈利能力。

1. 货物仓储配送成本的主要构成

货物仓储配送成本的主要构成如下：

（1）场地租赁费用或折旧费。这是仓储配送成本中的主要组成部分。仓储或配送中心场地如果是租用的，则包括租金、物业管理费、水电费等费用。如果仓储或配送中心场地是自建的，则需要考虑场地建筑的折旧费用分摊。

（2）人员工资费用。包括仓储或配送中心员工的薪酬、福利、培训等费用。

（3）送货运输成本。这是指将货物从仓储或配送中心运送到客户的过程中所产生的费用，包括燃油费、车辆折旧费、过路费等。

（4）货物保管费用。包括货物的保险费用、损耗费用、维护费用等。

（5）设备折旧与维护费用。包括货架、分拣设备、叉车、搬运设备等的折旧和维护费用。

2. 货物仓储配送成本核算的主要流程

为了保证仓储配送成本核算的准确性，企业还需要建立一套有效的数据收集和处理机制，与企业的整体财务核算体系相结合，使所有的成本都能够准确地反映在企业的财务报表上。仓储配送成本核算是对仓储或配送中心运营过程中的各项费用进行详细计算和分析，主要流程包括：

（1）成本数据收集。系统收集所有相关的仓储配送成本数据，包括仓储配送活动的直接费用和间接费用。

（2）成本归类。将收集到的成本数据按照固定成本、变动成本、作业成本和库存成本等类别进行归类。

（3）成本分配。采用合适的成本分配基础（如仓储面积、仓储量、订单数量、配送量等），将成本分配到不同的成本对象或活动中。

（4）成本计算分析。计算各部分的成本总和并分析成本构成和影响因素，找出仓储配送成本节约的潜力。

（二）仓储配送成本智能分析与控制

仓储配送成本智能分析与控制是对仓储和配送过程中产生的各种成本费用进行深入挖掘，帮助企业更好地理解成本构成，发现潜在的节约空间，并利用先进的信息技术和数据分析工具，对仓库的库存、配送路线、运输方式等进行实时监控，并制定相应的策略来降低整体的仓储配送成本。

1. 仓储配送成本智能分析的关键环节

仓储配送成本智能分析的关键环节包括：

（1）数据收集与整合。收集仓库的库存信息、配送记录、运输费用、人工成本等数据，并整合到中央数据库，以便进行统一的分析和处理。

（2）数据清洗与预处理。对收集到的数据进行清洗和预处理，如去除重复数据、填补缺失值、纠正错误数据等，保证数据的准确性和完整性。

（3）特征提取与选择。在数据清洗和预处理之后，从数据中提取出对仓储配送成本分析有用的特征，如货物的种类、数量、体积、重量、配送距离、配送时间等。同时，根据实际需求选择出对成本分析最有影响的特征。

（4）模型构建与训练。基于选定的特征，构建适当的数学模型或机器学习模型来预测或分析仓储配送成本。使用已有的数据对模型进行训练，使其能够准确地反映仓储配送成本的实际情况。

（5）模型评估与优化。在模型训练完成后，需要对其进行评估，以确定其预测或分析的准确性。如果模型的性能不满足要求，需要对其进行再优化。

（6）结果解释与应用。对模型的结果应进行必要解释，并将其应用到实际的仓储配送成本管理中，以实现成本的优化和控制。

2. 仓储配送成本智能控制主要措施

仓储配送成本智能控制是利用大数据、人工智能和物联网等技术，精确计算和预测成本，优化仓储配送过程中的成本管理。

（1）实施数据的实时收集与集成。应用物联网技术，在仓储配送车辆上安装传感器，实时监测库存状态、车辆位置、配送进度等信息。通过云计算平台集成仓储管理系统、运输管理系统等不同来源的数据，保持最佳库存水平，避免过多的库存积压或库存不足的缺货损失，降低仓储配送成本。

（2）应用 AI 算法和大数据技术。通过 AI 算法和大数据分析，可基于当前的交通状况、天气预报等因素进行智能规划，找到最短的配送路线，或者选择最经济的运输方式，减少延误和能源消耗，降低配送成本。

（3）引进自动化设备。通过使用自动导引车（AGV）、自动化分拣系统等自动化设备，减少人工操作，提高作业效率和准确性，提高仓库的运营效率，降低人力成本。

（4）优化仓储配送作业流程。通过使用无线扫码枪等技术手段简化作业流程，完成仓库或配送中心的收货、上架、库存管理、分拣和送货等操作，降低错误发生的概率和成本。

（5）实现全链路可视化。通过线上平台实时监控库存，提供缺货预警和补货建议，以及订单配送状态的实时查询，实现全程可视化管理，及时发现问题并作出调整，保证供应链的顺畅运作。

三、智慧物流包装成本管理

（一）物流包装成本的构成与核算

物流包装成本是指在物流过程中，包装产品所需要的费用。物流包装成本是物流成本的重要组成部分，如图 7-3 所示。通过对物流包装成本的核算，企业可以更好地了解包装成本的构成，制定合理的包装策略，降低包装成本。

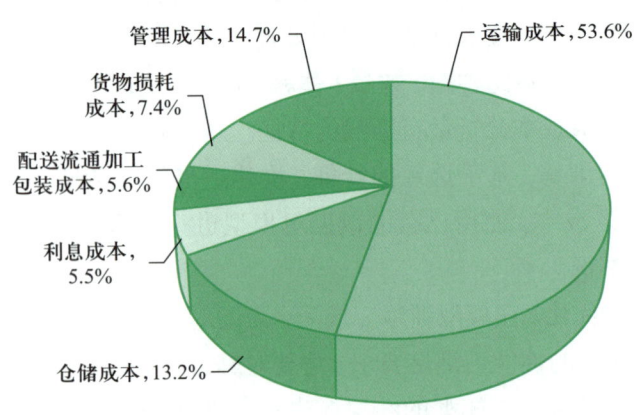

图 7-3　物流包装成本是物流成本的重要组成部分

1. 物流包装成本的主要构成

物流包装成本构成是指在物流过程中，为了保护产品、方便运输和储存而进行包装所产生的各种费用。

（1）包装材料费用。是指购买包装所需的原材料，如纸箱、塑料袋、泡沫等的费用。

（2）包装人员工资费用。是指包装工人的工资和福利费用。

（3）包装设备折旧与维护费用。是指包装设备（如打包机、封口机等）的折旧和维护费用。

（4）包装设计费用。是指对包装进行设计、测试和改进的费用。

（5）包装物回收处理费用。是指处理废弃包装材料、减少包装对环境影响的费用，如废弃物处理费、回收利用费用等。

（6）包装管理费用。是指对整个包装过程进行管理和监督的费用，包括管理人员的薪酬、办公费用、培训费用等。

2. 物流包装成本核算的主要步骤

物流包装成本核算是企业在进行物流活动时，对包装环节中产生的各种费用进行统计、分析和计算。

（1）明确包装成本的核算范围。包装成本主要包括包装材料费、包装人工费、包装设备折旧费、包装设计费等。

（2）收集和整理相关数据。包括包装材料的采购价格、包装工人的工资、包装设备的折旧率、包装设计的投入等。

（3）计算汇总包装成本。根据收集到的数据，先分别计算出各项包装成本，再将它们相加，得到总的包装成本。

3. 降低物流包装成本的主要措施

降低物流包装成本的主要措施有：

（1）选择经济型包装材料。在保证货物安全的前提下，选择成本效益高的包装材料，如使用更经济环保的回收材料或生物降解材料。

（2）优化包装设计。通过设计创新，合理确定包装材料的使用量，避免过度包装和包装不足。例如，设计更紧凑的包装，减少不必要的填充物等。

（3）提高包装效率。改进货物包装流程和技术，提高包装流程的标准化水平和包装实施的自动化水平，减少人工成本，提高整体效率。

（4）使用周转包装物。使用周转包装物不仅可以保护货物、提高装载效率，而且能够降低环境污染和节约成本。

（二）物流包装成本智能分析与控制

通过智能化技术的应用，结合供应链管理和环保因素，企业不仅能够有效降低物流包装成本,而且能够提升包装的功能性、可靠性和环保性,同时为客户提供更好的服务体验。

1. 物流包装成本智能分析的主要环节

物流包装成本智能分析的主要环节包括:

(1) 实时收集整理数据。这是物流包装成本智能分析的基础。通过各种传感器和数据采集设备,实时收集物流包装过程中的各种数据,如包装材料的种类、数量、价格,包装设备的运行状态、能耗等。同时,对这些数据进行清洗、整理和存储,为后续的数据分析提供准确的数据源。

(2) 精准计算分析成本。根据收集到的数据,运用智能化管理系统,对物流包装成本自动进行详细计算和分析,包括包装直接成本和间接成本的计算,以及成本结构、成本变动趋势等方面的分析。

(3) 及时建议优化成本。基于成本计算、分析的结果,运用人工智能技术(如机器学习、深度学习等),为物流企业提供改进包装材料、优化包装流程、提高包装设备利用率等包装成本优化建议。

(4) 可视化呈现成本分析结果。将成本计算与分析的结果以图表、报表等方式直观呈现给企业管理者,帮助企业管理者更好地做出决策。

2. 物流包装成本智能控制的主要方法

物流包装成本智能控制是通过引入物联网、大数据、人工智能等智能化技术,为企业提供更高效、经济和环保的物流包装解决方案,实现对包装过程的精确控制和对成本的有效管理。

(1) 优化包装材料的选择和使用量。通过对历史数据的分析,智能系统根据货物的尺寸、重量、形状等参数,自动计算出所需要包装材料的数量和规格,避免过度包装或不足包装的情况发生。同时,结合实时数据监测和反馈机制,及时调整包装材料使用策略,合理利用资源。

(2) 提高包装效率和准确性。结合物联网技术和传感器监测,使用自动化包装机械,减少人工操作的错误和时间成本,实现对包装过程的实时监控和质量控制,及时发现和解决潜在问题。

(3) 实现包装成本的整体优化。通过与供应商和客户的紧密合作,共同制定包装标准,共享信息,协调各方的需求和资源,减少不必要包装材料的使用,实现供应链整体包装成本的降低。

四、智慧物流其他成本管理

(一) 智慧物流装卸搬运成本管理

在物流体系中,装卸搬运是物流过程中必不可少的环节,加强装卸搬运成本管理对于降低整体物流成本具有重要意义。智慧物流装卸搬运成本管理是指通过运用先进的信息技术和智能化设备，对装卸搬运环节的成本进行有效核算、分析和控制。

1. 装卸搬运成本的主要构成

装卸搬运成本的主要构成如下：

（1）人员工资费用。这是装卸搬运成本中最主要的部分，包括装卸搬运人员的工资、福利、培训费用等。

（2）设备折旧与维保费用。包括购买装卸搬运设备的折旧费或租赁装卸搬运设备的租赁费用，以及设备的维护、保养、修理等费用。

（3）能源消耗费用。是指装卸搬运过程中消耗的电力、燃油等费用。

（4）管理费用。包括对装卸搬运活动的管理和监督费用。

2. 装卸搬运成本智能分析的主要环节

装卸搬运成本智能分析的主要环节如下：

（1）实时收集分析装卸搬运数据。通过传感器、监控系统和人工记录等方式实时获取装卸搬运的时间、人力、设备使用情况，以及货物种类、重量、体积、搬运距离、时间、计费标准（如表7-1所示）等数据，利用数据分析工具和算法，自动对这些数据进行深度挖掘和分析，找出影响装卸搬运成本的关键因素。

表7-1　装卸搬运费计费标准示例

标准作业项目	单位	取费等级	
		1~5T（不含5T）	5~10T（含10T）
卸车费	元/T	45	55
搬运费	元/T	50	60
就位费	元/T	40	45
开箱及清运包装箱费	元/T	40	
叉车使用费	元/T	50	

（2）智能分析装卸搬运成本异常的原因。通过对不同货物、不同时段、不同设备等装卸搬运成本的分析比较，自动找出成本差异的原因，并以图表形式进行可视化呈现，使企业管理层可以更加直观地掌握装卸搬运成本的情况。

（3）智能提供装卸搬运管理优化建议。通过智能分析，发现装卸搬运过程中的瓶颈和低效环节，自动建设采取增加设备投入、优化人员排班、改进物料流转方式等调整措施，提高装卸搬运的效率。

3. 装卸搬运成本智能控制的主要方法

装卸搬运成本智能控制的主要方法如下：

（1）实现装卸搬运的实时监控。通过物联网技术，对设备的运行状态、工作效率、能耗等数据进行采集和分析，及时发现设备的异常情况，提前进行维修和保养，避免因设备故障导致的生产延误和额外成本。

（2）优化装卸搬运作业流程。通过对历史数据的挖掘和分析，调整作业顺序、优化作业路径、提高作业协同性等方式，减少不必要的重复劳动和等待时间，降低装卸搬运的作业量，提高装卸搬运的整体效率。

（3）实施装卸搬运持续改进。利用大数据、云计算、智能感应等现代技术，持续监测装卸搬运过程中的时间、成本、效率等指标，使用更高效的装卸搬运设备，智能实现装卸搬运集装化，提高作业效率，减少装卸搬运成本。

（二）智慧物流流通加工成本管理

流通加工成本管理是物流成本管理的重要组成部分。智慧物流流通加工成本管理就是利用智能化技术实现流通加工成本的准确核算、有效控制和持续优化。

1. 流通加工成本的主要构成

流通加工成本的主要构成如下：

（1）加工人员的工资费用。包括流通加工操作人员的工资和福利等费用。

（2）加工设备折旧与维保费用。包括流通加工设备的折旧费、租赁费、维修费等。

（3）加工材料费用。包括用于流通加工材料的采购费、运输费、存储费等。

（4）加工能源费用。包括流通加工作业时的水电费用等。

（5）加工管理费用。包括流通加工过程中发生的管理费用，如管理人员的工资、办公费用、培训费用等。

2. 流通加工成本的智能控制方法

流通加工成本的智能控制方法如下：

（1）实时分析流通加工需求。利用智能化技术，对流通加工各个环节进行实时监控和数据分析，预测和优化物流加工需求，避免过度加工。

（2）优化流通加工流程。利用智能化技术，分析现有流通加工流程，识别并消除不必要的加工环节，简化操作流程，减少流通加工资源的浪费。

（3）选择与维护流通加工设备。利用智能化技术，合理选择适合加工的设备，并进行预测性维护，保持设备高效运行。

（4）加强流通加工的材料管理。利用智能化技术，合理采购和存储加工材料，避免加工材料的过度库存和资金占用。

（三）智慧物流信息处理成本管理

智慧物流信息处理成本是指在智慧物流系统中，对物流相关信息进行采集、传输、存储、分析、处理，以及维护等过程中所产生的各种费用支出。对智慧物流信息处理成本的全面了解，是控制智慧物流信息处理成本的有效方法。

1. 物流信息处理成本的主要构成

物流信息处理成本的主要构成如下：

（1）信息系统建设和维护费用。包括购买和安装硬件设备、软件系统，以及网络设施的折旧费用，以及进行系统日常维护和升级的费用。

（2）信息人员的工资费用。包括物流信息管理部门工作人员的工资、福利和培训费用。

（3）数据处理和分析成本。包括收集、整理、存储和分析物流数据的费用，如数据库管理、数据挖掘和报告生成等方面的开支。

（4）通信费用。是指企业为了保证物流信息的实时传递和共享而支付的网络等通信费用。

2. 智慧物流信息管理成本控制的方法

智慧物流信息管理成本控制的方法如下：

（1）引入先进的信息技术系统。采用物联网、大数据、云计算等先进技术，实现物流信息的实时采集、传输和处理，提高信息处理的速度和准确性，降低人工成本。

（2）优化物流信息管理流程。对现有物流信息管理流程进行梳理和优化，消除冗余环节，简化操作流程，提高信息传递效率，降低信息处理成本。

（3）建立统一的信息管理平台。整合企业内部各部门的物流信息资源，建立统一的物流信息平台，实现信息共享和互联互通，避免信息孤岛现象。

（4）强化信息安全管理。加强物流信息系统的安全防护措施，防止信息泄露、篡改和破坏，确保信息的真实性和完整性，降低信息安全风险。

（5）加强与合作伙伴的信息协同。与供应商、客户等合作伙伴建立良好的信息沟通机制，实现物流信息的快速传递和共享，降低信息沟通成本。

数智赋能　提质增效

科技助力我国自动化码头提质降本

港口是链接国内外市场的重要枢纽。智能化程度已成为衡量港口竞争力的重要指标。我国各大港口紧抓数字经济发展契机，积极推动智慧港口建设，应用人工智能、大数据、5G、区块链等技术，实现智能化发展，促进港口效率显著提升，物流成本明显降低。

深圳蛇口、盐田等港口把传统散杂货码头升级改造成现代化智慧港口，进出口和内外贸业务实现量质齐升。广州港南沙港区全自动化码头现场，万吨货轮停靠、进港、吊装作业可以高效进行。天津港北疆港区"智慧零碳"码头，"智能拖车"可自动规划最优路径，在码头堆场间自由穿梭，精准抵达每一个箱位。青岛港全自动化集装箱码头利用自主研发的智能管控系统，单台桥吊昼夜在港装卸集装箱量突破1 100标准箱，达到1 192标准箱，效率比全球同类码头高出19%。钦州港自动化码头与传统码头比，作业效率提高约30%，操作人员可减少90%。宁波舟山港用电动智能集装箱卡车代替传统集装箱卡车，使原本每年40吨的碳排放量几乎降为零。青岛港的"氢+5G"智慧绿色码头，使用自主研发的氢燃料电池作为动力的自动化轨道吊，在减轻设备的同时降低了设备机构的复杂度、设备维保量和维修费用，提高了发电效率，单机节省动力设备购置成本20%。

（资料来源：人民日报海外版，2023-09-13）

讨论与分享：智慧物流技术在降低物流装卸搬运成本方面发挥了哪些作用？

第二节　智慧供应链成本管理

一、智慧供应链采购物流成本管理

（一）采购物流成本认知

采购物流成本是企业为获取生产经营所需的货物而产生的费用，包括采购过程中的原材料、零部件或成品的购买价格，以及与物流相关的运输、仓储、包装、装卸等环节的费用。

1. 采购物流成本的主要构成

采购物流成本的主要构成如下：

（1）采购费用。是指企业在购买原材料、零部件或产成品时所支付的费用，主要取决于货物单价。

（2）库存费用。是指企业在存储原材料、半成品和成品过程中所产生的费用，包括仓储费、保管费、损耗费和资金占用成本等。

（3）运输费用。是指企业在将原材料、半成品和成品从供应商处运送到生产地点或销售地点的过程中所产生的费用，包括运费、装卸费、保险费用等。

（4）包装费用。是指企业在对产品进行包装以保护产品免受损坏和便于运输的过程中所产生的费用，包括包装材料费、人工费和设备折旧费等。

（5）管理费用。是指企业在采购和物流活动中所产生的管理和监督费用，包括管理人员的工资、办公费用等。

2. 采购环节物流成本的特点

采购环节物流成本的特点如下：

（1）多样性。采购物流成本涉及多个环节，包括运输、仓储、装卸、包装、配送等，每个环节都由其特定的费用构成。

（2）动态性。采购物流成本受到市场需求、原材料价格、运输方式等多种因素的影响，变动性强。

（3）整体性。在考虑采购成本时，不应仅关注货物本身的价格成本，还应遵循总体成本最低的原则，关注库存成本。

（4）复杂性。采购物流成本不仅包括采购过程中的进货成本，而且包括持有成本、订购成本及缺货成本等。这些成本因素相互交织，增加了管理难度。

3. 降低采购物流成本的主要措施

降低采购物流成本的主要措施如下：

（1）优化采购流程。对采购流程进行梳理，找出不增值的环节，并加以改进，以减少不必要的成本支出。

（2）加强供应商管理。与供应商建立长期合作关系，通过批量采购获得更好的价格和服务，同时减少订单处理的次数和成本。

（3）采用现代信息技术。利用 ERP 系统等现代信息技术手段提高采购活动的透明度和效率，降低人工错误和处理时间。

（4）监控市场价格变动。关注重要产品的市场价格变动，合理安排采购时机，避免价格高峰时期采购带来的额外成本。

（二）供应链采购物流成本管理数字化转型

供应链采购物流成本管理数字化转型旨在通过利用先进的数字化工具和技术，提高供应链的效率、透明度和灵活性，从而降低采购成本，减少物流延误，并实现更有效的成本控制。

1. 供应链采购物流成本管理数字化转型的主要路径

供应链采购物流成本管理数字化转型的主要路径如下：

（1）在供应链采购方面，引入电子采购平台和自动化采购流程。通过平台的实时供应商信息、价格比较和采购订单管理功能，帮助企业更快速地找到合适的供应商，并有效地进行沟通和协商，减少人工操作的错误和延误，提高采购的准确性和效率。

（2）在物流管理方面，引入物联网技术和智能物流系统。物联网技术将物流设备和货物接入互联网，实现实时监控和追踪。智能物流系统根据实时数据进行分析和预测，优化运输路线、库存管理和配送计划，减少物流延误和损失。

（3）在成本管理方面，引入数据分析和机器学习算法。通过这些算法分析大量的历史数据和市场趋势，帮助企业更准确地预测需求，制定采购策略和调整库存水平，减少积压和浪费，提高资金利用效率，降低采购物流成本。

2. 供应链采购物流成本智能控制的主要方法

供应链采购物流成本智能控制的主要方法如下：

（1）建立数据平台。企业通过采购管理系统与企业的财务管理系统、生产管理系统、销售管理系统等集成，提供一个统一的采购数据平台，收集和整合供应商的报价、交货时间、库存水平、运输成本等供应链环节上的关键数据，保持数据的一致性和准确性，实现整体成本的最优化。

（2）分析预测采购成本。利用人工智能和机器学习算法预测供应链采购的变化，通过数据挖掘和分析，发现潜在的成本节约点和风险点。例如，通过对供应商的绩效评估和比较，企业可以选择性价比更高的供应商，降低采购成本。

（3）实现自动化采购物流作业。企业通过与供应商和物流公司的系统对接，实现订单的自动下达、库存的自动补货和运输的自动调度等功能，提高采购工作效率，减少人为错误和延误的风险。

（4）提供实时监控报告。企业利用可视化技术，通过仪表板和报表形式，实时了解供应链中各个环节的成本情况和绩效表现，及时发现问题并采取相应的措施进行调整和改进。

二、智慧供应链生产物流成本管理

（一）生产物流成本管理认知

生产物流成本管理是企业物流成本管理的一个重要组成部分。生产物流成本是企业在生产过程中发生的一系列物流相关费用，涵盖了从原材料进入生产线到成品离开生产线的整个过程中所产生的物流费用。

1. 生产物流成本的主要构成

生产物流成本的主要构成如下：

（1）内部搬运费。是指在生产流程中，将原材料、半成品和零部件从一个工序转移到另一个工序的费用。

（2）物流设施折旧与维护保养费用。是指生产过程中使用的物流设施的折旧费用和维护保养费用。

（3）资金利息。是指生产周期内物料被占用资金的利息支出。

2. 生产物流成本的特点

生产物流成本的特点如下：

（1）复杂性。由于生产过程涉及多个步骤和多种物料投入，物流成本的构成相当复杂，不仅包括直接的搬运费用，而且包括管理成本等其他间接费用。

（2）变动性。生产物流成本受市场需求、生产计划、库存水平等因素的影响，随着生产过程的进行而不断变化，具有一定的不确定性。

（3）可控性。尽管生产环节的物流成本受到多种因素的影响，但通过有效的成本控制措施，可以在一定程度上降低生产物流成本。

（4）技术依赖性。随着技术的发展，尤其是信息技术的应用，生产环节的物流成本管理越来越依赖于如 ERP、WMS 等先进的技术和系统。

3. 降低生产物流成本的措施

降低生产物流成本的措施如下：

（1）流程优化。改进和再造生产流程，简化操作，提高生产效率。

（2）技术升级。引入高效、自动化的生产设备，减少人工成本，提高生产效率和质量。

（3）精益生产。采用精益生产方法，以最小浪费获得最大产出。

（4）质量控制。实施严格的质量控制措施，减少返工和废品，降低材料和人工成本。

（5）维护管理。定期对生产设备进行维护和保养，预防故障和停机，减少维修成本和生产中断的损失。

（6）产品设计优化。优化产品设计，使用成本更低的材料或减少材料使用量，使用节能技术，降低能源消耗。

（7）设施布局改进。优化工厂布局和生产线设计，使原材料和半成品的流动更加顺畅，减少搬运距离和时间。

（二）供应链生产物流成本管理数字化转型

通过引入物联网、大数据、云计算等技术，供应链生产物流成本管理数字化转型可以使企业实现对供应链的实时监控、智能调度和精细化管理，从而提高生产效率、降低库存成本、缩短交货周期，最终实现整体运营成本的降低。

1. 供应链生产物流成本管理数字化转型的意义

供应链生产物流成本管理数字化转型的意义如下：

（1）实现企业生产过程的自动化和智能化。通过引入智能制造系统、机器人技术和自动化设备，企业可以更好地掌握生产进度，及时调整生产计划，减少人工操作错误，提高生产效率，降低生产成本。

（2）实现企业生产物流的透明化和实时化。通过引入物联网技术，企业可以实时追踪物料移动的位置和状态，提高物料投入的准时性，优化物料搬运路线，降低搬运成本和资金占用成本。

（3）实现企业生产物流成本的精细化管理。通过引入大数据分析技术，企业可以对供应链中的各项成本进行深入挖掘和分析，对成本数据进行实时监控和预警，找出潜在的成本浪费的原因并提供改进措施。

2. 供应链生产物流成本智能控制的主要方法

供应链生产物流成本智能控制的主要方法如下：

（1）引入智能技术。积极引进物联网、大数据、云计算、人工智能等技术，为生产流程再造提供智能化支持，优化生产计划和资源配置，进一步提高生产效率和降低成本。

（2）建立数字化生产线。通过数字化生产线，实现生产过程的自动化、智能化和柔性化，提高生产效率和产品质量，降低成本。

（3）实施实时数据监控。利用物联网技术自动识别并记录供应链生产过程中的信息，提供实时数据以帮助企业和供应商进行更精确的预测和库存管理，优化库存水平，避免过剩或短缺库存的成本，减少资金占用。

三、智慧供应链销售物流成本管理

（一）销售物流成本认知

销售物流成本是指企业在销售过程中为了将产品从生产地运输到客户手中所产生的一系列费用，包括运输、仓储、包装、配送等多个环节的费用。通过合理规划、提高效率、采用先进技术等手段，企业可以有效降低销售物流成本，提高市场竞争力和盈利能力。

1. 销售物流成本的主要构成

销售物流成本的主要构成如下：

（1）运输费用。这是销售物流成本中最主要的部分，包括产品的装卸、搬运和运输等环节的费用。

（2）仓储费用。产品在销售过程中可能需要在仓库中存储一段时间而发生的费用，包括仓库的租赁费用、库存管理费用等。

（3）包装费用。为了保护产品在销售物流过程中不受损坏而对产品进行包装所发生的费用，包括包装材料费、包装工人工资、包装设备折旧费等。

（4）配送费用。在销售物流过程中，企业需要将商品从仓库或配送中心送到客户手中所发生的费用，包括配送人员工资、配送车辆折旧与维护保养费用等。

2. 销售物流成本的主要特点

销售物流成本的主要特点如下：

（1）客户导向性。销售物流成本不仅要考虑效率和成本效益，而且要考虑客户需求和服务质量。企业需要在服务质量和成本之间找到平衡点。

（2）周期性。由于市场需求和促销活动的影响，某些销售物流成本具有季节性或周期性的特点。

（3）难以预测性。销售物流成本受到市场需求、竞争环境等多种因素的影响，导致销售物流成本经常性波动，使得预测和控制成本变得非常困难。

（4）与服务质量的相关性。销售直接面向客户，其成本水平与物流服务的质量和效率密切相关。高质量的物流服务可以提高客户满意度和忠诚度，但同时也会增加销售物流成本。

3. 降低销售物流成本的措施

降低销售物流成本的措施如下：

（1）优化供应链管理。通过整合供应链资源，建立高效稳定的供应链网络，实现销售与采购、生产等环节的协同运作，减少中间环节，减少库存积压，降低物流成本。

（2）采用先进的信息技术。利用物联网、大数据分析、自动化仓储系统、智能配送车辆等信息技术和设备，实时监控和管理销售物流过程，提高运输和仓储的效率。

（3）优化运输方式和路线。根据货物的特性和客户需求，选择合适的运输方式，优化运输路线，合并小批量订单以集中运输，减少运输次数和成本。

（4）加强与物流公司的合作。与信誉良好的物流公司建立长期合作关系，共享物流资源，享受更优惠的物流服务。

（5）强化库存管理。建立完善的信息系统，实现销售物流信息的实时共享，实时监控库存水平，避免过度库存或缺货情况的发生。

（6）推行绿色物流。改进包装设计，采用轻质、可回收的环保包装材料，使用节能运输工具，在降低物流成本的同时，提升企业的社会责任形象。

（二）供应链销售物流成本管理数字化转型

供应链销售物流成本管理数字化转型，是指通过引入先进的数字化技术和工具，对供应链销售物流成本进行更加精细化、智能化的管理，实现成本的有效控制，以提高企业的运营效率，降低物流成本。

1. 供应链销售物流成本管理数字化转型的作用

供应链销售物流成本管理数字化转型的作用如下：

（1）实现供应链销售物流成本数据的集中管理和存储。通过建立数字化平台，企业集中管理和存储成本数据，随时随地获取到准确的销售物流成本数据信息，更好地了解成本构成和变化趋势，避免传统方式下的信息滞后和不一致性问题。

（2）实现供应链销售物流成本数据的自动化采集和处理。通过引入自动化技术，减少人工操作和干预，减少人为错误的发生，提高销售物流成本数据的处理效率和准确性。

（3）实现供应链销售物流成本管理的智能优化。通过引入人工智能和大数据分析技术，分析和挖掘历史数据，企业可以制定更加精准的销售物流策略，降低销售物流成本。

（4）促进供应链销售物流成本管理的协同和共享。通过数字化平台，企业可以与供应商、客户等合作伙伴实现数据的共享和交流，提高整个供应链的透明度和协同性，进一步降低销售物流成本。

2. 供应链销售物流成本智能控制的主要方法

供应链销售物流成本智能控制是一种先进的管理策略，它通过集成创新技术（如大数据、人工智能和机器学习）来优化整个供应链的销售和物流过程。这种智能化的方法能够实时监控成本动态，预测未来趋势，并自动调整策略以降低成本并提高效率。

（1）实时监控成本状态。企业通过大数据分析，收集和分析来自供应链销售环节的大量数据，准确了解销售物流成本的构成和影响因素。

（2）准确预测成本的未来趋势。企业利用人工智能和机器学习算法预测未来的销售物流成本变化，提前做出决策，抓住降低成本的机会，避免潜在的成本增加。

（3）自动调整供应链策略。企业利用数字化销售平台，自动适应市场变化和需求波动。如果预测到某个产品的销售即将增加，系统会提前安排更多的生产和物流资源给予支持。

（4）建立持续改进机制。企业通过定期评估和反馈，结合市场变化和技术发展，及时发现问题，不断更新和升级系统，持续优化供应链销售物流成本智能控制方法。

四、智慧供应链逆向物流成本管理

（一）逆向物流成本认知

逆向物流成本是指与逆向物流活动相关的所有费用，包括产品退回、检查、再制造、再包装、再配送和处置等费用。逆向物流成本是企业在产品回收、再利用和废弃物处理等环节中必须考虑的重要因素，对于企业的经济效益和环境责任都具有重要影响。

1. 逆向物流成本的主要构成

逆向物流成本的主要构成如下：

（1）逆向运输费用。是指将退回的产品从客户或终端用户运回至指定地点的费用。

（2）逆向处理费用。包括对退回产品进行检查、分类、再制造、再包装等活动产生的人工费用和材料费用。

（3）逆向库存费用。是指对于经过修复可以再次销售的产品发生的存储费用。

（4）废弃物物流费用。是指对于那些不能再利用的产品进行废弃或销毁而发生的费用。

（5）管理费用。逆向物流活动需要有效的管理和协调，由此而产生的相关管理费用。

（6）法律费用。在进行逆向物流活动时，企业因遵守相关法律法规而产生的法律法规方面的费用。例如，企业因为违规操作而支付的罚款。

2. 逆向物流成本的主要特点

逆向物流成本的主要特点如下：

（1）不确定性。逆向物流涉及产品退货、维修、再制造，以及回收、废弃等多种不确定性因素，且逆向物流产生的地点、时间、质量和数量具有较大的分散性，其成本往往难以预测和控制。

（2）相对成本高。由于逆向物流的不确定性，逆向物流处理所需要的人力和管理难以提前到位，逆向运输和库存的数量较小，使单位成本相对较高。

（3）高风险性。这主要体现在回收物品的价值和处理难度上。一些回收物品具有较高的价值，如高精尖的电子产品，如果处理不当可能导致损失；一些回收物品需要进行复杂的处理和修复工作，如危化品废物，安全风险大。

（4）环境友好性。主要体现在对资源的循环利用和减少废弃物的产生上。通过逆向物流，企业可以进行废弃物品回收和再利用，减少对原材料的需求，降低能源消耗和环境污染。

3. 降低逆向物流成本的措施

降低逆向物流成本的措施如下：

（1）提高产品及包装质量。实施严格的质量控制流程，保证产品在出厂前达到高标准，减少因质量问题导致的退货和返修，并通过使用更耐用、可重复使用的包装材料，减少在运输过程中的损坏。

（2）优化退货流程。优化退货流程，提高处理速度和效率，减少等待时间和不必要的步骤，从而减少人工成本和时间成本。

（3）加强与供应链伙伴的协作。与供应商和客户建立紧密的合作关系，共享信息，共同制定逆向物流策略，协调退货和换货活动。

（4）利用现代信息技术。运用信息管理系统对逆向物流活动进行跟踪和自动化管理，以减少人为错误，提高整体效率。

（5）多渠道退货。提供实体店退货、在线退货等多种退货渠道，方便客户选择，减少退货过程的复杂性和退货成本。

（二）供应链逆向物流成本管理数字化转型

在数字化转型过程中，通过运用物联网、云计算、大数据、人工智能等现代信息技术手段，企业可以对逆向物流过程进行精细化管理和全面监控，以提高决策效率、增强协同能力，实现逆向物流成本的精确控制，促进企业的可持续发展。

1. 供应链逆向物流成本管理数字化转型的意义

供应链逆向物流成本管理数字化转型的意义如下：

（1）可以准确追踪和管理逆向物流活动成本。通过使用传感器、条形码、RFID 等技术，企业可以实时获取退货、维修、再制造等逆向物流活动的相关数据，再通过云计算和大数据分析工具进行处理和分析，使企业快速了解逆向物流活动的成本构成和变化趋势。

（2）可以实现逆向物流流程的自动化和智能化。通过引入人工智能、机器学习等技术，企业可以实现逆向物流流程的自动化执行和智能决策，提高逆向物流的效率和准确性。例如，自动识别退货的原因和类型，并根据历史数据和业务规则，自动决定退货的处理方式和优先级。

（3）可以促进逆向物流成本管理的协同和共享。通过建立数字化平台和共享系统，企业的不同部门和合作伙伴可以实现逆向物流信息的共享和协同管理，减少信息孤岛和重复工作，提高逆向物流成本管理的协同效应。

2. 供应链逆向物流成本智能分析的步骤

供应链逆向物流成本智能分析的步骤如下：

（1）确定逆向物流成本的范围和分类。明确逆向物流成本的范畴，包括直接成本和间接成本，并将逆向物流成本分为退货成本、维修成本、再制造成本和废弃物处理成本等不同类别。

（2）收集和整理逆向物流成本数据。通过智能化系统，收集整理运输、仓储、人工等逆向物流相关的成本数据，确保数据的准确性和完整性。

（3）计算逆向物流成本。根据收集到的数据，计算各类逆向物流成本，通过将各项成本相加得到总成本，或者将成本分摊到每个产品或服务上，得到单位成本。

（4）分析和比较逆向物流成本。对计算出的逆向物流成本进行分析，找出成本较高的环节和原因。同时，可以将逆向物流成本与正向物流成本进行比较，以评估逆向物流在企业整体物流成本中所占的比重。

（5）制定逆向物流成本控制策略。根据逆向物流成本分析的结果，制定相应的成本控制策略，包括优化运输路线、提高仓储效率、改进处理流程等措施，以降低逆向物流成本。

3. 供应链逆向物流成本智能控制的主要方法

供应链逆向物流成本智能控制的主要方法如下：

（1）建立逆向物流信息平台。企业通过逆向物流信息平台实时收集和整合退货、维修、再制造等逆向物流各个环节的成本数据，全面了解逆向物流的成本构成和变化趋势，为后续的智能控制提供数据支持。

（2）挖掘和分析逆向物流成本数据。企业利用先进的数据分析算法和模型，通过对历史数据的回溯和对未来数据的预测，发现逆向物流成本的规律和影响因素，找出潜在的成本节约点和改进方向。

（3）实现逆向物流过程的自动化决策。结合人工智能技术，企业通过系统的机器学习和深度学习算法，自动调整逆向物流的运作策略和资源配置，以达到成本最小化的目标。

（4）实现逆向物流成本信息的共享和协同。企业通过物联网、大数据和人工智能技术，集成 ERP、WMS 和 TMS 等系统，提高逆向物流过程中的可见性，及时了解退货产品的库存情况，优化在线退货流程，避免库存积压和资金占用。

我国新能源汽车开启技术和材料降本新竞赛

经过激烈的价格战厮杀后，我国新能源汽车企业普遍将新一年的目标锁定为降本增效。例如，小鹏汽车计划整体降本25%，蔚来汽车则希望缩窄亏损。

1. 规模降低成本

通过规模效应降低成本是汽车行业的通行法则。对于新能源汽车也不例外。新能源车企认为随着规模的扩大，供应链上的采购成本将贡献出可观的降幅，进而带来盈利空间。与此同时，新能源车企对供应链进行垂直整合，可以挖掘一切可能的成本空间。

2. 技术降低成本

在技术降本的赛道上，车身一体化压铸技术是很火的概念，正在被越来越多的车企所采用。所谓一体化压铸，指使用超大型压铸机将原有的多个独立零部件压铸成为一个完整的零部件，实现硬件集成化、少件化并兼顾车身轻量化。此外，不断变革汽车领域的计算架构也被认为是降低成本的途径之一，从分布式计算逐步变成中央计算，实现智能座舱域和智能驾驶域的融合控制，已经是车企正在推进的技术方向，这种集成可以将成本的持续性降低。

3. 材料降低成本

近几年来，材料降本是另一条不断升温的赛道。在低成本新材料的应用上，高强度钢、铝合金、镁合金等具有成本优势的轻量化材料已经被车企使用在新车开发上，车体重量可减轻15%~60%。此外，碳纤维复合材料、塑料聚合物材料等低密度、高强度和绿色环保的轻质材料，也成为汽车材料研发的重点领域。在减碳的主旋律下，汽车新材料的应用肩负着更加重大的可持续发展意义，其在研发上的空间也将不断被拓展。

（资料来源：经济观察报，2024-01-27）

讨论与分享：降低新能源汽车供应链成本有哪些路径？

调查研究与善作善成

关于当地智慧物流提质降本增效情况的调查

步骤1：确定调研目标

围绕贯彻落实党的二十届三中全会"完善流通体制，加快发展物联网，健全一体衔接的流通规则和标准，降低全社会物流成本"的战略部署，结合本章学习内容，组织学生实地走访调研，了解当地智慧物流提质降本增效的情况，在调查研究的实践训练中巩固知识，检验学习效果。

步骤2：设计调研方案

围绕当前数字化、智能化发展的时代背景，聚焦智慧物流提质降本增效，根据调研目标，设计可执行的调研方案。调研方案除包括调研目的、调研问题、调研假设、调研方法、调研地点与范围、数据收集方法、数据分析方法、调研预期结果、调研所需资源外，还包括组建调查研究小组、明确调查研究过程中的安全及社交礼仪等要求。

步骤 3：收集调研数据

坚持知行合一、理实结合的原则，按照调研方案，选择合适的调研方法和路径，从思路、措施、问题、经验、成效等方面收集当地智慧物流提质降本增效的相关数据，以及当前还存在的难点与痛点问题。

步骤 4：整理分析调研数据

对收集到的数据进行整理和清洗，剔除无效或错误的数据，确保数据质量。运用适当的统计方法和分析技巧，对整理好的数据进行分析、比较、归纳，揭示存在的问题，总结好的做法，提炼出可复制推广的经验成果。

步骤 5：撰写调研报告

在调研中要把党的二十届三中全会"降低全社会物流成本"的精神学深悟透，将调研过程和结论整理成书面报告，提出"智慧物流提质降本增效"的发展建议。同时，注意报告的规范性和逻辑性，增强报告的可读性。

步骤 6：呈现分享调研报告

将调查结果在班级呈现分享，有条件的话可以通过研讨会、会议或公开发表的方式呈现给相关行业参与者、决策者和社会公众。

综合实训

实训 1：货物运输成本控制

步骤 1：确定实训目的

通过实训，使学生根据本章所学知识，掌握货物运输成本控制方案的设计要点，培养学生的智慧物流成本管理能力。

步骤 2：做好实训准备

（1）组建实训小组。

（2）编写货物运输成本控制的模拟场景。

场景示例：K 公司是家专门生产箱包产品的公司。公司的分拨计划是先将生产的成品存放在工厂，再由合作的第三方物流公司根据销售计划运往公司销售地仓库。目前，该公司的分拨系统采用铁路运输方案，工厂和销地仓库的平均库存是 100 000 件。箱包的平均价值为 280 元，年库存成本是货物存储值的 30%。据分析，运输时间从当前的 21 天每减少 1 天，平均库存水平可以减少 1%。每年销地仓库卖出 700 000 件箱包，不考虑采购成本和运输时间变化的影响。可供运输选择的运输服务情况如表 7-2 所示。据此，请为 K 公司设计运输成本最小化的运输方案。

表 7-2　K 公司箱包可供选择的运输服务方式

运输服务方式	运输费率 /（元·件$^{-1}$）	门到门运送时间 / 天	每年运送批次
铁路运输	0.10	21	10
公路铁路联运	0.15	14	20
卡车运输	0.20	5	20
航空运输	1.40	2	40

（3）复习智慧物流成本管理的相关理论知识。

步骤 3：讲解实训内容

（1）讲解货物运输成本的计算方法。

（2）讲解不同运输方式的优缺点。

（3）讲解物流总成本的构成及其影响。

步骤 4：完成实训任务

根据假设的模拟场景，实训小组合作完成：

（1）不同运输方式下 K 公司箱包的运输成本分析。

（2）K 公司箱包运输成本控制方案设计。

（3）K 公司箱包运输成本控制方案的数字化技术运用说明。

（4）将实训成果在全班展示分享。

步骤 5：实施实训评价

教师对每个实训小组的表现进行综合评价，填写表 7-3。

表 7-3　货物运输成本控制实训评分表

组别		组员	
考评内容	K 公司箱包运输成本控制方案设计		
考评标准	考评维度	分值	实际得分
考评标准	高质量发展意识	15	
考评标准	箱包运输成本计算分析	25	
考评标准	运输成本控制方案设计	30	
考评标准	运输成本控制的新技术应用说明	15	
考评标准	实训成果展示分享	15	
合计		100	

实训 2：物料采购成本控制策略设计

步骤 1：确定实训目的

通过实训，使学生根据本章所学知识，做好物料成本控制方案的设计，并进行可视化呈现，培养学生智慧供应链成本管理的能力。

步骤 2：做好实训准备

（1）组建实训小组。

（2）编写物料成本控制的模拟场景。

场景示例：SD 家具制造公司第 5、6 周生产简式桌子需要采购的物料情况如表 7-4 所示。已知物料持有成本是平均物料价值的 20%，目前一周订货一次，订购成本是 10 000 元/次。据此，制定物料成本控制策略

表 7-4　SD 家具公司需要采购的物料信息

物料名称	单位	需求数量	单位价格 / 元	计划产量 / 台
方木	立方米	640 000	80	200 000
面板	平方米	200 000	100	200 000
五金配件	套	200 000	40	200 000

（3）复习智慧供应链成本的相关理论知识。

步骤 3：讲解实训内容

（1）讲解物料控制部门的主要工作任务。

（2）讲解物料成本的计算与分析。

（3）讲解物料控制成本的主要策略。

步骤 4：完成实训任务

根据假设的模拟场景，实训小组合作完成：

（1）设计物料管理部门的职责。

（2）计算分析物料成本。

（3）制定物料成本控制策略。

（4）实训成果在全班展示分享。

步骤 5：实施实训评价

教师对每个实训小组的表现进行综合评价，填写表 7-5。

表 7-5　物料采购成本控制策略设计实训评分表

组别		组员	
考评内容	SD家具公司物料采购成本控制策略设计		
考评标准	考评维度	分值	实际得分
	物料控制的资源节约意识	15	
	物料控制部门职责设计	10	
	物料成本计算分析	20	
	物料成本控制策略制定	40	
	实训成果展示分享	15	
合计		100	

同步测试

一、判断题

1. 运输工具折旧费是货物运输成本中最重要的一项。（   ）

2. 货物仓储配送成本是指企业在货物存储和配送过程中所产生的各种费用。（   ）

3. 物流包装成本是指在生产过程中，对产品进行包装所需的费用。（   ）

4. 采购物流成本是企业为获取生产经营所需的货物而产生的费用。（   ）

5. 生产物流成本是指从原材料采购到成品出售过程中所产生的物流费用。（   ）

6. 销售物流成本仅包括销售过程中配送环节所产生的费用。（   ）

二、单选题

1. 货物运输成本智能分析的主要技术不包括（   ）。

    A. 大数据分析技术   B. 人工智能算法

    C. 可视化技术   D. 无人机技术

2. 降低物流包装成本的主要措施不包括（   ）。

    A. 选择经济性包装材料   B. 使用周转包装物

    C. 优化包装设计   D. 货物裸装

3. 在装卸搬运成本的主要构成中，（   ）是装卸搬运成本中最主要的部分。

    A. 人员工资费用   B. 设备折旧与维保费用

    C. 能源消耗费用   D. 管理费用

4. 生产物流成本的主要构成不包括（   ）。

    A. 内部搬运费   B. 物流设施折旧与维护保养费用

    C. 资金利息   D. 成品的购买费用

5. 供应链销售物流成本智能控制的主要方法不包括（   ）。

    A. 实时监控成本动态   B. 准确预测成本的未来趋势

    C. 自动调整供应链策略   D. 加强供应商管理

6. 逆向物流成本的主要特点不包括（   ）。

    A. 不确定性   B. 相对成本高

    C. 高风险性   D. 环境不友好

三、多选题

1. 货物运输成本由（   ）、管理费用、其他费用构成。

    A. 燃料费   B. 人员工资费用

    C. 车辆折旧与维修费用   D. 路桥等通行费

    E. 保险费

2. 货物仓储配送成本核算的主要流程包括（   ）。

    A. 成本数据收集　　　　　　　　　B. 成本归类

    C. 成本分配　　　　　　　　　　　D. 成本计算分析

    E. 成本改进优化

3. 仓储配送成本智能控制的主要措施包括（   ）。

    A. 实施数据的实时收集与集成　　　B. 应用 AI 算法和大数据技术

    C. 引进自动化设备　　　　　　　　D. 优化仓储配送作业流程

    E. 实现全链路可视化

4. 供应链采购物流成本智能控制的主要方法包括（   ）。

    A. 加大人工干预　　　　　　　　　B. 建立数据平台

    C. 分析预测采购成本　　　　　　　D. 实现自动化采购物流作业

    E. 提供实时监控报告

5. 销售物流成本的主要特点包括（   ）。

    A. 客户导向性　　　　　　　　　　B. 周期性

    C. 难以预测性　　　　　　　　　　D. 与服务质量的相关性

    E. 技术依赖性

6. 降低逆向物流成本的措施包括（   ）。

    A. 提高产品及包装质量　　　　　　B. 加强与供应链伙伴的协作

    C. 优化退货流程　　　　　　　　　D. 利用现代信息技术

    E. 多渠道退货

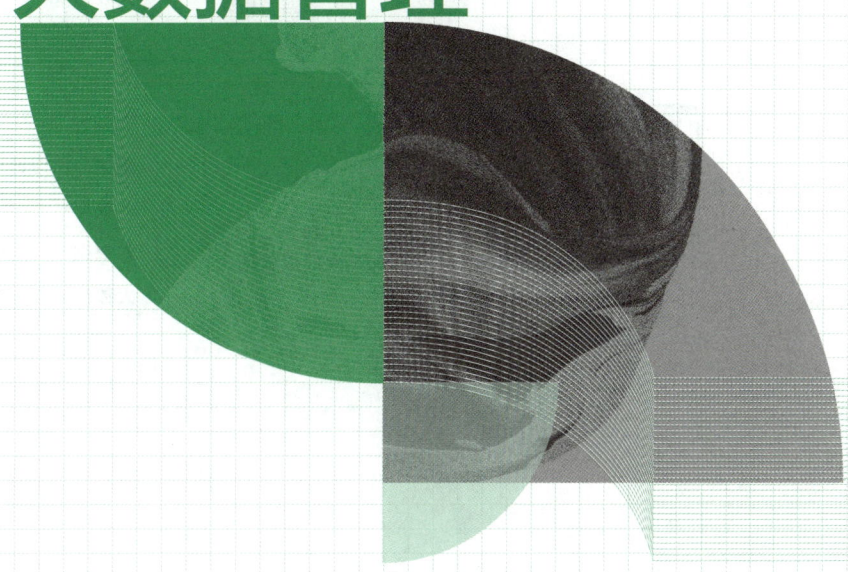

08

第八章

智慧物流与供应链大数据管理

Chapter

学习目标

素养目标
◢ 培养促进智慧物流与供应链数据共享的意识
◢ 培养建立智慧物流与供应链数据的产权意识
◢ 培养保护智慧物流与供应链数据安全的意识

知识目标
◢ 了解大数据对智慧物流建设的应用价值
◢ 掌握大数据分析技术在物流领域的主要应用
◢ 了解大数据对智慧供应链建设的应用价值
◢ 掌握大数据分析技术在供应链管理中的主要应用

技能目标
◢ 能够初步应用大数据分析技术优化物流管理
◢ 能够初步应用大数据分析技术完善运输、仓配、快递物流服务
◢ 能够初步应用大数据分析技术优化供应链管理
◢ 能够初步应用大数据分析技术完善采购、生产、销售物流服务

思维导图

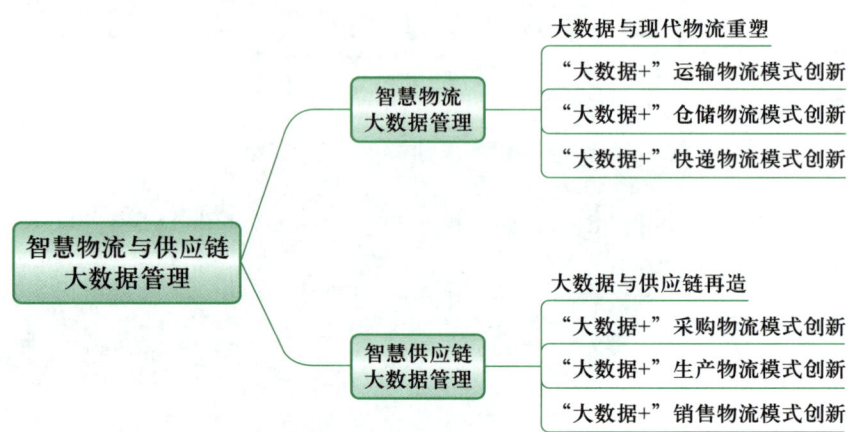

```
                                              大数据与现代物流重塑
                                    智慧物流       "大数据+"运输物流模式创新
                                    大数据管理     "大数据+"仓储物流模式创新
                                              "大数据+"快递物流模式创新
智慧物流与供应链
大数据管理
                                              大数据与供应链再造
                                    智慧供应链      "大数据+"采购物流模式创新
                                    大数据管理     "大数据+"生产物流模式创新
                                              "大数据+"销售物流模式创新
```

学习计划

◢ **素养提升计划**

◢ **知识学习计划**

◢ **技能训练计划**

大数据推进果蔬冷链物流数字化升级发展

冷链物流是农村物流体系的重要组成部分，加快冷链物流的高质量发展，切实提高冷链物流服务质量和效率水平，不仅能够更好地满足人民日益增长的美好生活需要，而且可以促进乡村产业振兴的迫切需要。果蔬作为重要的生鲜农产品之一，应用大数据和互联网技术，可以使其冷链物流供应链有更多优化的空间，进一步促进果蔬冷链物流数字化升级发展，助力乡村振兴。

果蔬冷链物流不仅要提升运输效率，而且要保障物流过程中果蔬的质量和安全，升级发展亟须大数据支持。先利用物联网、智能追溯等技术，收集果蔬生产数据源；在果蔬进入冷藏仓库时，再利用射频识别技术，根据RFID标签携带的全部产品信息，监控果蔬的存储环境，以此为依据建立果蔬质量和安全信息数据库，将果蔬生产信息和物流信息相关联，构建一体化的信息链。

利用北斗导航技术、车载移动终端构建果蔬智能运输系统，实现对冷藏车辆运输和配送的动态管理。在果蔬配送之前，先建立包括载重、容量、储存条件等信息在内的冷藏车辆数据系统，将每辆车与对应的司机身份进行绑定，实现"一对一"匹配，为果蔬运输提供安全保障，降低企业的运营风险。在配送中，利用导航定位和可视化技术，对冷链运输中车辆的位置、运行速度、运行轨迹及人员进行远程监控，为物流企业进行车辆调度和指挥提供及时有效的反馈信息。另外，通过在冷链运输车辆内安装温度、湿度和光照的传感器，控制中心根据传输的果蔬实时数据调整运输策略，将果蔬快速、准确地送达目的地，达到降低果蔬损耗的目的。

引思明理

党的二十届三中全会作出了"坚持农业农村优先发展，完善乡村振兴投入机制"的战略部署。将大数据技术融入农产品冷链物流中，企业不仅可以高效整合物流资源，降低供应链各环节的物流成本，而且可以搭建农产品流通平台，利用大数据等新技术实现果蔬农产品冷链物流的高质量发展，助力乡村振兴的推进。

第一节　智慧物流大数据管理

一、大数据与现代物流重塑

（一）大数据的物流价值

大数据是指需要使用新数据处理模式进行分析，以获得更强的决策力、洞察力和流程优化能力的海量、高增长、多样化、低价值密度、真实性的信息资产。随着互联网和信息技术的飞速发展，大数据已经成为现代社会不可或缺的一部分。

1. 大数据的商业价值

大数据的商业价值在于能够为企业提供个性化定制和决策支持。即通过分析海量、多样化、动态化数据，企业可以更好地了解市场趋势、客户行为，以及竞争对手的动态，制定更精准的市场策略，提高运营效率。

（1）帮助企业精准定位目标市场。通过对数据的挖掘和分析，企业可以揭示客户偏好、购买习惯，以及市场趋势等关键信息，更好地定位目标市场，制定更有效的营销策略，提高销售业绩。

（2）帮助企业优化供应链管理。通过分析历史数据和实时数据，企业可以更准确地预测产品需求、库存水平和物流需求，减少库存积压，降低运输成本，提高供应链的可靠性。

（3）帮助企业提高风险管理水平。通过大数据技术对历史数据的分析，企业可以更准确地预测未来的市场变化和趋势，识别潜在的风险因素，并提前采取相应的降低风险措施。

（4）帮助企业提高客户满意度。通过对客户数据的深入分析，企业可以更好地了解客户需求和偏好，提供个性化的产品和服务，与客户建立更紧密的关系，扩大企业的市场份额，增强盈利能力。

2. 大数据与物流的融合效应

大数据与物流的融合，改变了物流行业的运作方式，使物流行业能够更加精准地预测需求、规划运输线路、优化库存管理。

（1）需求预测更加精准。通过对历史数据的分析，物流公司可以预测出未来的货物需求趋势，提前做好运输和仓储准备。这不仅减少了因需求波动导致的物流压力，而且提高了对客户的响应速度。

（2）运输路线规划更加合理。传统的运输路线规划往往依赖于人工经验和简单的计算模型，而大数据技术则可以通过分析海量的交通数据、天气数据等，为物流公司提供更加精确的路线规划建议，从而缩短运输时间，降低运输成本，提高运输的安全性。

（3）库存管理优化更加科学。通过对销售数据和库存数据的实时分析，物流公司可以更加精确地掌握库存情况，及时调整库存策略，提高库存周转率，降低库存成本，提高客户满意度。

（二）大数据时代的物流变革

大数据应用使物流变革有更加广阔的场景，涵盖需求预测、运输优化、货物追踪、库存控制、供应链协同、客户行为分析、风险管理等多个方面，为物流运营提供更高效、智能和可持续的解决方案。

1. 物流大数据的特征

物流大数据的特征如下：

（1）海量性。物流业务涉及运输、仓储、配送等多个环节，每个环节都会产生大量数据，需要通过大数据技术进行处理和分析。

（2）多样性。物流大数据来源多样，不仅包括订单信息、车辆信息等结构化数据，而且包括卫星导航轨迹数据、传感器数据等非结构化数据，数据格式各异，需要进行有效整合和处理。

（3）实时性（也称动态性）。物流大数据需要实时更新和处理，以便及时反映物流运营状况并做出相应的决策。例如，实时监测货物的位置、运输状态等信息以优化运输路线。

（4）复杂性。物流业务涉及多个环节和参与者，数据之间的关系错综复杂。需要通过大数据分析技术，挖掘出隐藏在数据中的规律和关联，以支持物流业务的优化和改进。

（5）价值密度低。物流大数据中包含了大量的冗余信息和噪声数据，真正有价值的信息相对较少。从大数据中提取有用的信息并进行分析和应用是一个重要挑战

2. 物流大数据的应用场景

物流大数据的应用场景如下：

（1）需求预测与库存管理。物流企业利用大数据技术分析历史销售数据、市场趋势、季节性因素等，更准确地预测未来的产品需求，合理规划库存水平，避免过度库存或库存不足的情况出现。

（2）运输路线优化。物流企业利用大数据技术分析交通流量、路况信息、天气状况等因素，优化运输路线，减少运输时间，降低运输成本，提高运输效率。

（3）货物追踪与监控。通过安装传感器和北斗导航设备，物流企业可以实时追踪货物的位置和状态，确保货物安全到达目的地，并及时处理异常情况。

（4）供应链协同。物流企业利用大数据技术与供应商、分销商等合作伙伴共享信息，实现供应链的协同运作，提高供应链的效率和响应速度。

（5）客户行为分析。利用大数据管理系统，物流企业通过分析客户的购买记录、偏好等信息，更好地了解客户需求，提供个性化的服务和产品推荐，提高客户满意度和忠诚度。

（6）风险管理与预警。物流企业利用大数据技术对物流过程中的风险进行评估和预警，帮助物流企业及时采取措施应对风险，减少潜在损失。

（7）能源管理与节能减排。物流企业利用大数据技术分析物流过程中的能源消耗数据，优化能源使用效率，采取节能措施，减少碳排放，实现可持续发展。

3. 大数据时代物流变革的意义

在大数据时代，物流行业经历了前所未有的变革。这种变革不仅体现在物流运作

的效率提升上，而且体现在物流服务的个性化和智能化水平的显著提高上。

（1）能够更加准确地预测市场需求和供应链变化。通过分析海量的历史数据和实时数据，物流公司可以提前规划运输路线，调整库存策略，甚至优化产品配送的时间和方式。

（2）实现更精细化的物流运营管理。通过对运输车辆的位置、速度、载重等数据的实时监控和追踪，物流公司能够及时调整运输计划，避免拥堵和延误，同时使客户能够随时了解物流的最新动态。

（3）推动物流行业的智能化发展。智能算法根据历史数据自动选择最优配送路线，减少人为决策的不确定性和误差。机器学习技术不断从新的数据中学习，为持续优化物流流程和服务质量提供支持。

（4）促进智慧物流与其他行业的深度融合。与电子商务的融合使物流服务更加便捷和个性化；与制造业的融合推动了生产自动化和供应链的协同优化。

二、"大数据＋"运输物流模式创新

（一）运输业务数据的类型与价值

运输业务数据是运输领域的核心要素之一，包括运输基础数据、运输作业数据、运输协调数据和运输决策数据等多个方面。通过对这些数据的收集、整理和分析，可以为货物运输提供有力的决策支持，推动运输业务的持续发展。

1. 运输业务数据的类型

运输业务数据包括如下几类：

（1）运输基础数据。是指包含运输业务基本元素的数据，如车辆信息、司机资料、运输路线、货物种类等。

（2）运输作业数据。是指货物装载、在途运输、货物卸载等主要涉及运输过程实际执行情况的数据。

（3）运输协调数据。是指货物调度、车辆调度、人员调度等方面的数据。

（4）运输决策数据。是指运输需求预测、成本分析、风险评估等主要用于运输管理支持的相关数据。

2. 运输业务数据的价值

运输业务数据的价值如下：

（1）优化运输路线。通过大数据分析，发现最短、最快或最经济的运输路线，减少运输时间和成本。

（2）提高运输准确性。通过对货物的实时追踪和监控，保证货物安全、准时到达目的地。

（3）提高运输可靠性。通过对运输设备的维护和故障数据的收集分析，提前发现潜在问题，并采取相应措施进行修复和保养，保证运输设备的正常运行和货物的安全运输。

（4）提供个性化运输服务。通过对客户需求和偏好数据的分析，提供定制化的运输方案和服务，满足客户的不同需求。

（二）"大数据+"货物运输模式应用

"大数据+"货物运输是指通过运用大数据技术来优化货物运输流程的运营模式。在货物运输领域，大数据技术可以帮助企业收集、分析和利用大量的运输数据，从而实现对货物流动的实时监控和智能调度，以提高运输效率，降低运输成本，增强客户满意度。

1. 数据驱动货物运输决策过程

数据驱动货物运输决策过程通常包括以下步骤：

（1）数据收集。通过北斗系统、传感器、物流管理系统等手段，从各种来源收集运输的相关数据，如货物信息、车辆信息、司机信息、路线信息、天气信息等。

（2）数据清洗与整理。对收集到的货物运输数据进行处理和清洗，去除噪声和不相关信息，提取有价值的信息。

（3）数据分析。对整理后的数据进行深入分析，发现其中的规律和趋势，预测货物的需求、运输成本、运输时间等。

（4）决策优化。基于数据分析的结果，优化运输决策。例如，选择最佳的运输路线，以减少油耗和运输时间；优化货物的装载方式，以提高车辆的利用率。

（5）实时监控与调整。在货物运输过程中，实时监控运输状态，并根据实时数据调整运输决策，不断提高运输效率并降低运输成本。

2. "大数据+"车货匹配系统

车货匹配是指根据货物的特性和需求，通过专业的物流平台（系统），将合适的车辆与相应的货物进行匹配，以实现高效、准确的货物运输。这一过程涉及对货物的重量、体积、目的地等关键数据的精确掌握，以及对车辆的类型、载重能力、运输路线等的深入了解。"大数据+"车货匹配是指利用大数据分析技术来优化物流活动中车辆与货物匹配的管理系统，如图8-1所示。

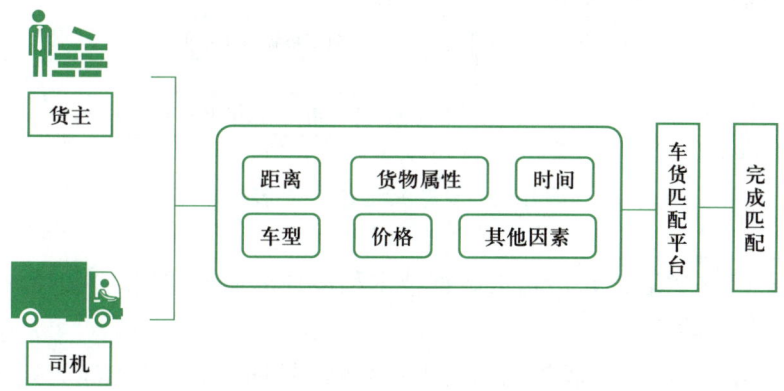

图 8-1　"大数据+"车货匹配

这个系统主要有以下功能：

（1）收集各种相关数据。这些数据可能来自物流公司、货运平台、卫星导航定位系统等多个渠道，包括货物的重量、体积、目的地、预计出发时间，以及车辆的类型、载重能力、可用时间等数据。

（2）清洗和整理所收集的数据。通过去除重复数据、填补缺失值、纠正错误数据等操作，保证数据的质量和准确性。

（3）分析和挖掘数据。通过聚类分析、关联规则挖掘、预测模型构建等方法，发现货物运输的潜在规律。

（4）生成车货匹配方案。系统根据货物的特性、车辆的能力、路线的可行性、成本效益等因素，选择最经济的运输方式，及时、安全地把货物运输到目的地。

（5）推送车货匹配方案。物流公司和车辆所有者等相关主体，可根据系统的推送方案进行调度和运输实施，实现货物与车辆的最佳匹配。

3. "大数据+"多式联运系统

多式联运是通过将公路、铁路、水路和航空等不同运输方式有机结合起来，所形成的综合性运输方式，具有缩短运输时间、提高运输效率、降低运输成本、减少环境污染等优势。

多式联运数据交换流程如图8-2所示。

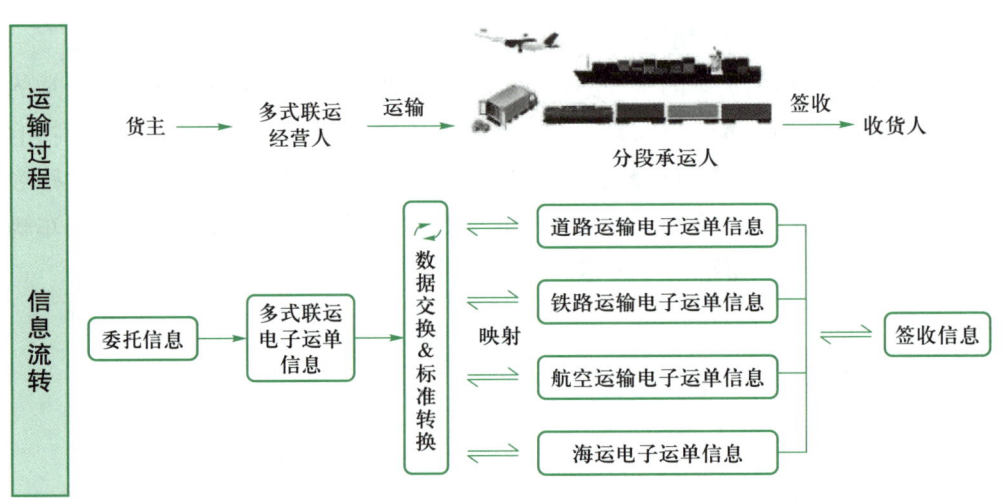

图8-2 多式联运数据交换流程

"大数据+"多式联运是一种大数据技术和多种运输方式相结合的新物流服务系统，主要包括以下功能：

（1）数据收集和整合。收集和整合来自公路、铁路、航空和海运等运输方式的数据，包括运输时间、成本、路线、货物信息等。

（2）需求分析和预测。分析和预测未来的运输需求和趋势，提前做好运输规划和资源调度，并实时监控和调整运输计划，以应对突发情况。

（3）运输路线优化和资源调度。即通过分析各种运输方式的数据，寻找到最佳运输路线和调度方案。

（4）运输的可靠性和安全性保障。通过系统及时发现和解决潜在的问题和风险，保证货物安全和准时到达目的地。

4. "大数据+"甩挂运输系统

甩挂运输是指牵引车按照预定的运行计划，在货物装卸作业点甩下所拖的挂车，换上其他挂车继续运行的运输组织方式。这种运输方式将汽车列车的挂车部分（载货部分）和牵引车部分（动力部分）分离，使两者可以独立运行，从而提高车辆的利用率和运输效率，如图8-3所示。甩挂运输体现平行作业的基本原理，是利用汽车列车的行驶时间来完成甩下挂车的装卸作业，减少停歇时间。"大数据+"甩挂运输是一种复杂、精细而高效的物流服务系统，涉及数据的收集、分析和应用等多个环节。

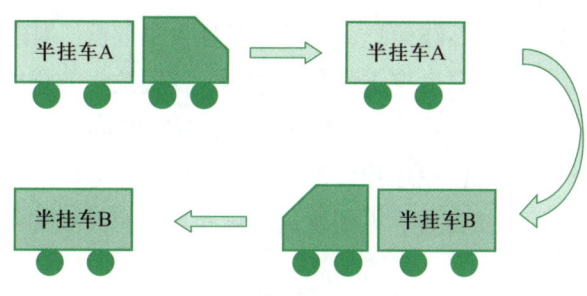

图8-3　甩挂运输

（1）收集整理数据。通过各种传感器和数据采集设备，实时收集车辆的行驶数据、货物信息，以及路况等关键数据。

（2）挖掘分析数据。利用大数据分析技术对这些数据进行深入挖掘和分析，以获取关于车辆性能、货物状态、运输效率等方面的洞察。

（3）优化运输调度策略。根据大数据分析结果，优化甩挂运输的调度策略，提高运输效率和安全性。

5. "大数据+"无人驾驶系统

无人驾驶是智慧物流发展的重要领域，包括无人机、无人车、无人船等。"大数据+"无人驾驶是一种新的运输服务系统，创新应用了大数据技术和无人驾驶技术，为无人驾驶提供精准、智能和安全的驾驶决策支持。该系统具有以下功能：

（1）提供导航和决策依据。通过收集、处理和分析大量数据，无人驾驶系统能够实时获取道路状况、交通流量、障碍物等周围环境的数据，为无人驾驶工具提供准确的导航和决策依据，支持无人驾驶工具自动行驶。

（2）实施自主驾驶。通过分析大量的驾驶数据，无人驾驶系统可以学习并模拟人类驾驶员的行为模式，提高其自主驾驶的能力。同时，大数据还可以帮助无人驾驶系统识别和预测潜在的危险情况，采取相应的措施来规避事故的发生。

（3）提高安全保障。大数据与云计算、物联网等技术相结合，实现无人驾驶车辆之间的通信和协同，实现多辆无人驾驶车辆共享信息、协同行驶，保证整个交通系统的效率和安全性。

（4）改进优化系统。通过对大量测试数据的分析，评估无人驾驶系统的性能和可靠性，不断优化和改进无人驾驶系统的设计。

6. "大数据 +" 运输智能调度系统

在现代物流领域，运输智能调度通过集成先进的算法和技术，实现对运输资源的高效管理和优化配置。运输智能调度具有高度的自动化、智能化和强大的数据分析能力，能够自动识别货物的目的地和优先级，并根据实时的车辆状态和路线情况，智能规划出最优的运输路线。"大数据 +" 运输智能调度系统的运行机制涉及多个环节和要素，主要包括：

（1）通过收集车辆信息、路线信息、交通状况等大量数据，构建数据库。

（2）利用数据分析技术，深度挖掘和分析数据，发现数据的规律和关联性。

（3）基于分析结果，制定车辆分配、路线选择、时间安排等调度策略。

（4）在执行调度时，实时监控运输情况，动态调整调度策略。

（5）通过分析和学习历史数据，不断改进调度策略，使其更加精准高效。

三、"大数据 +" 仓储物流模式创新

（一）仓储业务数据的类型与价值

仓储业务数据涵盖了库存水平、货物流动、订单处理、客户信息，以及供应链效率等多个方面，不仅反映了仓库的当前状况，而且为未来的规划和决策提供依据。

1. 仓储业务数据的类型

仓储业务数据的类型包括：

（1）库存数据。库存数据包括库存数量、库存位置、库存状态、库存品种、库存周转率、库存误差率等信息。库存水平数据是仓储业务的核心。

（2）入库数据。记录货物进入仓库的相关信息，如供应商、入库时间、入库数量、入库质量检验结果等。

（3）出库数据。记录货物离开仓库的相关信息，如客户、送货方式、出库时间、出库数量、出库质量检验结果等。

（4）订单数据。记录订单的详细信息，如订单编号、订单日期、客户信息、产品信息、数量、价格等信息，订单包括销售订单、采购订单、退货订单等。

（5）仓储设备数据。仓储设备数据包括货架、叉车、搬运设备等仓库设备的使用情况、维修记录、设备性能等信息。

（6）人员数据。记录仓库员工的相关信息，如员工姓名、职位、工作时长、工作效率等。

（7）财务数据。财务数据包括仓库运营成本、库存持有成本、货损成本、仓库租赁费用或收入等财务信息。

（8）安全数据。记录仓库安全管理的相关信息，如安全培训、安全事故、安全检查等信息。

（9）环境数据。环境数据包括仓库温度、湿度、照明等环境因素的监测数据。

2. 仓储业务数据的价值

仓储业务数据的价值包括：

（1）提高库存管理水平。通过对库存数量、种类、位置等数据的实时监控和分析，企业可以及时了解库存情况，提前做好采购和备货准备。

（2）提高企业运营效率。通过对入库、出库、移库等作业的数据分析，发现仓储作业中的瓶颈和问题，进而优化作业流程，提高作业效率。

（3）加强企业成本控制。通过对仓储成本的数据分析，发现成本过高的原因，进而采取降低成本措施。

（4）支持企业经营决策。通过对销售数据、库存数据、成本数据等的综合分析，了解市场需求、产品销售、库存状况等信息，为企业经营决策提供依据。

（二）"大数据 +" 仓储服务模式应用

"大数据 +" 仓储服务是通过大数据技术与仓储业务的深度融合，实现对物流过程的全面优化和智能化管理。大数据技术被广泛应用于仓储管理的各个环节，可以为客户提供更加优质、高效、可靠的仓储服务体验。

1. "大数据 +" 库存预测系统

库存预测是实现库存最优化的重要手段。"大数据 +" 库存预测是一种基于大数据分析的库存管理系统，可以帮助企业更准确地了解市场需求，制定更合理的库存策略，降低库存成本，提高运营效率。该系统的功能一般包括：

（1）采集数据。通过企业内部系统、外部数据源或者第三方数据平台，收集销售数据、生产数据、库存数据等各种相关数据。

（2）分析数据。运用数据挖掘、机器学习等技术手段，对相关库存数据进行清洗、整理和分析，提取出有用的信息。

（3）构建预测模型。根据分析所得到的信息，以及企业的需求和技术水平，建立库存预测模型。

（4）预测库存需求。模型建立好后，需要进行参数调整和优化，提高库存预测的准确性。

（5）应用预测结果。将预测结果应用到实际库存管理中，避免库存过多导致的资金占用风险和库存过少导致的缺货风险。

2. "大数据+"云仓系统

云仓系统是通过大数据分析、云计算技术和互联网技术，将传统的仓库进行升级改造，实现线上与线下的仓储业务的无缝对接。大数据在云仓中的应用如图 8-4 所示。云仓系统服务模式不仅可以提高仓储效率，降低运营成本，而且可以为商家和客户带来更加便捷、高效的服务体验。

图 8-4　大数据在云仓中的应用

云仓系统的功能包括：

（1）数据采集与整合。云仓系统通过物联网设备实时采集仓库内的货物信息、库存水平、出入库记录等数据，并传输到云端服务器，与其他来源的数据（如销售数据、运输数据等）进行整合，形成全面的数据集。

（2）大数据分析。云仓系统利用先进的数据分析工具和算法，对收集到的数据进行深入挖掘和分析，洞察仓库运营的各个方面，为决策提供科学依据。

（3）智能决策支持。基于大数据分析的结果，自动生成优化库存策略建议，支持仓储管理决策，提高仓库的空间利用率和作业效率。

（4）自动化操作。与自动化设备相连，根据系统的指令自动执行货物的上架、下架、拣选、打包等仓储作业，减少人工使用。

（5）实时监控与预警。持续跟踪仓库内的货物状态和环境条件，实时监控异常情况，及时发出预警通知并进行管控。

（6）协同与共享。支持与其他供应链环节的协同工作，通过数据共享实现整个供应链的高效运作。

3. "大数据+"无人仓系统

无人仓是一种高度自动化的仓储系统，是通过智能技术和自动化设备实现仓库内货物的自动存储、拣选和出库，可以 24 小时不间断地工作。"大数据+"无人仓系统实现了对仓库内货物的精确管理和高效调度，不仅提高了仓库的操作效率和准确性，而且为管理者提供了强大的数据分析和决策支持。其主要功能包括：

（1）数据采集与整合。无人仓通过各种传感器、摄像头和扫描设备收集货物信息、库存水平、设备状态、环境条件等大量的实时数据，并传输到中央控制系统中，与订单信息等其他数据源整合，形成一个完整的数据视图。

（2）数据分析与决策。利用大数据分析技术，对收集到的数据进行深入分析，自动进行仓储作业决策，如调整货物摆放位置、重新安排工作流程等。

（3）自动化操作。机器人、传送带、自动化货架等自动化设备根据控制系统的指令，自动完成货物的入库、出库、分拣、包装等作业。

（4）智能调度与优化。根据实时数据和预测结果，动态调整入库出库顺序、仓储设备的使用和人员的安排。

（5）安全与监控。实时监测仓库内的环境条件、设备状态和人员活动，及时发现和处理潜在的安全隐患。

四、"大数据 +" 快递物流模式创新

（一）快递业务数据的类型与价值

快递业务数据是快递公司运营的核心，是指与快递服务相关的各种信息和统计数字，涵盖了从订单接收到派送完成的全过程信息，包括快递的发送量、接收量、运输时间、服务质量、客户满意度，以及订单号、客户姓名、地址、联系方式、货物重量、运费等数据。

1. 快递业务数据的类型

快递业务数据的类型包括：

（1）客户信息数据。包括客户的姓名、地址、联系方式等基本信息，用于记录客户的寄件和收件信息。

（2）包裹信息数据。包括包裹的重量、尺寸、包装方式等信息，用于计算运费和安排运输方式。

（3）物流信息数据。包括包裹的运输路线、运输方式、预计送达时间等信息，用于追踪包裹的运输状态和给客户提供查询服务。

（4）费用信息数据。包括运费、保险费、税费等各种费用的计算和收取情况，用于财务管理和客户结算。

（5）订单信息数据。包括订单编号、下单时间、支付方式等信息，用于管理订单流程和提供客户服务。

（6）服务质量数据。包括包裹的送达率、投诉率、客户满意度等指标，用于评估和改进快递业务的服务质量。

（7）人员信息数据。包括快递员的姓名、工作区域、工作时长、工作效率等信息，

用于管理和调度人力资源。

（8）车辆信息数据。包括车辆的类型、载重量、运输路线等信息，用于运输资源调度和运输效率提高。

（9）合作伙伴信息数据。包括合作快递公司的名称、服务范围、合作协议等信息，用于建立合作关系和拓展业务网络。

2. 快递业务数据的价值

快递业务数据对于快递公司来说具有巨大的价值，可以提供有关运营状况、市场趋势和客户需求等信息，帮助公司优化运营策略，提高服务质量，增强竞争力。快递业务数据的价值包括：

（1）消除服务方面的不足。通过快递业务数据分析，了解自身的运营效率，可以针对存在的问题，采取相应的改进措施，提高服务质量。

（2）把握客户需求。通过预测未来的市场需求，提前做好资源规划和网点布局，提供更加个性化的服务，增强客户满意度和忠诚度。

（3）制定精准的营销策略。通过分析不同地区、不同时间段的数据，确定最佳营销渠道和时机，制定更加具有竞争力的营销策略。

（二）"大数据 +" 快递服务模式应用

"大数据 +" 快递服务是一种结合了大数据技术和传统快递业务的创新服务模式。这种服务模式充分利用了大数据技术的强大数据分析和处理能力，对快递业务中的各种数据进行深度挖掘和分析，实现对快递服务过程的全面优化。

1. "大数据 +" 快递智能分拣系统

快递智能分拣是利用自动化设备和智能算法，通过扫描、识别和分类，将快递包裹快速准确地分配到指定区域，以减少人工操作的需求，提高快递包裹处理的工作效率和准确性。"大数据 +" 快递智能分拣系统的功能包括：

（1）数据采集与整合。通过传感器设备，实时采集重量、尺寸、目的地等快递包裹信息，为后续的智能分拣提供数据支持。

（2）数据预处理与分析。对采集到的数据进行数据清洗、去噪等预处理，提高数据的准确性和可靠性。随后对处理后的数据进行深入分析，挖掘其中的规律，为智能分拣提供决策依据。

（3）智能分拣算法。基于大数据分析的结果，运用机器学习、深度学习等先进算法，根据快递包裹的特性和目的地，自动判断其应该被分配到哪个分拣区域，对快件进行智能分拣。

（4）自动化设备控制。智能分拣算法的决策结果会被转化为具体的设备控制指令，通过控制系统传达给自动化设备，实现快递包裹的自动分拣。

（5）实时监控与优化。实时监控快递包裹的分拣过程，保证分拣作业的准确性和效率。同时，根据实时数据和反馈信息，不断优化智能分拣算法和设备控制策略，以适应不断变化的市场需求和环境条件。

2."大数据+"智能快递柜收寄系统

智能快递柜收寄件通过智能化的设备和系统，实现了快递的自助收发。"大数据+"智能快递柜收寄系统是一个集数据采集、分析处理、自动通知于一体的智能化收寄件管理系统，是利用大数据技术，实现快递服务的高效、便捷和透明化。该系统的功能包括：

（1）自取寄件收件。用户只需在智能快递柜上输入相关信息，即可完成快递的寄件或收件操作。这种方式省去了传统快递收发过程中烦琐的人工环节，大大提高了效率。同时，智能快递柜通常具备24小时不间断服务的能力，使得用户可以根据自己的时间安排，随时进行快递收寄。

（2）实施安全保护。智能快递柜采用先进的加密技术和身份验证机制，保证用户的快递信息不被泄露。同时对存放在快递柜中的快递物品进行实时监控，防止快递丢失或损坏。

（3）满足个性化收寄需求。用户可以根据自己的需求，选择不同的快递柜大小和冷藏、保温等特殊功能，满足不同类型快递物品的存放需求。

3."大数据+"快递无人派送系统

快递无人派送是指利用无人机、自动配送车等进行快递包裹派送，为消费者提供了更加便捷、安全的收件体验。"大数据+"快递无人派送系统结合大数据分析和自动化技术的优势，实现了快递派送作业的智能化和高效化，提升了用户体验。该系统的功能包括：

（1）最优派送路线选择。快递公司收集收件人的姓名、地址、联系方式等用户订单信息，输入大数据分析系统，由系统自动计算最优派送路线。

（2）派送作业无人化。无人车、无人机等无人派送设备可根据规划路线进行派送服务，它们具有导航、自动避障等功能，在没有人工干预的情况下即可完成派送任务。

数智赋能　提质增效

多式联运数据贯通促进物流降本增效

物流连接着生产和消费，是实体经济的"筋络"，是支撑国民经济发展的基础性产业。常见的物流运输种类包括铁路、公路、航空、水运、管道等，货物从生产端到消费端往往会经历多种物流方式的衔接运输（简称"多式联运"）。由于不同物流方式涉及的主体数量庞杂、差异较大，物流信息存在不对称、不透明等问题，导致信息跟踪难、订舱操作烦琐，限制了物流效率的提升。浙江四港联动发展有限公司通过打造智慧物流云平台，集成全省多维度物流大数据，应用物流运单AI智能识别、智能沙箱等技术，实现一站式"查运踪、查船期、查运价、查关务、查航空"，并通过数字化赋能提升多式联运的承载能力和衔接水平，大幅度提升企业的物流效率，降低运营成本，创新了多式联运组织模式，加快了物流行业的转型升级。

一是打通系统间的数据壁垒，构建大数据底座。平台先后整合打通政务、班轮、码头、货代等100多个系统，汇集海运、空运、陆运、口岸的各类物流数据超过1.1万项，对接各类物流数据超过1 000万条，为智慧物流服务应用提供坚实基础。平台形成了物流数据存储、交换、共享、应用、开放的核心枢纽，构建了"一地汇聚，全省共享"的一体化智能物流公共数据平台。

二是打造多样化数据产品服务。智慧物流云平台通过集成货、箱、车、船、空、铁、驳、仓、关、港等10大数据域，重塑数据交互标准，重构系统操作流程，重造应用场景功能，打造跨运输方式、跨政企、跨省市县企的物流数据枢纽，实现多式联运物流全程跟踪、路径优选等功能，提供从订舱到港口出运的"一站式"全流程数据服务，实现了"海陆空"多种联运方式融合的数字化物流运输体系。

（资料来源：国家数据局，2024-06-12）

讨论与分享：大数据对智慧物流发展有哪些价值？

第二节　智慧供应链大数据管理

一、大数据与供应链再造

微课：
大数据与供
应链再造

（一）供应链再造

供应链再造是指运用先进的数字技术和工具，对现有供应链的采购、生产、物流、销售等多个环节进行系统性的重新设计和优化，以提高效率、降低成本、增强竞争力的过程。这一过程需要深入分析现有供应链，识别瓶颈、低效环节和改进机会，制定新的策略和技术解决方案。

1. 供应链再造的动因

供应链再造的动因包括：

（1）市场需求变化。为了适应市场环境和消费者需求的变化，企业需要对供应链进行再造，以便更好地满足市场需求。

（2）技术进步。物联网、大数据、人工智能等技术的发展与应用，为供应链管理提供了新的工具和方法，推动了供应链再造。

（3）全球化趋势。随着全球化的深入发展，供应链越来越国际化，要求企业重新考虑其供应链的设计和管理，以应对全球范围内的挑战和机遇。

（4）竞争压力。在激烈的市场竞争中，企业需要通过优化供应链来降低成本、提高服务质量和快速响应市场，获得竞争优势。

（5）风险管理需求。面对自然灾害、政治不稳定、供应中断等各种不确定性和风险，企业需要重新构建其供应链，提高抗风险能力。

（6）客户期望值提升。客户不仅关注产品的价格和质量，而且关注产品的来源、生产过程、社会责任等，要求企业在供应链管理中考虑更多因素，满足客户的多元化需求。

2. 供应链再造的步骤

供应链再造通常包括以下五个步骤：

（1）评估现状。企业通过数据分析和实地考察，了解现有供应链的运作情况，包括物流、库存管理、供应商关系等。

（2）设定目标。企业根据现状设计供应链再造期望实现的具体目标，如降低成本、缩短交货时间、提高客户满意度等。

（3）设计新流程。引入大数据相关技术和工具，根据评估结果和目标设计新的供应链流程和结构，如改变供应商网络，调整库存策略等。

（4）实施变革。按照新设计的流程和结构，在人员培训、系统升级、设备更新等方面给予落实。

（5）监控与调整。在变革实施过程中和完成后，持续监控供应链的性能指标，并根据反馈对供应链流程和结构进行再调整。

3. 供应链再造的措施

供应链再造的措施包括：

（1）优化供应链流程。通过重新设计供应链中的采购、生产、销售、物流等环节，消除不必要的步骤和冗余环节，简化流程并提高效率。

（2）优化供应商管理。与供应商建立更紧密的合作关系，重新评估和选择供应商，保证供应商能够满足质量、交货时间和成本要求。

（3）优化供应链库存管理。通过先进的库存管理系统，实时库存追踪和库存共享，优化库存水平，减少库存积压和浪费。

（4）加强供应链信息共享。建立有效的信息共享机制，采用大数据分析、云计算等技术，使供应链各环节之间能够及时获取和共享关键信息。

（5）加强供应链风险管理。通过识别和评估供应链中的潜在风险，制定应急预案，多元化选择供应商，降低风险。

（二）大数据时代的供应链再造

通过运用大数据分析技术，采集供应链中的采购物流、生产物流、销售物流、客户等数据，企业能够更精准地预测市场需求，实现个性化定制生产，优化库存管理，提高生产效率和智慧供应链的透明度和协同性，更好地应对市场变化。

1. 大数据对供应链再造的作用

大数据对供应链再造的作用如下：

（1）提高信息准确性。通过整合不同来源的数据和实时数据分析，提高供应链数据的准确性和全面性，减少决策失误。

（2）提高市场响应速度。利用历史销售数据和市场趋势分析，准确预测未来的需求，及时调整生产和库存计划，提高市场响应速度和客户满意度。

（3）优化供应链运作。通过对物流数据的分析，优化配送路线和仓储管理，实现精准的库存管理，提高交付速度，降低运输成本，减少积压和缺货现象。

（4）增强风险管理能力。通过对供应商、物流服务商和市场变化等数据的分析，企业可以及时发现潜在风险和问题，提前采取相应的应对措施。

（5）提升服务质量。利用大数据分析客户反馈和购买记录，快速响应客户请求和投诉，提供个性化定制物流服务，提升客户体验。

（6）突破传统瓶颈。大数据推动商业模式的创新，企业可以突破传统的 ERP 和 SCM 系统扩展性的限制，使用大数据和云计算来处理大规模供应链数据，提升整体运营效率。

2. 大数据在供应链再造中的应用

大数据在供应链再造中的应用如下：

（1）需求预测与信息共享。通过大数据分析更准确地预测市场需求，调整生产计划，促进供应链各环节之间的信息共享，提高供应链的透明度和协同效率。

（2）风险识别与预警。利用大数据分析，识别供应链中潜在的风险点，建立基于大数据的预警系统，实时监控关键指标，减少风险影响。

（3）库存优化与成本控制。通过分析供应、生产、销售、库存、成本等数据，优化供应链库存管理水平，降低资金占用率。

（4）供应链协同与合作。通过大数据分析，共享销售数据、生产计划等信息，实现供应链上下游企业之间的协同合作，提高供应链的效率和稳定性。

（5）客户满意度与服务提升。通过分析客户的购买历史、偏好和反馈数据，更好地理解客户需求，提供更加个性化的产品和服务，提高物流服务质量和客户满意度。

（6）决策支持与策略制定。通过大数据分析，把握市场趋势和竞争格局，为企业的正确决策提供数据支持，制定出更具有前瞻性和竞争力的供应链策略。

二、"大数据+"采购物流模式创新

（一）采购物流业务数据类型与价值

采购物流是指在企业运营过程中，从供应商处购买原材料、商品或服务，并将其运输到企业仓库或生产线所涉及的一系列活动。采购物流业务数据包括供应商信息、采购订单、采购合同、库存情况、价格信息等各种物流数据，在企业运营中具有重要价值。

1. 采购物流业务数据的主要类型

采购物流业务数据的主要类型包括：

（1）供应商信息。包括供应商的名称、地址、联系方式、信誉等级、产品质量等信息。

（2）采购订单信息。是指企业向供应商发出的购买请求，包括购买的产品种类、数量、价格、交货日期等信息。

（3）采购合同信息。是指企业与供应商达成的购买协议，包括产品的质量标准、价格、交货日期、运输方式等内容。

（4）采购库存信息。是指企业当前库存的数量和状态，包括货物入库时间、出库时间、安全库存、存放位置等信息。

（5）采购价格信息。包括市场上同类产品的性能、价格信息等。

2. 采购物流业务数据的价值

采购物流业务数据的价值如下：

（1）提高采购决策效率。通过对采购物流业务数据的深入分析，企业可以更准确地预测市场需求，做出更明智的采购决策，降低库存成本，避免因库存积压而导致的资金占用。

（2）优化供应链管理。采购物流业务数据可以帮助企业更好地保持采购环节与供应链其他环节的协同，优化供应链管理，提高供应链运营效率。

（3）改善采购品组合。根据对采购物流业务数据的分析结果，调整货物采购的组合，更好地满足生产或销售的需要。

（4）强化风险管理。通过采购物流业务数据分析，预测可能出现的供应中断风险，必要时提前采取应对措施，保持供应链的稳定性。

（二）"大数据 +"采购物流模式应用

"大数据 +"采购物流模式利用大数据技术的优势，帮助企业更好地理解和管理采购和物流过程，提高采购决策的准确性，提高采购效率，降低物流成本，并增强供应链的透明度和可追溯性。

1. "大数据 +"供应商管理

供应商管理是企业采购物流的重要内容，包括对供应商的筛选、评估、合作及绩效监控等。"大数据 +"供应商管理系统可以整合和分析海量的数据资源，帮助企业更精准地实施供应商管理。

（1）"大数据 +"供应商选择。在选择供应商时，通过利用大数据技术收集和分析供应商的历史表现、信誉、价格、交货时间等信息，对潜在供应商进行全面评估，更准确地评估供应商的能力，正确选择合适的供应商。

（2）"大数据 +"供应商评估。通过利用大数据技术，收集和分析交货准时率、质量合格率、服务水平等与供应商相关的各种数据，对供应商的合作绩效进行实时评估。

（3）"大数据＋"供应商维护。维护与供应商的良好合作关系对于确保供应链的稳定运行至关重要。大数据可以帮助企业更好地了解供应商的需求和期望，采取相应的措施满足供应商的合理需求，巩固双赢的合作关系。

（4）"大数据＋"供应商发展。企业利用大数据技术收集和分析市场趋势、竞争对手情况、技术创新等与供应商相关的各种数据，了解供应商的发展潜力和机会，制定相应的策略，以促进供应商的发展。

2. "大数据＋"智能采购物流

通过运用大数据技术，智能采购系统自动分析市场需求和价格趋势，预测未来的采购需求，帮助企业做出更加精准、高效的采购决策。"大数据＋"智能采购物流通过大数据技术的应用，实现采购和物流过程的智能化管理和优化，提高供应链的效率和可靠性，降低运营成本和风险。

（1）制订精准的采购计划。利用大数据技术，通过对历史采购数据的挖掘和分析，发现隐藏在数据中的规律和趋势，企业可以更好地预测未来的采购需求，提前制订精准的采购物流计划。

（2）选择合适的供应商。企业利用大数据技术，通过对供应商绩效、信誉、交货能力等多维度数据的分析和评估，更加全面地了解供应商，做出正确的供应商选择决策。

（3）实现采购活动降本增效。企业利用大数据技术，通过对市场价格、供需关系、行业趋势等数据的分析，更加灵活地应对市场变化，降低采购物流成本并提高采购效率。

3. "大数据＋"采购库存控制系统

"大数据＋"采购库存控制系统是对原材料、半成品和零部件等物资的采购和存储进行有效管理的创新，旨在降低成本、提高响应速度、保证企业运营的连续性和稳定性。

（1）确保采购供应稳定。通过对历史销售数据、市场趋势、消费者行为等信息的深入分析，企业可以更准确地预测未来的需求，制订更合理的采购计划，避免过度采购或缺货的情况发生。

（2）提高采购效率。通过分析供应商数据，企业可以找到可靠的供应商，并与他们建立长期合作关系。同时，通过对价格、交货时间等关键因素的监控，企业可以及时调整采购策略，确保采购成本的合理性和交货的及时性。

（3）实现采购库存的精细化管理。通过对库存数据的实时监控和分析，企业可以及时发现库存积压或短缺的问题，并采取相应调整措施，降低采购库存成本，提高库存周转率，提升整体运营效率。

三、"大数据 +"生产物流模式创新

(一) 生产物流业务数据类型与价值

生产物流业务数据是指在生产物流过程中产生的各种类型的数据。通过对生产物流业务数据的收集、整理和分析，企业可以实现对生产过程的全面监控和优化，提高生产效率和产品质量，降低生产成本和风险，提升企业的竞争力和盈利能力。

1. 生产物流业务数据的类型

生产物流业务数据的类型包括：

（1）产品数据。包括产品的基本信息，如产品名称、型号、规格、尺寸、重量等。

（2）生产数据。包括生产计划、生产进度、生产人员等信息。

（3）生产库存数据。包括原材料、零部件、成品等库存的数量、位置、状态等信息。

（4）生产订单数据。包括客户订单、订单处理、订单完成等信息。

（5）产品质量数据。包括产品质量检测数据、质量问题处理记录、质量改进措施等信息。

（6）生产设备数据。包括设备的使用情况、设备的维护记录、设备的故障记录等信息。

2. 生产物流业务数据的价值

生产物流业务数据的价值包括：

（1）优化产品设计和生产计划。通过对销售、客户反馈和市场趋势等数据的分析，更好地了解市场需求和客户偏好，优化产品，调整生产计划，生产适销对路的产品。

（2）提高生产效率和降低成本。通过实时监测生产过程中的原材料消耗、设备运行状态和产品质量等关键指标，避免设备停机时间，减少物料浪费，优化生产库存管理。

（3）提高供应链的协同性。企业通过共享生产数据，与供应商和分销商建立更紧密的合作关系，保持生产计划与采购计划、销售计划的协调，提高供应链整体的效率和响应速度，提高供应链的稳定性和可靠性。

(二) "大数据 +"生产物流模式应用

大数据技术与生产物流的关系密切，主要体现在数据采集与分析、优化生产流程、预测设备维护及资源调配等方面。通过"大数据 +"生产物流系统，收集、分析和应用大量的数据信息，实现对生产物流过程的精细化管理和智能化控制。

1. "大数据 +"智能制造物流

智能制造是通过引入人工智能、物联网、大数据等技术手段，对传统制造业进行升级改造，提高生产效率和产品质量，降低生产成本和资源消耗。"大数据 +"智能制造物流是一种结合了大数据技术和智能制造的现代物流模式。这种模式通过利用大数据技术对物流过程中产生的海量数据进行分析和挖掘，从而实现对物流过程的优化和智能化管理。

（1）优化生产物流作业流程。通过对物流数据的收集、存储和分析，实时监控生产物流过程中的各种情况，包括物料库存情况、物料送达及时性等。通过对这些数据的分析，发现潜在的问题和瓶颈，及时调整生产物流方案。

（2）提高生产物流作业效率。通过引入自动化设备和机器人技术，企业可以提高生产物流过程的效率和准确性。例如，自动化仓库系统可以实现物料的自动入库、出库和盘点，避免人工操作失误，节省人力成本。

（3）提高生产物流决策水平。通过对历史数据的分析和挖掘，企业可以准确预测未来的生产物流需求，为生产物流提供更加精准的决策依据。同时，通过实时监控设备状态、生产参数等数据，企业可以及时发现异常情况，优化生产物流决策。

2. "大数据+"生产物流智能排产

智能排产是通过收集和分析生产过程中的各种数据（如订单需求、设备状态、原材料供应等）来自动优化生产计划和资源分配。"大数据+"生产物流智能排产系统的核心在于利用大数据分析技术，实时响应生产环境的变化，对生产物流过程中的各个环节进行智能优化，实现更高效、更精确的排产计划制订。

（1）收集和分析生产数据。通过智能排产系统，收集、分析包括生产设备的状态、原材料的供应情况、产品的需求量等数据，预测未来的生产需求和可能遇到的问题，提前做好生产物流准备，避免生产中断和资源浪费。

（2）补强生产物流短板。通过对历史数据的分析，先找出生产物流过程中的瓶颈和问题点，再提出改进措施。例如，如果发现某个生产环节的效率低下，就可以通过调整设备配置、优化工作流程、匹配物料供应等方式来提高效率。

（3）实现生产物流的智能排产。通过对各种生产因素的综合考量，如设备的运行状态、工人的工作负荷、原材料的供应情况等，企业可以制订合理的生产计划，并根据实时的生产数据进行生产物流的动态调整。

3. "大数据+"定制化生产物流

定制化生产是一种根据客户个性化需求进行的生产模式。这种模式强调以客户为中心，注重产品设计、生产、交付的灵活性和创新性。在传统的物流模式中，企业通常根据历史经验和市场需求进行生产和配送，这种方式往往存在信息不对称、资源浪费等问题。"大数据+"定制化生产系统是以客户需求为导向，通过大数据分析，实时获取市场信息和客户需求，提供更加精确的生产计划和物流调度。

（1）全面收集和分析企业的生产数据。通过对生产数据的挖掘和分析，企业可以更好地了解市场需求、预测销售趋势，制订更加合理的生产计划，及时调整库存水平，避免库存积压或缺货的情况发生。

（2）实时监测和分析企业生产物流过程中的数据。通过对运输路线、运输时间、货物状态等信息的实时监控，企业可以及时发现和解决生产物流过程中的问题，提高物料移动的效率和准确性。

（3）帮助企业实现个性化物流服务。通过收集和分析客户的购买记录、偏好等信息，企业可以为客户提供定制化的物流解决方案。例如，根据客户的购买频率和需求，企业可以提供定时配送、定制化包装等服务，以满足客户的个性化需求。

四、"大数据+"销售物流模式创新

（一）销售物流业务数据的类型与价值

销售物流业务数据类型是指在销售物流过程中产生的各种类型的数据，其价值在于能够为企业提供重要的决策支持和业务流程优化依据。通过对销售物流业务数据的分析和挖掘，企业可以更好地了解市场需求和客户行为，做出更明智的决策。

1. 销售物流业务数据的类型

销售物流业务数据的类型包括：

（1）销售订单数据。包括订单编号、客户信息、商品信息、订单金额、下单时间等。

（2）销售库存数据。包括货物编码、库存数量、库位信息、入库时间、出库时间等。

（3）销售发货数据。包括发货单号、发货时间、发货方式、发货地址、收货地址、运费等。

（4）签收数据。包括签收人、签收时间、签收状态等。

（5）销售退货数据。包括退货原因、退货数量、退货时间、退货处理结果等。

（6）销售财务数据。包括销售收入、销售成本、利润、税费等。

（7）客户反馈数据。包括客户满意度、客户投诉、客户建议等。

（8）市场数据。包括市场需求、市场趋势、竞争对手情况等。

2. 销售物流业务数据的价值

销售物流业务数据的价值如下：

（1）了解市场需求。通过分析销售数据，企业可以了解哪些产品或服务在市场上受到欢迎，哪些不受欢迎，从而调整产品策略，将资源投入到更具潜力的产品或服务上。

（2）揭示客户行为。企业通过分析客户的购买记录、购买频率和购买偏好等信息，了解客户的需求和偏好，提供更加个性化的产品和服务，满足客户期望，增强客户满意度和忠诚度。

（3）优化供应链管理。通过分析供应链销售环节的物流数据，企业可以改进销售流程，避免交货延误，保持供应稳定。

（4）提供预测和规划的依据。通过对历史销售数据的分析，企业可以预测未来的销售趋势和市场需求，制订相应的销售计划、生产计划和采购计划，避免资源浪费和生产过剩的情况发生。

（二）"大数据 +" 销售物流模式应用

"大数据 +" 销售物流是指把大数据技术与传统销售物流相结合，以提高销售物流效率和准确性的管理系统。企业通过该系统可以更好地了解市场需求和客户行为，制订精准的销售策略和物流计划。

1. "大数据 +" 数字化销售物流

数字化销售是一种利用数字技术手段，通过互联网、社交媒体、移动应用等渠道进行的销售方式。"大数据 +" 数字化销售物流是一种结合了大数据技术和数字化手段的新型销售物流模式。在这种模式下，企业可以通过收集和分析大量数据来优化销售和物流过程，提高运营效率和客户满意度。

（1）助力企业收集和整合相关数据。企业通过对市场趋势、客户需求、竞争对手情况等数据的深入分析，可以更好地了解市场需求和消费者行为，更准确地制定销售策略并实现产品定位，提前做好库存管理和供应链优化，避免库存积压或缺货的情况发生。

（2）提高企业销售和物流的效率。通过使用先进的信息技术和自动化设备，企业可以实现销售订单的快速处理和准确交付，帮助优化运输路线和配送策略，减少运输成本和时间延误。

（3）提高企业的竞争力和客户满意度。通过实时监测和分析销售数据，企业可以及时发现问题并采取相应改进措施。通过向客户智能推荐相关产品或服务，或者通过社交媒体与客户进行互动和沟通，企业可以提供更好的客户体验。

2. "大数据 +" 销售物流客户关系管理

客户关系管理是一种旨在提升企业与客户之间互动质量的管理策略，是通过深入分析客户数据和行为模式来优化客户服务。"大数据 +" 销售物流客户关系管理系统是通过识别、分析、理解和满足客户的需求和期望，建立和维护与客户的长期互利关系，优化销售物流过程，提高客户满意度和忠诚度，实现销售业绩提升。大数据在销售物流客户关系管理中的应用主要体现在：

（1）客户细分与个性化服务。通过收集和分析大量的客户数据，企业可以更好地了解客户的需求、偏好和行为模式，将客户分为不同的细分市场，为每个细分市场提供个性化的服务和产品，以增加销售机会。

（2）客户流失预测与挽留策略制定。通过分析客户的交易记录、互动行为和反馈意见等数据，企业可以发现客户的不满意点和流失原因，并基于这些分析结果，制定客户挽留策略，减少客户流失率。

（3）客户价值评估与资源优化配置。通过分析客户的购买历史、消费习惯和互动行为等数据，评估每个客户的价值和贡献，企业可以据此确定重点客户和一般客户，并相应地优化物流资源配置。

（4）客户体验优化与提升。通过分析客户的反馈、投诉和评价等数据，企业可以了解客户在使用产品和服务过程中的体验和感受，发现自身不足之处，并及时进行销售物流服务的改进。

智链强基　数创未来

数据赋能，助力工业企业供应链数智化转型升级

易派客是中国石化旗下泛工业品电商平台，全面贯彻新发展理念，践行国家高质量发展战略，助力数字经济和实体经济深度融合，提升企业的管理效能。

1. 坚持标准引领、共建共享

易派客协同国资委商业信用中心，构建了72个大数据信用评价模型，对企业资信状况、法人信用等级进行客观公正的评价，助力国家诚信体系建设。易派客协同中国质量认证中心等20余家专业评价机构，累计制定工业品质量分级评价标准5 600余项、电商业务类标准18项，全力助推工业品电商标准体系建设。

2. 坚持需求导向、创新服务

易派客积极落实国家"数字中国"建设，创新推出"一企一面"的一站式供应链管理解决方案，为平台企业免费提供"采购商城＋供应资源＋管理工具"，着力解决工业企业供应资源不足、信息化建设投入大、采购过程不透明等痛点，有效降低工业企业的管理成本。目前已有超过1 500家工业企业开通这项服务。

3. 坚持绿色发展、低碳环保

易派客始终坚持客户为先，遵循国家减量化、再利用、资源化的循环经济理念，推出"易竞拍"，促进闲废物资的精细管理和有效回收，累计成交金额超过25亿元，注册购买商4 800余家，处置物资覆盖12大类、100余种物资，平均溢价率近30%，并为中国海洋石油集团、中国一重集团、沈鼓集团、富海集团等知名央企、民企提供专业物资处置服务。

（资料来源：中国工业报，2024-04-18）

讨论与分享：大数据在供应链升级发展中可以发挥哪些作用？

调查研究与善作善成

关于当地大数据与农产品智慧冷链融合发展情况的调查

步骤1：确定调研目标

结合本章内容，组织学生实地走访调研，了解当地大数据与农产品智慧冷链融合发展的情况，在调查研究的实践训练中巩固知识，检验学习效果。

步骤 2：设计调研方案

围绕当前数字化、智能化发展的时代背景，聚焦大数据与农产品智慧冷链融合发展，根据调研目标，设计可执行的调研方案。调研方案除包括调研目的、调研问题、调研假设、调研方法、调研地点与范围、数据收集方法、数据分析方法、调研预期结果、调研所需资源外，还要包括组建调查研究小组、明确调研过程中的安全及社交礼仪等要求。

步骤 3：收集调研数据

坚持知行合一、理实结合的原则，按照调研方案，选择合适的调研方法和路径，从思路、措施、问题、经验、成效等方面收集当地大数据与农产品智慧冷链融合发展的相关数据、难点与痛点问题。

步骤 4：整理分析调研数据

对收集到的数据进行整理和清洗，剔除无效数据或错误数据，确保数据质量。运用适当的统计方法和分析技巧，对整理好的数据进行分析、比较、归纳，揭示存在的问题，总结好的做法，提炼出可复制推广的经验成果。

步骤 5：撰写调研报告

在调研中要把党的二十届三中全会"健全推动乡村全面振兴长效机制"建设的精神学深悟透，将调研过程和结论整理成书面报告，提出"利用大数据技术发展农产品智慧冷链"的可行性建议。同时，注意报告的规范性和逻辑性，增强报告的可读性。

步骤 6：呈现分享调研报告

在班级内呈现分享调查结果，有条件的话可以通过研讨会、会议或公开发表的方式呈现给相关的行业参与者、决策者和社会公众。

综合实训

实训 1：物流资源闲置浪费数据分析与改进方案设计

步骤 1：确定实训目的

通过实训，使学生根据本章所学知识，做好物流资源闲置浪费的数据分析和改进方案设计，培养学生智慧物流大数据管理能力。

步骤 2：做好实训准备

（1）组建实训小组。

（2）编写物流资源闲置浪费的数据分析模拟场景。

场景示例：在物流活动中，不直接或间接产生经济效益的现象都可以称为浪费。常见的浪费现象有仓库空置、货车空载、无效搬运和呆滞库存等。对于第三方物流公司来说，仓库空置是常见的浪费现象，因为大多数仓库里面的货物出入库频繁，外加市场需求变化，很容易出现仓库空置。由于汽车货运市场供大于求和信息不对称，有需求的货主找不到车，有车的车主找不到货源，货车空载存在比较严重的浪费现象。由于仓库布局不合理，货物进出库、上下货架流程安排不合理，使得无效搬运也是一种比较浪费的现象。安全库存安排不合理，就有可能变成呆滞库存，即形成暂时不用或者永久不用的库存。针对以上浪费现象，运用大数据技术设计××市（县）物流管理改进方案。

（3）复习智慧物流大数据管理相关理论知识。

步骤3：讲解实训内容

（1）讲解传统物流存在的浪费现象及产生原因。

（2）讲解大数据在运输、仓储等物流活动中的应用。

（3）讲解大数据、人工智能等技术与物流的结合运用。

步骤4：完成实训任务

根据假设的模拟场景，实训小组合作完成：

（1）收集并分析传统物流活动的浪费数据。

（2）基于大数据分析设计减少物流浪费现象的物流管理优化方案。

（3）实训成果在全班展示分享。

步骤5：实施实训评价

教师对每个实训小组的表现进行综合评价，填写表8-1。

表8-1　物流资源闲置浪费数据分析与改进方案设计实训评分表

组别		组员	
考评内容	××市（县）物流资源闲置浪费数据分析与改进方案设计		
考评标准	考评维度	分值	实际得分
	大数据创新应用意识	15	
	物流浪费现象的数据分析	30	
	物流管理改进方案设计	40	
	实训成果展示分享	15	
	合计	100	

实训2：销售数据分析与生产、采购策略设计

步骤1：确定实训目的

通过实训，使学生根据本章所学知识，做好销售数据分析与生产、采购策略设计，并进行可视化呈现，培养学生智慧供应链大数据管理的应用能力。

步骤2：做好实训准备

（1）组建实训小组。

（2）编写销售数据分析与生产、采购策略设计的模拟场景。

场景示例：Y食品公司主营冻品牛肉，近三年的销售量逐年递增，如表8-2所示。假设根据公司销售趋势，预计2025年全年销量同比增长10%。请根据近三年每个季度的销售数据，使用"季节指数＋趋势"的模型，预测2025年四个季度的销售量，并据此制定该公司2025年的生产策略与采购策略。

表8-2　Y食品公司近三年冻品牛肉每个季度的销售量／万箱

2022年				2023年				2024年			
一季度	二季度	三季度	四季度	一季度	二季度	三季度	四季度	一季度	二季度	三季度	四季度
3 279	1 834	2 656	4 665	3 426	1 974	2 898	4 962	4 176	2 213	3 273	5 864

（3）复习智慧供应链大数据管理的相关理论知识。

步骤3：讲解实训内容

（1）讲解季节指数销售预测法的应用。

（2）讲解趋势销售预测法的应用。

（3）讲解供应链销售数据、生产数据、采购数据之间的联动性。

步骤4：完成实训任务

根据假设的模拟场景，实训小组合作完成：

（1）2025年Y公司四个季度的销售量的预测。

（2）2025年Y公司生产策略和销售策略的制定。

（3）实训成果在全班展示分享。

步骤5：实施实训评价

教师对每个实训小组的表现进行综合评价，填写表8-3。

表8-3　销售数据分析与生产、采购策略设计实训评分表

组别		组员	
考评内容	Y食品公司销售数据分析与生产、采购策略设计		
考评标准	考评维度	分值	实际得分
	大数据创新应用意识	15	
	销售量预测	35	
	生产、销售策略设计	35	
	实训成果展示分享	15	
	合计	100	

一、判断题

1. 大数据的商业价值在于能够为企业提供标准化定制和决策支持。(　　)
2. 对收集到的货物运输数据进行清洗,降低了数据的价值。(　　)
3. 仓储业务数据的类型不包括仓储设备数据。(　　)
4. 快递业务数据是快递公司运营的核心。(　　)
5. 大数据对供应链再造没有作用。(　　)
6. 智能排产是通过收集和分析生产过程中的各种数据来自动优化生产计划和资源分配。(　　)

二、单选题

1. 车辆信息属于运输业务数据中的(　　)。
   A. 基础数据　　　　　　　　　　B. 作业数据
   C. 协调数据　　　　　　　　　　D. 决策数据
2. 以下属于仓储业务数据类型的是(　　)。
   A. 车辆信息　　　　　　　　　　B. 入库数据
   C. 供应商信息　　　　　　　　　D. 生产数据
3. 以下属于快递业务数据类型的是(　　)。
   A. 包裹信息数据　　　　　　　　B. 入库数据
   C. 供应商信息数据　　　　　　　D. 生产数据
4. 以下属于采购物流业务数据类型的是(　　)。
   A. 车辆信息　　　　　　　　　　B. 入库数据
   C. 供应商信息　　　　　　　　　D. 生产数据
5. 生产物流业务数据的价值不包括(　　)。
   A. 优化产品设计和生产计划　　　B. 提高生产效率和降低成本
   C. 提高供应链的协同性　　　　　D. 增加人员管理成本
6. 销售物流业务数据的价值不包括(　　)。
   A. 了解市场需求　　　　　　　　B. 揭示客户行为
   C. 完善生产计划　　　　　　　　D. 优化供应链管理

三、多选题

1. 物流大数据的特征主要体现在(　　)。
   A. 多样性　　　　　　　　　　　B. 海量性
   C. 实时性　　　　　　　　　　　D. 复杂性
   E. 价值密度低

2. 数据驱动货物运输决策过程通常包括（　　　　　）。

    A. 数据收集　　　　　　　　　　B. 数据清洗与整理

    C. 数据分析　　　　　　　　　　D. 决策优化

    E. 实时监控与调整

3. "大数据＋"仓储服务模式应用主要体现在"大数据＋"（　　　　　）。

    A. 库存预测系统　　　　　　　　B. 云仓系统

    C. 无人仓系统　　　　　　　　　D. 车货匹配系统

    E. 智能快递系统

4. "大数据＋"快递智能分拣系统的功能包括（　　　　　）。

    A. 数据采集与整合　　　　　　　B. 数据预处理与分析

    C. 智能分拣算法　　　　　　　　D. 自动化设备控制

    E. 实时监控与优化

5. 供应链再造的动因包括（　　　　　）等。

    A. 市场需求变化　　　　　　　　B. 技术进步

    C. 竞争压力　　　　　　　　　　D. 风险管理要求

    E. 客户期望值提升

6. 大数据在销售物流客户关系管理中的应用主要体现在（　　　　　）。

    A. 客户细分与个性化服务　　　　B. 客户流失预测与挽留策略制定

    C. 客户价值评估与资源优化配置　D. 生产计划优化

    E. 客户体验优化与提升

参考文献

[1]　钱廷仙 . 现代物流管理 [M].4 版 . 北京: 高等教育出版社, 2023.

[2]　吴砚峰, 陈艺璇 . 智慧物流与供应链基础 [M]. 北京: 高等教育出版社, 2025.

[3]　魏学将, 王猛, 李文锋 . 智慧物流信息技术与应用 [M]. 北京: 机械工业出版社, 2023.

[4]　王猛, 魏学将, 张庆英 . 智慧物流装备与应用 [M]. 北京: 机械工业出版社, 2021.

[5]　李永飞, 张鸿 . 数字物流 [M]. 北京: 清华大学出版社, 2023.

[6]　刘伟华, 李波, 彭岩 . 智慧物流与供应链管理 [M]. 北京: 中国人民大学出版社, 2022.

[7]　薛威 . 智慧物流实训 [M].2 版 . 北京: 高等教育出版社, 2025.

[8]　龚光富, 李家映 . 智慧物流: 数字经济驱动物流行业转型升级 [M]. 北京: 中国友谊出版公司, 2022.

[9]　李文锋 . 智慧物流 [M]. 武汉: 华中科技大学出版社, 2022.

[10]　宋华 . 数字供应链 [M]. 北京: 中国人民大学出版社, 2022.

[11]　唐隆基, 潘永刚 . 数字化供应链: 转型升级路线与价值再造实践 [M]. 人民邮电出版社, 2021.

[12]　王睿 . 智慧供应链 [M]. 北京: 电子工业出版社, 2023.

[13]　李志君, 崔星 . 供应链管理实务 (微课版) [M].4 版 . 北京: 人民邮电出版社, 2024.

[14]　北京中物联物流采购培训中心 . 供应链运营职业技能等级认证教材 (中级) [M]. 南京: 江苏凤凰教育出版社, 2023.

主编简介

钱廷仙，江苏经贸职业技术学院二级教授，教育部邮政快递职业教育教学指导委员会委员，江苏省教学名师，江苏省"333高层次人才培养工程"第三层次培养对象，江苏省现代物流协会专家委员会委员，江苏省快递发展专家委员会委员，江苏省综合交通运输学会第二届专家咨询委员会委员。2021年获首届全国教材建设奖全国优秀教材奖一等奖，
2014年和2018年两次荣获国家级教学成果奖二等奖，2013年获江苏省教学成果奖（高等教育类）特等奖，2011年获江苏省政府第十一届哲学社会科学优秀成果奖三等奖。国家精品课程、国家级精品资源共享课程"现代物流管理"主持人，职业教育国家在线精品课程"现代物流管理概论"主持人，快递运营管理国家专业教学资源库"快递网点运营与管理"项目主持人，江苏省哲学社会科学优秀创新团队"高职教育与人才培养可持续发展研究"项目主持人，江苏省职业教育课程思政示范课程"现代物流管理概论"主持人，"十二五""十三五""十四五"职业教育国家规划教材《现代物流管理》主编。

读者意见反馈

为收集对教材的意见建议，进一步完善教材编写并做好服务工作，读者可将对本教材的意见建议通过如下渠道反馈至我社。

咨询电话　400-810-0598

反馈邮箱　gjdzfwb@pub.hep.cn

通信地址　北京市朝阳区惠新东街4号富盛大厦1座　高等教育出版社总编辑办公室

邮政编码　100029

防伪查询说明

用户购书后刮开封底防伪涂层，使用手机微信等软件扫描二维码，会跳转至防伪查询网页，获得所购图书详细信息。

防伪客服电话　（010）58582300

资源服务提示

授课教师如需获得本书配套教辅资源，请登录"高等教育出版社产品信息检索系统"（xuanshu.hep.com.cn）搜索下载，首次使用本系统的用户，请先注册并完成教师资格认证。

高教社高职物流管理专业QQ群：213776041